陪孩子悄然走过叛逆期

Pei Haizi
Qiaoran
Zouguo Panniqi

杨俐俐 著

浙江科学技术出版社

图书在版编目（CIP）数据

陪孩子悄然走过叛逆期 / 杨俐俐著. —杭州：浙江科学技术出版社，2018.1（2020.5重印）

ISBN 978-7-5341-7990-7

Ⅰ．①陪… Ⅱ．①杨… Ⅲ．①儿童教育—家庭教育 Ⅳ．①G782

中国版本图书馆CIP数据核字（2017）第303488号

书　　名	陪孩子悄然走过叛逆期		
著　　者	杨俐俐		
出版发行	浙江科学技术出版社 杭州市体育场路347号　邮政编码：310006 办公室电话：0571-85176593 销售部电话：0571-85176040 网址：www.zkpress.com E-mail：zkpress@zkpress.com		
排　　版	杭州万方图书有限公司		
印　　刷	杭州丰源印刷有限公司		
开　　本	710×1000　1/16	印　张	14
字　　数	205 000		
版　　次	2018年1月第1版	印　次	2020年5月第2次印刷
书　　号	ISBN 978-7-5341-7990-7	定　价	38.00元

版权所有　翻印必究

（图书出现倒装、缺页等印装质量问题，本社销售部负责调换）

责任编辑　莫亚元　　　责任校对　顾旻波
责任美编　孙　菁　　　责任印务　崔文红

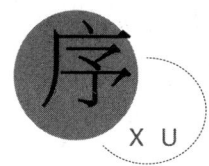

本书的作者,是我的一位朋友,也是我的学生。

有关教育类的书籍,我读过不少,但这本书与众不同。你读到的不是冰冷的教条,而是温暖的爱意。这本书,是作者用心记录的结晶。她在自己的教学过程中,真诚地和孩子们沟通,并把这些沟通的内容记录了下来。你会看到,孩子们在成长路上所遇到的问题如何被她逐一化解;你还会看到,一个老师如何用爱心去影响孩子的心灵。

本书的作者无疑是一位非常优秀的老师。她的语言之所以有力量,沟通之所以有成效,正是基于她内心对孩子的爱与尊重。

教育,不仅仅只是讲授知识,而更应该去培育爱、传播爱。它不仅仅只发生在学校,而更应该融入家庭。最好的老师,永远都是父母。在孩子成长的路上,父母有着不可替代的位置。老师教会孩子的常常知识,而父母教会孩子的却是爱。知识没有办法让我们真正幸福,但是爱可以。

身为父母,我们都具备一种本能,那就是内心对孩子深深的爱。在这个世界上,没有一种教育可以胜过爱的教育。

我认为父母给孩子最好的生命礼物是:当你离开这个世界,

孩子能够拥有独自应对和驾驭起伏跌宕的世界的能力，也就是抗挫折能力。抗挫折能力是决定孩子不管经历什么风雨都能继续向前、感受幸福的能力。

父母忙着挣钱给孩子买房，却不知孩子最需要的是具有抗挫折能力的"心房"；家长建立各种关系，而最应建立的是良好的亲子关系。经常有父母问，如何培养抗挫折能力？怎样才能走进孩子的内心？究竟是做"虎妈""狼爸"，还是进行赏识教育？我认为这都是教育的手段和途径，教育核心应该是用爱与尊重培养孩子的素质和能力。而培养孩子的素质和能力，需要和孩子搞好关系，那么，如何和孩子搞好关系？很多家长对此很头疼，这本书会告诉我们如何和孩子建立真正有效的沟通，也就是充满着爱与尊重的沟通。

其实，每个孩子都是天才，只要给足爱、支持和空间，孩子就会绽放生命。

本书是为父母如何教育以及陪伴青春期的孩子所写。书中没有阐述晦涩的理论知识，而是通过生动的案例来诠释什么才是真正有效且充满爱意的沟通，让我们有了行动的勇气和信心。这才是我们真正需要的教育类书籍。

海 蓝

Part 1　我不会拿孩子和别人比，和谁比我都不舍

1　让叛逆期悄然走过 / 2
2　孩子，妈妈只想知道你考了多少分 / 3
3　当儿子突然告诉妈妈有女朋友了 / 5
4　爸爸妈妈，我小的时候你们去哪儿了 / 8
5　当阳光照进妈妈的梦想 / 9
6　儿子，妈妈懂了 / 12
7　成绩就不要谈了，爸爸你懂的 / 14
8　我不会拿孩子和别人比，和谁比我都不舍 / 17
9　孩子用他的真来陪我们修行 / 20
10　当孩子告诉我们负面信息时 / 23
11　"当孩子告诉我们负面信息时"之实践篇 / 25
12　感恩海蓝，我的老师我的朋友 / 28
13　孩子是家里的小教练 / 30
14　孩子是一幅完整美丽的山水画 / 32
15　爱是彼此成全，爱他就成全他 / 35
16　踏着困惑的节拍陪孩子成长 / 37
17　当孩子告诉我们"我知道了" / 40
18　妈妈智慧了，女儿的心亮了 / 43
19　家里的书桌是孩子学习的"定海神针" / 46
20　宝贝，谢谢有你一路相伴 / 48
21　孩子，妈妈开始有点懂你了 / 52
22　用爱和真与孩子相遇 / 55
23　调整应对方式，让亲子关系充满生机 / 57
24　尊重，尊重 / 60
25　家有考娃的妈妈们 / 63

26 考娃的手机，妈妈的痛 / 66
27 调整期待可以让我们更轻松自由 / 69
28 儿子说妈妈的温柔是零分 / 72
29 尊重是首歌 / 75
30 孩子在家里被尊重了吗？/ 77
31 儿子，爸爸崇拜你！/ 81

Part 2 孩子，谢谢你让我看到你有多好

32 老师你开心了，我就用心了 / 86
33 孩子，谢谢你让我看到你有多好 / 88
34 老师知道你情商高才敢这么狠心对你 / 91
35 爱他，就相信他！/ 93
36 孩子，你比你以为的要好多了 / 95
37 可以在办公室给家长留一张凳子吗？/ 98
38 当孩子开始说脏话的时候 / 100
39 从你内疚的眼泪中我看到了希望 / 102
40 用爱心说诚实话 / 105
41 倾听孩子病痛时的低语 / 108
42 遇见最真的自己 / 110
43 和不完美的自己相遇 / 112
44 我和我女儿的好老师们 / 114
45 当孩子被关注时，他的眼睛就亮了 / 118
46 谢谢你告诉我你是怎么开始叛逆的 / 121
47 你的悟性让我好惊讶 / 124
48 带着害怕前行 / 127
49 那年，我是他们的班主任 / 130
50 希望别人怎么待你，也要怎样待别人 / 133
51 考前的困惑，也是祝福 / 136
52 当我们亲近蝉鸣 / 139
53 我喜欢我是科学老师（一）/ 141

54　孩子你在思考还是在发呆 / 144
55　孩子你敢说真话吗 / 147

Part 3　我想在普通人中脱颖而出

56　妈妈，请你不要绑架我的生活 / 152
57　我想在普通人中脱颖而出 / 153
58　我是自由的，因为我给自由设定了底线 / 156
59　孩子的专注力去哪儿了 / 158
60　孝顺的孩子长大会有福 / 160
61　长大后我要找一个不嫌弃我妈妈的女朋友 / 162
62　爸爸，其实你的心情女儿懂 / 164
63　亲爱的孩子，是感恩成就了今天的你 / 167
64　15岁男生的第一次洗碗 / 169
65　规则是因为拥有 / 171
66　恩重如山的父亲 / 173
67　我已经爱上我了 / 176
68　听她们讲那过去的事情 / 179
69　妈妈，我身后的大树 / 181
70　过年回来的孩子们 / 184
71　考试考砸了要告诉父母吗 / 186
72　孩子说，我靠这些想法活着 / 189
73　我想在中考前充满激情 / 192
74　有一种紧张，是妈妈觉得我紧张 / 195
75　小赢靠智，大赢靠德 / 199
76　我的中考只有激动没有害怕 / 202
77　如果我的妈妈也有梦想 / 205
78　我想要爱思考 / 208
79　妈妈只读懂我的表面 / 211
80　听听孩子心中的尊重 / 214

Part 1

我不会拿孩子和别人比，和谁比我都不舍

爱是耐心，是等待意义在时间中慢慢生成。

——周国平

> 作为父母，我们总想用比较的方式来激励孩子，但事实是，比较常常带来伤害。这会让孩子感到，父母的爱正在被他人占有；会让孩子以为，只有比别人优秀，才配得到父母的疼爱。其实，孩子需要的是陪伴和等待，而不是比较和要求。
>
> 每一个生命都是独特的存在。我们爱孩子，是因为他就是我们的孩子。他不需要成为什么，我们才去爱他。如果说，一定要让他成为什么，那就让他成为他自己。爱他是为了帮助他实现自我，而不是迫使他失去自我。
>
> 爱不是对灵魂的捆绑，把它塞进现实的牢笼；爱是对灵魂的解放，为它插上自由的羽翼。如果过去的我们，总是拿孩子去和他人比较，那么，是时候跟孩子说句抱歉了。或许，我们可以看着他稚嫩的双眸，对他说一句："我不会拿你和别人比，和谁比我都不舍。"

1 让叛逆期悄然走过

很多父母从孩子入小学开始就盼着叛逆期的到来，似乎叛逆期是孩子青春期的标志。当孩子第一次开始和父母争吵时，父母心里又怒又怕又喜：怒的是孩子开始不听话了，怕的是感觉孩子不可控了，喜的是孩子终于开始长大了。随着孩子越来越多地和父母争吵，越来越多地把自己关进房间，锁上房门，喜悦渐渐消退，父母更多的是愁云密布，开始无助地等待，哪一天叛逆期可以结束了呢，让我们回到平静安宁的日子。

我在二十多年和青春期孩子的相处中，觉得叛逆期的本质是"孩子认为自己已经长大，而父母认为他还小"。随着孩子进入青春期，他们接受新信息的能力迅速提高，思维能力快速增长，对事物的分析和判断渐渐清晰精准，他们意识到自己已经长大，而这时候他们中的大部分自我管理能力没有同步跟上，还比较爱玩，喜欢各种新鲜事物，自控力还不是很强。父母更多的是在行为层面上看到他们的孩子还很不自觉，整天玩电脑、手机，到了约定的时间也不肯停下来，做作业总是拖拖拉拉。父母判断，不好好管是不行的，于是便整天做"警察"，设密码、监控；孩子便整天做"小偷"，解密、消除痕迹。双方斗智斗勇，直到大家都筋疲力尽。父母仰天长叹，邻居家的孩子父母没怎么管，都好好的，我们管得这么辛苦，到底要我们怎么做，孩子才能听话，好好学习啊；孩子不由得感慨，要是能换个父母就好了。

我想悄悄地告诉父母，叛逆期的本质是"孩子长了，而父母没长"。就像孩子曾经穿了很得体的衣服，随着孩子渐渐长大，衣服已经紧紧裹在身上，不合身了。于是父母很开心地发现，孩子又长了，于是买几件新衣服，再次有模有样了。我们教育孩子的方法，曾经在他小的时候，幼儿园或小学阶段，是非常有效的，当时你或许也为自己的方法得当点赞。但现在孩子大了，不再是原来的小屁孩，你还给他规定，半小时的电脑时间，不下来就网线拔掉，发现他竟然开始反抗，说你更年期了，落伍了，这真的还是你的孩子吗？原来好好的孩子怎么变成了这样，一定是隔壁大妈家的孩子把他带坏了。如果看到这里，你有点偷偷想笑，我想请你问问自己，随着孩子步入青春期，你有认真观察过孩子的改变吗？你有耐心倾听过孩子心里的声音吗？你曾经为培养渐渐长大的孩子看过多少书，请教过多少人呢？你有多少时间一心一意地陪伴孩子呢？孩子心里的话你真的懂吗？

当你的成长跟上孩子成长的节拍了，孩子就会愿意告诉你，他的"女神"是谁，他考不好的时候有多难过，他再也不想在虚拟的冷冰冰的游戏里虚度了，他愿意再次牵起你的手，享受大手牵大手的温暖和乐趣了。

❷ 孩子，妈妈只想知道你考了多少分

在一次家长沙龙上，有位妈妈向我倾诉："学校已经考了很多次试了，可是我女儿不愿意告诉我成绩，其实我不在乎她考多少分，我只要她告诉我就可以了。她一次都不告诉我，我觉得我做妈妈做得很失败。"我问这位妈妈："女儿为什么不愿告诉你呢？"妈妈说："可能是怕我骂她吧。"我说："如果分数很低，你会骂她吗？"妈妈说："真的不会，我只是想知道一下，女儿说都不想说，才是我真正伤心的。"说完，妈妈伤心地抽泣起来。看到伤心的妈妈，我不由得想问，这位妈妈曾经做了什么，让孩子不愿意把她的分数告诉世界上离她最近的人了？

曾经，孩子告诉我们："妈妈，我考差了，我才考了50分。"当时孩子是那么伤心、失落、无助……可是当时我们没有体会到孩子的伤心，只知道自己很愤怒，于是开始痛斥，"为什么你考得这么差，老师同样给一个班级的人上课，为什么人家可以考90多分，而你才考了这么点分数。妈妈每天早上送你上学，晚上去

接你，还要烧晚饭，给你洗衣服，还要上班挣钱养活你，给你交学费，可你呢，每天就知道上网打游戏、看电视、玩手机，老师说你上课也不专心，作业也不好好订正，我真的不明白，你的头脑里整天在想什么？你到底还想读书吗？不想读的话，早点给我回家，不要再去学校里丢人现眼了。"听完这堆话后，孩子可能开始争辩："试卷太难了，考得比我差的还有很多呢。"于是你更生气了，"为什么整天和那些比你差的比，你什么时候可以和那些好的比比呢？妈妈读书的时候成绩还可以的呀，我怎么生了你这么没有出息的孩子啊，我真的要气死了……"

或者，当孩子告诉我们他考差了的时候，妈妈嘴上说的是"没关系，下次考好就好了"。可稍后，妈妈就无限悲凉地深深叹气，让敏感的孩子觉察到，妈妈已经对他失望了。

于是，孩子考差了，回来就不说，他本身已经很伤心了，幼小的心灵实在受不了再挨妈妈一顿骂，也受不了妈妈听到分数后失落的眼神和深深的叹息，特别是假装宽慰的尴尬的笑容。但孩子不想把分数告诉妈妈时，他的心也在哭泣啊，他多想他的妈妈可以在他考差的时候，紧紧地抱住他，轻声而有力地在他耳边说："宝贝，谢谢你愿意告诉妈妈你考差了，不管你考多少分，在妈妈心里，你始终是最好的。"这样的拥抱，这样的话，会让孩子重新看到阳光，看到世界上至少有一个人不会因为他考差而看不起他，他会觉得自己依然是值得被爱的，于是他可以重新出发了。

亲爱的妈妈们，当孩子不想再告诉我们考试考差了时，请看到孩子受伤软弱的心灵，去抱抱我们的孩子吧，轻轻在他耳边告诉他："妈妈不怪你，你不说，只是不想妈妈知道后伤心，想暗暗努力，考好了让妈妈高兴，但妈妈想告诉你，其实不管你考多少分，在妈妈心里，你始终是最好的。"

孩子其实也想说："妈妈，不管我是否告诉你我考了多少分，你始终是我在这个世界上最爱的妈妈。"

3 当儿子突然告诉妈妈有女朋友了

在女儿高一的那个中秋,月亮很圆很美,我去杭州陪女儿过节。女儿请假出来,我们一起在学校对面的宾馆住下,除了月饼,我们还买了花生米、毛豆、鸭脖和可乐,边吃边赏月,其乐融融。

我们拿一次性纸杯装可乐,干杯,没有玻璃触碰的清脆声,但也兴奋,女儿告诉我:"妈妈,你知道今天出来前,我们寝室的女生在聊什么吗?"我说:"在聊怎么过中秋吗?"女儿说:"我们寝室一共六人,五个在聊她们的第一任男友,并且都是女生有男友成绩就越来越好了,男生就越来越差了。"女儿轻松地叨叨,我听了有些紧张,努力让自己平静下来,问:"那你是五个之一还是那一个呢?"女儿说:"我可能太幼稚了,还没长开,男生没怎么把我放在女朋友的视野里。"

我松了口气,开始有点好奇:"你们是省重点学校,这么优秀的学生在中学就开始有男朋友啦?"女儿开始认真地帮我分析:"妈妈,现在我们至少比你们提前五年情感成熟,你第一次恋爱是什么时候啊?"我说:"大一。"女儿笑着说:"那么减五年不就是中学了吗?"女儿的话让我有些惊讶,记得以前做班主任的时候,碰到学生早恋,我可以非常平静地面对和引导,当女儿开始谈起有关男友的话题时,我没有以往的那份镇定了,也开始有点出汗,但还是感恩女儿愿意和我谈论这些相对比较敏感的话题。

我问女儿:"她们会和妈妈分享第一任男友的信息吗?"女儿说:"不会的,她们妈妈的观念都很老土的。"我说:"宝贝,你一个人到杭州来上学,妈妈心里也是有点紧张的,如果有男朋友呢,妈妈心情比较复杂,高兴的是女儿以后看来不会嫁不出去了,担心的是你能不能管理好感情。所以最好是你可以专心学习,如果真的有了第一任男友呢,妈妈希望可以知道,有机会陪伴你一起去面对情感,毕竟妈妈多一些经验,是吧?"女儿笑笑说:"妈妈,看来我没长开也是有好处的哦,再说我们班里的男生都太幼稚了,万一不小心碰到一个,我一定会告诉你的。"高中三年,我心里一直是有准备去面对的,结果女儿是大二才开始有第一任男友,这好像不算早恋了。

  前段时间,我去一所市重点中学给家长学校讲课,结束后,有家长提问:"我们家儿子昨天告诉我,妈妈我有女朋友了,我当时非常尴尬,不知道怎么回答?"

  我说:"首先我们可以感谢儿子愿意和妈妈分享他的情感,有80%以上的孩子是不敢和妈妈分享他的私密情感的,因为妈妈和老师会给他冠名'早恋',于是可能会上演老师和家长共同'综合治理'的情景剧,情感还没开始就被可怜地扼杀在摇篮里,并且孩子的生活开始处在遥遥无期的严密监控下,日子苦不堪言。所以孩子们只会在同龄人中相互悄悄分享,并且努力帮小伙伴圆谎。小伙伴去见女生,向妈妈请假说是和同学一起过生日。如果小伙伴妈妈打电话来问,就说'哦,刚才一直在的,现在上厕所去了,马上回来',帮小伙伴躲过一劫。所以儿子可以和你分享有女朋友这件事情,你们的关系分已经在80分以上了。千万不要说,'你现在还小,要专心学习'之类的话,这些话无数家长已经尝试过了,说者无力,对听者无效。建议家长多做几次深呼吸,让自己平静下来,温柔微笑地倾听孩子说他的情感故事。我想妈妈最害怕的是,孩子早恋了,可是妈妈却不知道。当孩子愿意告诉我们,至少我们可以陪他一起面对。"

  当我身边的孩子遇到情感困惑,我一般会对孩子这么说:"如果你发现你开始被一个女生吸引,非常想和她靠近,这时你可以有所觉察,如果因为有了女生,你觉得你更感恩老师了,更懂得孝顺父母了,你也觉得草更绿、天更蓝了,也更爱学习了,那就珍惜这份情感。如果有了她,你觉得课也不想上了,同学也不想见了,父母也变讨厌了,老师也变可恶了,整天只想和她在一起,那她可能是'女巫',一不小心你可能会被推下悬崖,请你离开她,保护好你自己,迎接真正'女神'的到来。"

  很凑巧的是,第二天又有一个妈妈来我学校,满脸愁云,说:"杨老师,我真的没有想到,儿子当时好不容易考上了重点高中,才高二,竟然非常自豪地告诉我说,有女朋友了,并且是要结婚的那种。近来儿子每天都很累,看他也很努力,就是不出成绩,原来是谈女朋友了。总以为按我们家的家教,这样的事是不会发生的,现在我该怎么办呢?我已经有三个晚上没有好好睡觉了?"看到妈妈红红的眼睛,我递了张纸巾,缓缓地说:"我非常理解你的难过,但感情有点像感冒,来的时候往往自己也没有觉察,当感情不期而至的时候,孩子首先会激动、兴奋,随之而来的是各种惶惶,担心家长知道了会怎样?老师会不会觉察?会不会影响成绩?有没有强有力的情敌?怎么控制情感的躁动?要请喝奶茶和送礼物的额外开支从哪里来?这些困扰往往接踵而至,于是孩子便会觉得心累,又欲罢不能。在这时候,如果妈妈可以理解他的情感,并且陪伴他走一程,按心理学的规律,情感会从云端下来,并且情感也可能成为学习的动力。"

那位妈妈脸上开始阴转多云,问我:"那我需要怎么做呢?"我说:"爱他所爱,关心他的女朋友,让他看到,一旦女孩的父母知情,可能女孩的日子会更加难过,所以我们要努力做到的是让儿子多关心和支持女孩的学习,让她的成绩可以稳定或者有进步,这样女孩就可以比较自在地面对情感,她父母给她压力的可能性也就降低了。女孩的学习保证了,儿子的学习也就保证了,当两人同时行走在学习频道时,关系也会比较正向和温和。当然也要劝告儿子负起责任,尊重女孩,要在身体上保持距离,维护纯净的情感,这样你也就可以放心了。"妈妈终于长长地舒了一口气:"好,我回去试试。"

当青春期的孩子心理开始向往异性,甚至想要有靠近的行为,这是孩子走向成熟的预兆。作为父母,我们可以带着有点慌乱的心先接纳事实,然后平静下来看怎么做对孩子的成长真正是有帮助的,并且孩子也会愉悦接纳。

得到父母的理解和帮助,孩子们可以更坦然地相处,减少干扰,亲子关系也因此加分,孩子的学习也更有动力了。每年中考,我所在的学校都有几个男生因为想和心中的女神考同一所高中而发愤学习,考出堪称奇迹的成绩,如愿和女神进入同一所重点高中。

如果有一天,孩子告诉你:"妈妈,我有女朋友了。"请你告诉儿子:"尽管妈妈没有准备好,心里有点乱,但我愿意陪伴你一起去挑战,完成这份青春期的试卷,交上一份清新美好的答卷。"

爸爸妈妈，我小的时候你们去哪儿了

在我们的演讲班上，孩子们经常会分享从小到大他们特别想感恩父母的事情。在第11期演讲班上，一个孩子站起来，用低沉的声音酷酷地说："人家都说世上只有妈妈好，可我觉得没有妈妈会更好。"所有的孩子都惊呆了。

我转向他，问："孩子，你愿意再多说一点吗？"他拿着话筒，低着头，开始缓缓地说："在我上幼儿园的时候，爸爸妈妈在外面做生意，我被放在老师家里，每天都盼着双休日爸爸妈妈可以来接我。可是经常是等到了双休日，老师让我去传达室拿爸妈给我送来的零食，而他们人已经走了。我好失望啊，好想他们可以带我回自己的家，哪怕让我看他们一眼也好。可是我只看到了东西，他们人已经走了。每天都这样等着等着，后来，我就彻底失望，不等他们来了，看到他们反而觉得有点陌生。现在我长大了，他们把我接到身边，可是我觉得他们不喜欢我，我也不喜欢他们，他们还要管我，我心情糟透了。所以我经常在学校惹祸，让他们去学校解决问题，看到他们哭，我一点也不伤心。他们也不在意我是否开心，只要我不惹祸，成绩好就好了。我好希望我可以换个妈妈，她可以听我说说话。"孩子说完泣不成声，我也已经泪流满面。

这个男孩平时不太喜欢和同学一起玩，很黏老师，每次来学校如果不见我就要问："杨老师呢？"有一次，我从学校南边走到北边，想练练身，这孩子推着一辆自行车跟上来，说："杨老师，我陪你走好吗？"我说："你也去北边上课啊？"他说："我上完课了，我想陪你走，和你说说话。"他的自行车龙头上挂着鸡排和奶茶，我说："我帮你推车，你吃鸡排好了，冷了就不好吃了。"他说："没事，我想和你说说话。"走了四十分钟，到了学校北边，鸡排冷了，孩子气喘吁吁，可我感觉到他很开心。他说家里没有人和他说话，觉得特别孤独。我要给九年级孩子上

课，他说他也要听（他是八年级的），边听边把听懂的卖弄一下，在别的同学表现好的时候，就学着我的口气，非常夸张地说："太棒了！"

他经常在上完课后，像小猫一样溜进办公室，等我们都要回家的时候，他会落寞地说："我不想回家。"然后，一个人骑车走了，看着这个孩子孤独远去的背影，我有些心疼，有些无奈。

他妈妈第一次见到我的时候，说她花了很多钱，参加了很多培训学习，她另外都做得很好，也有很多朋友，只是这个孩子太不争气了。不过她曾经请人算过，到17岁这个孩子就会好了。我有点心寒，问她："你觉得孩子有什么优点吗？"妈妈怔了一下，抬头望着天，想了一会儿，坦诚地告诉我："这个还真的没想过。"

我又有点心酸，妈妈是这个世界上离孩子最近的人，如果在妈妈眼里，儿子是没有优点的，那这个孩子还能指望谁去欣赏他呢，他又可以从哪里去体会活着的价值呢？

我心里特别想跟他妈妈说，在孩子熟睡后，悄悄地到他的床头，帮他盖一盖被子，看着他熟睡的小脸，无限爱怜地告诉他："宝贝，妈妈爱你，小时候，妈妈因为创业不能陪你，妈妈也很内疚，但妈妈的爱从来也没有变过，妈妈爱你，犹如爱我的生命。"

尽管儿子睡了，但他的心听得到，能感受妈妈内心真真切切的爱，这份爱是孩子可以撬起整个宇宙的支点。

没有老师可以取代家长，没有任何一个培训可以比亲人的爱更有疗效。

当阳光照进妈妈的梦想

有一天，我和几位妈妈一起在一个阳光可以斜斜地照进窗纱的包厢内喝咖啡，听着石进《夜的钢琴曲》，读着一篇名为《孩子，妈妈只是想知道你考了多少分》的文章，当读到这段文字：

亲爱的妈妈们，当今天孩子不想再告诉我们考试考差了时，请看到孩子受伤软弱的心灵，去抱抱我们的孩子吧，轻轻在耳边告诉他，"妈妈不怪你，你不说，只是不想妈妈知道后伤心，想暗暗努力，考好了让妈妈高兴，但妈妈想告诉你，其实不管你考多少分，在妈妈心里，你始终是最好的。"

我和几位妈妈都泪流满面，觉察到对孩子的爱深深地藏在心里最柔软的地方，一被轻轻地触到，心中的泉源便被打开，爱汩汩流淌……

读完后，我们聊起在演讲班，孩子被尊重、被接纳、被期待；他们快乐着、挑战着、成长着。聊着聊着，迅子妈妈突然羞涩地说："杨老师，孩子们都上台演讲了，看到他们成长得这么快，我有个梦想，也想要参加演讲班，成长快一些。我们也想要上台演讲，让孩子们看到他们的妈妈也是很棒的。"我听了特别激动也很兴奋，妈妈们原来也有愿望想要上台演讲，这是我没有想到的。

我一直觉得孩子们是非常渴望舞台的，当孩子们参加演讲班，登上那个曾经让他们觉得有点害怕的舞台时，他们的生命中会有一个信念，很多觉得害怕的事，真做的时候，其实也没有想象中那么可怕。就像杨老师经常说的"我比我以为的要好多了"。当孩子们体验到了自我突破，他们就开始敢于尝试，他们的勇敢和担当会让未来的人生增加很多机会。

我一直希望妈妈们可以学习透过孩子的问题回看自己，通过妈妈的改变带来孩子的成长。当迅子妈妈提出她们也想要上台演讲时，我非常惊喜，同时也觉得特别好玩，原来妈妈们也爱舞台。这时，我的眼前出现了一个画面，在妈妈们的演讲毕业典礼上，孩子们坐在台下面，看着这些平时一直在厨房、客厅和阳台上忙碌，洗衣做饭并唠唠叨叨的妈妈们，穿着统一并美美的衣服，在台上表演着她们的节目。妈妈们一个个声情并茂地讲演她们和孩子的生命故事，妈妈团团长和主持都闪亮登场。外婆外公和爷爷奶奶们也都来看他们的女儿和儿媳妇登台演讲和表演，这是多么神奇、美丽的画面啊，我深深地陶醉在这个奇特的画面中，有点不敢相信它的美好。我激动并非常铿锵地说："好，你去组织，我全力支持，只要有十人以上，我们就可以开班了。我相信你可以的。"迅子妈妈说："我结婚后,十多年一直待在家里,除了带孩子做家务,另外也没有做过什么,在孩子眼里,我可能是没有用的妈妈,我不知道我能不能做好这件事,但我会尽全力去做,我想让我的儿子看到妈妈还是可以做成事情的。"我在迅子妈妈眼里读到光,是阳光照进生命的光。

当天晚上十点,迅子妈妈就非常激动地发了一串名单给我,有八个妈妈已经报名参加,另外的她还在动员,我非常惊讶于她的执行力。她回我微信说:"杨老师,平时你也是这么有执行力的,衡哥(学校老师)平时一直提到杨老师的执行力,所以我也要执行一下,向杨老师学习,给儿子做榜样。"她的语言很朴实,我也不清楚她究竟是怎么做的,我只知道我们学校创建四年来,经常有妈妈会提:"杨老师,什么时候给家长也开演讲班?"我听着觉得这事情比较新鲜,但好像不太现实,也没有很重视。可是这次,她提议的时候我觉得和其他家长不一样,因为她眼里有光,是阳光照进生命的光,我想这光也照进了其他家长的心中,把他们照亮了。第二天,她又告诉我一共有十一人报名了。我激动着她的激动,阳明第一期家长演讲班在她的强光照射下,看来马上就要诞生啦。

2015年10月22日,这是迅子妈妈提出申请的第六天,阳明第一期家长演讲班在和平国际酒店仁和厅举行了开班仪式,两位导师,三名助教,十一个家长参加。在妈妈们到来前的助教定向中,有一名助教说:"这是我从来没听说过的一个培训班,一般妈妈们参加的都是家长会或者家长培训班。演讲班是孩子、企业主管和公务员参加比较多的培训班。我想家长演讲班在全国范围内可能也没有过吧。所以这次我是带着对阳明的感情和对这个班的好奇来到这里的。"听了他的话,我才意识到这好像不是一件小事了,不由得对迅子妈妈充满敬意,心里升起的一句话是"小女子不小心干成大事啊"。

在家长自我介绍环节中,迅子妈妈几度哽咽,她说:"我真的没有想到,这事竟然真的成了,我发现我原来也是很有梦想的,现在我感觉阳光照进梦想了,原来我真的是可以做成事情的。"她的眼泪不断地往下流,我想那是感动的眼泪,这是心灵的洗涤和滋养,看到她感动的身影,我心里充满欣赏和感谢,我想这是顺应人心的好事,所以事就这么成了。

此刻，我眼前似乎又看到了迅子妈妈眼中的光，这是阳光照进生命的光，我相信这束光也照进了她儿子的生命，照亮他们母子牵手前行的路。

有梦想并行进在梦想中的妈妈是有光的，是那种阳光照进生命的光。

6 儿子，妈妈懂了

在阳明第138期家长沙龙上，哲妈妈双眉紧锁，开始讲述她和儿子的故事：一天晚上十点，她从厂里下班回来，看到家里灯火通明，儿子在手舞足蹈地玩游戏。她气不打一处来，觉得自己为了孩子辛苦工作，孩子却不懂事，就狠狠骂了儿子。儿子听后，像疯了一样冲出家门，当时外面下着倾盆大雨。她出门寻找儿子不得，回家后发现他已回来，在楼梯上放了一张纸，上面写着：我这么没用，为什么还出去找我。她的眼泪止不住地往下流。

哭了一会，哲妈妈又开始想起另一件事："前几天，儿子告诉我说他的鞋子破了，在学校向其他同学借鞋子穿了几天，想买双新鞋子。我答应了他。这个星期天，我就带着他和他妹妹一起去银泰百货买鞋子。刚走进银泰，看到正在做活动，我碰到一个老朋友的女儿在表演节目，就停下来赞美了几句。儿子突然转身走向门外，说这里太吵了不适应，头也不回地走了。当时我真的是气晕了，好好地陪他买鞋子，这又是哪里惹到他了。我觉得我读书的时候也很优秀，现在创业也很成功，可是面对这个孩子，我真的一点办法也没有。他也不要和我们说话，一说就吵，这样下去可怎么办呢？"说完，哲妈妈又开始掩面哭泣起来。

我递了张餐巾纸给她，让她平复一下心情，过了一会儿，我说："我可以感受到你的失望和无助，那你觉得儿子当时的心情可能会怎样呢？"哲妈妈说："我也不知道他在想什么，可他至少要和我讲清楚啊，有不高兴的事，买完鞋子回家好好说啊。"我说："我非常能理解你的想法，可是这样想对于改善和儿子的关系会有帮助吗？"她说："后来我陪小女儿又玩了一会儿，出来的时候，儿子在车边等我们，像没事人一样，说他不认识回家的路了，所以只能在车边等了。回去后，我就把这些话和他说了一下，他听了就把房门关了，也不再理我。平时他要什么，我都会给他买，他到底还要什么呢。"

我告诉哲妈妈："我们这一代人是在物资匮乏的年代长大的，所以对我们来说能吃饱穿暖就很满足了，可以感受到父母的爱了。可是，哲这一代人从小就丰衣足食，所以他们对于物质不再敏感，对得到物质的满足视为理所当然。他们更想要得到的是父母的陪伴，理解他们，欣赏他们，可以听他们心里的声音。"哲妈妈似乎有点明白了，说："哦，是这样啊，那我要怎么做呢？"我想让哲妈妈可以真正听到儿子心里的声音，我问他："如果现场找一个人扮演你的儿子，你愿意听听儿子心里的声音吗？"哲妈妈对于这个做法有点好奇，说："我当然愿意啊。"我说："谢谢你答应现场演示和儿子的交流。每个看起来让人很不理解、比较冷漠的行为背后，都有一些未被满足的期待，有他难言的伤痛，可能当时他心里也很难过。如果你想听到儿子心里的声音，我们要从理解他的伤心开始，这样可以吗？"妈妈说："可以的，让我试试看。"

哲妈妈从现场选了比较年轻的小如老师扮演他的儿子。我让小如老师坐在哲妈妈左手边的座位上，让两人都感受了一下座位是否舒服，提醒哲妈妈准备一下理解儿子的心态。哲妈妈整理了一下心情，开始身体前倾，轻轻地拉住"儿子"的手，问："儿子，那天你到银泰后鞋子也没买马上就转身走了，妈妈想你可能不开心了，妈妈哪里做错了呢？可以告诉妈妈吗？""儿子"听后好像怔住了，可能不太适应妈妈用这样的方式说话，过了一会儿，"儿子"低着头说："那天商场有活动本来已经很吵了，你根本不顾及我的感受，还要很高兴地赞美你朋友的孩子，这段时间本来我考试考得也不好，心里不开心，你还要这样说别人好，就好像在说我不好，我特别生气，就走了。走后，我想想自己做得也不对，怕你们找我，我就在车边上等你们出来，出来怕你骂我，我就装作开心的样子。"

妈妈听到儿子心里的话，多了些心疼，温柔地说："儿子，妈妈以为你长大了，都九年级的小伙子了，比妈妈都高了，所以平时妈妈也主要在照顾妹妹，没有多关心你,那天妈妈确实没有照顾你的感受,妈妈听到你这些话有点懂了。接下来妈妈要怎么做,你才会开心点呢?""儿子"抬起头,看着妈妈,说:"妈妈我尽管有点大了,但还是想要妈妈关心我的,看到妈妈平时对妹妹这么好,我心里很羡慕,我想妈妈也可以在双休日我回家的时候陪陪我,看到我表现好的时候,可以表扬我一下。最近我考得不太好,妈妈鼓励我一下,我就可以更有信心去学习了。上次我晚上离家出走,也是因为考得不好,做完作业想玩会儿游戏调整一下心情,刚好妈妈回来的时候看到我在玩,就骂我没用,我特别伤心,觉得这个世界上没有人理解我,所以就冲进了大雨里。"

妈妈听着听着,不由自主过来抱住伤心的"儿子",泪如雨下。"儿子"也委屈地在妈妈怀里哭泣,过了好一阵,终于平静下来,哲妈妈拉着"儿子"的手,只说了一句:"儿子,妈妈懂了,妈妈真的懂了。"从这句简单的话中,我听到了妈妈对儿子深深的理解和心疼。

儿子不管多大,他心里一直都希望得到妈妈的爱,妈妈的关心。儿子想对妈妈说,儿子永远都是儿子,是渴望妈妈关心的小儿子,妈妈的怀抱永远是儿子最温暖的家。

成绩就不要谈了,爸爸你懂的

有一天,我到高中同学晓风的办公室喝茶聊天,看他烧水、烫杯、洗茶、泡茶的动作和谐娴熟,透着些许茶韵,他谈了些对儒家和道家的看法,让我欣赏了他收藏的几幅古画,感受到晓风这几年从官场到商场,颇有些从俗事中悟道的感觉。

谈着谈着,话题自然转向孩子,说起女儿,晓风有些落寞,开始自我解嘲:"我女儿,只要不跟她谈学习,她就很开心,父女关系也很融洽。当我开始要聊学习了,她就非常警觉,对我说,'爸爸,这个你就不要谈了,你懂的'。说完她逃回房间,锁上房门,僵局就开始了。少则几小时,多则几天,一般都要她妈妈主动和她说话,问她要吃点什么,她才再开始和我们说话。她的成绩在班级里基本上是倒数第一了。小学的时候,连续四年数学她都是考100分的,总以为上初中也不会有什么问题,可到七年级成绩掉下来一些,八年级就已经中下了,而且在学校还和老师吵架,完全变成差生了,我真的不知道该怎么办。为了女儿,我和她妈妈都快要离婚了,她妈妈嫌我整天工作应酬管孩子太少,我嫌她妈妈文化低,不懂教育。还有一年就要中考了,我们全家都快要闹翻了。"他无奈地转向我:"杨老师,我把女儿带到你的教育学校,你可以帮我和女儿谈谈吗?女儿如果可以变好了,你就帮了我们全家的忙了。"

老同学第一次不称同学名字,都开始叫杨老师了,我听得出来他不是开玩笑,是真的很无助。我也很真诚地告诉他:"我非常愿意,只是你和孩子妈妈也需要相应做些调整,这样孩子就更可能从根本上有所成长。"晓风也特别诚恳地说:"一切听杨老师吩咐。"

过了一个多月,他女儿勤勤终于来到了我的学校,我想她爸爸为了让她来我这里一定花了不少工夫。我想到一个成绩偏低的孩子通常看到老师情绪会有点复杂,就像生病了去看医生,既害怕又满怀希望。怕的是不知道自己得了什么病,并且进了医院各种检查,还免不了打针吃药,挂点滴,可是痛苦过后,病可能就会好了,又觉得有希望。孩子看到老师也大体如此。为了让孩子有一个比较放松的交流环境,尽快从见到老师的复杂心情中恢复过来,那天我特意没吃早饭。勤勤到了后,我邀请她陪我一起去永和大王吃早饭。她有些惊讶,但马上爽快地答应了。

感恩孩子们总是特别善良,他们一般都不太会拒绝大人真诚的邀请,特别是对他们来说也不是很难的事情,孩子们的善良是透明的,晶莹纯净。路上,我拉着勤勤的手,边走边聊,当我们和孩子们有一些肢体的接触时,他们会觉得很亲切,更容易和我们专注地交流。

到了永和大王,她告诉我她已经吃过了,我帮她点了一杯热豆浆,一般喝暖的饮料容易从嘴里暖到心里。勤勤一直在告诉我她成绩有多差，科学200分，她只能得100分，她不断强调："杨老师，我是个差生，双差生。"我非常好奇地问她："你爸爸说你小学的时候接连四年都是数学一百分的，你是怎么把自己弄成今天这样的呢？这个也不是一般人可以做到的，一般好的就一直是好的。"

勤勤听了，也怔了一下，说："我小学成绩确实一直都非常好，妈妈管得也很严格。上初中后，爸爸妈妈认为我长大了，突然就不管我了。记得我有一次和一个男同学聊天，从晚上八点一直聊到早上四点，觉得还没有过瘾，就偷偷地出去，在肯德基继续聊，早上六点溜回来睡觉，他们都没有发现，但第二天上课我就只能睡觉了。这样成绩越来越差，爸爸妈妈开始觉醒，突然又变得很凶了，我压力好大。这时候就开始和一些不学习、整天玩的同学在一起，因为和他们一起比较轻松，我可以稍微开心一点。他们让我去玩我也不敢不去，因为不去他们就不和我做朋友了。老师和家长都整天训我，没有好脸色，如果没有他们跟我玩，我就会彻底崩溃，但因为和他们玩多了，成绩就完全不行了，就成了老师眼里学习差、品行差的双差生了。"

听了勤勤的这些话，我很感谢孩子的真诚，我说："谢谢你告诉我让自己变差的经过，我感觉到你的描述非常生动精准，所以我对你的文科能力非常有信心。并且你把原因也分析得非常到位、有条理，内因外因都很清晰，这样我觉得你的理科思维也是非常棒的。并且我能感受到你的每一句都是真的，也就是你具备最重要的品质——真诚。所以我猜你让自己变差的主要原因就是想和杨老师有这么美好的相遇。"孩子乐了，说："杨老师说得太对了！我现在九年级了，我想让自己好起来，可是我还能好吗？"我听着有点心疼，拉过勤勤的手，握着，看着她的眼睛，认真地告诉她："最后一年，杨老师陪你一起找回那个好的勤勤，可是我们会比较辛苦，你愿意吗？"孩子眼里闪着激动的泪光，说："老师，只要可以好起来，我不怕吃苦。"

孩子为她的承诺守了一年的约。当我们内心对孩子有足够的尊重和欣赏，孩子会活出她最美好的生命状态，为自己的承诺守约。她的父母也是每一两周就和我们有一次联系，对孩子爱和严厉并行。

有一次，孩子没有考好，在车里跟妈妈生气，妈妈没有像以往一样和孩子吵架，开始静静地听，听完告诉女儿："妈妈觉得你进步了，原来你考差了不生气的，现在生气了，妈妈看到你开始对自己有更高的要求了，妈妈为你高兴。"女儿惊讶地停止了生气，过了一会，开始对妈妈说："妈妈，我觉得对不起你。"这时候，妈妈哭了。

当年，孩子中考科学考了168分，总分超普高线20分，知道分数的时候，孩子笑得甜甜的，老师和父母都很惊喜。她爸爸说："这一年女儿不仅成绩提高很多，人也开始越来越懂得感恩，我从她身上看到了潜力和希望，孩子的梦想是做一个西点师，我打算支持她，让她出国。这一年，我们一起陪孩子学习成长，全家都越来越爱学习了。谢谢杨老师啊！"

听着老同学的感谢，我心里也美美的，感恩有机会陪伴这个曾经称自己为"双差生"的孩子走过生命中这么美好的转折的一年。我也笑着告诉孩子，等她学成归来，杨老师一定做她的第一个西点顾客，不过不能吃太多，因为我现在已经不太瘦了，当然也几乎没有瘦过。

⑧ 我不会拿孩子和别人比，和谁比我都不舍

前段时间看到杨绛先生的一句话："我和谁都不争，和谁争我都不屑。"我有一种被震慑的感觉，我们与生俱来纯净、善良、高贵的心性，何须拿尘世的一点点得失成败去一比高低呢。

作为一名母亲，我随之想到的是：我更不会拿我的孩子和别人比，和谁比我都不舍。孩子的好我是最清楚的，我是善良、纯净、高贵的，我的孩子也是，我确信。

想到多年前的一天，我和几个一起长大的好友喝咖啡聊天，她们有的是法官，有的是医生，有的在工商所工作。坐下来后，整整一小时，每个人都在说自己

的孩子多么多么不好。平时在这群人里，我是最喜欢说话的，那天我听着她们说，一句话都没有插进去。她们突然觉得不太适应，转过来面向我说："你是老师，你说说，现在的孩子怎么这么难管呢？"我心里有些难过，缓缓地说："我家女儿，我觉得够好的，你们谁想拿孩子和我换吗？"现场一片寂静。

我继续说："妈妈是孩子身边最亲的人啊，如果我们都觉得自己的孩子是不好的，那在这个世界上，又有谁会觉得他是够好的呢？如果一个孩子活在这个世界上，没有一个人觉得他是够好的，那他又有什么活下来的乐趣呢？他往前努力的动力又来自哪里呢？"妈妈们开始陷入沉思，有的妈妈开始掉眼泪，我也忍不住开始为孩子们心疼，每个孩子都期待在这个世界上离他最近的、他最爱的妈妈心里，他是够好的。如果妈妈拿他和别人家孩子比，甚至拿别人家孩子来告诉他他有多差，对孩子来说就是天大的羞辱，一般来说，这样的比较只会让孩子陷入自己不够好的低迷状态中，甚至孩子开始对妈妈有些怨恨。

直接造成的影响是在一些比较大型的考试中，特别是中考和高考来临的时候，孩子就会莫名的紧张、焦虑，唯恐自己不够好，招来妈妈更大的奚落。并且这类孩子通常会觉得自己是很不幸的，他们也会搜索一些过去的迹象来证明他们确实是不幸。这类妈妈通常还会在考试前故作轻松地告诉孩子，其实不管你考得怎样，妈妈都不会怪你的。但这时候说这些话其实已经晚了，孩子已经从你凝重的表情读到了最真实的担心。于是孩子带着超乎他可以承受的压力步入考场，甚至刚开始手抖得握不住笔，发现平时会做的题目现在也不会做了，于是选择题漏做、答案抄错、作文题目看错、离题，在交卷前突然发现还有一页试卷没有看到，巨大的失落和悲痛铺天盖地地袭来，后面科目的发挥也受到影响。分数出来的时候只是再一次证明了自己是个不幸的人，于是来到了一所他原来觉得不屑的学校，和一群他觉得和他完全不是同一类的人在一起，老师也完全不是他预想中的水平，悲愤之情久久不能平静。

这时候，妈妈又开始说话了，你要向邻居王伯伯家的女儿学习，她当年也是中考失利，她现在不也上清华了吗？关键是人家每一秒钟都在努力，而你心里还整天想着你的游戏、篮球、唱歌、吉他，要收收心了，不是妈妈怪你，主要是你实在太不懂事了,你如果像王伯伯的女儿那样努力,考上清华难道很难吗?孩子听了,头越来越低,不知道三年后的高考又会是怎样的悲剧呢?

我不由得想说,亲爱的妈妈们,审视我们的生活吧,孩子越来越低的头在告诉我们什么?孩子小时候尽管被毛毛虫吓得惊叫,可是他依然要保护毛毛虫的生命,不让我们伤害它,那份至纯的善良我们还记得吗?在我们伤心流泪的时候,孩子不安地陪伴着我们,用他粉嫩的小手为我们擦去眼泪,心疼地说:"妈妈别哭,宝宝乖。"那个曾经温暖生命的眼神我们还记得吗?在孩子第一次跌倒的时候,他一秒钟就爬起来继续奔向你,又跌倒,又爬起,那份毫无畏惧的勇敢你还记得吗?从孩子纯净透明的眼神,我们看到人性的纯净和高贵,我们还记得吗?

我特别想感恩我的母亲,从小到大,妈妈从来没有拿别人家的孩子和我比,如果要比,也是说别人家的孩子和我没法比,我确信我在妈妈心里是够好的。这在我人生的很长一段时间里,都是我前行的根本动力,谁都不能做到彻底否定我的价值,因为我知道在这个世界上,至少有一个人,我在她心里是够好的。

我想我的女儿也深深地确信,她在我心里是够好的,哪怕她高考前三次模拟考都失败了,她相信这丝毫都不会影响她在我心里的形象,她在我心里依然是善良纯净高贵的。于是,她可以带着一份她自己够好的信念步入中考、高考的考场。有一次她笑着跟我说:"妈妈,我发现我其实好像就两次考试比较成功,就是中考和高考,它们为我的人生赢得了特别珍贵的机会。"

我想说的是,孩子在妈妈心里够好是最有效的中高考心理辅导,这会给孩子的考场带来幸运的光。其实又何止是考场,那是整个人生的祝福啊!孩子身后妈妈慈爱而坚定的眼神,是孩子人生路上一盏长明灯。

我不会拿我的孩子和别人比,和谁比我都不舍。如果要比,也是别人家孩子和我家孩子没法比,我家孩子的好,只有我是最清楚的。

我是善良、纯净、高贵的,我的孩子也是,我确信!

9 孩子用他的真来陪我们修行

在130期阳明家长沙龙上,平时一直有点羞涩的年妈妈挑了一个正对着老师们的位置坐下了,并且在家长案例呈现的时候,勇敢地说:"我先说吧。今天早上我接到儿子从学校打来的一个电话,让我帮他买点瓜子,我问他为什么,他说他上课的时候很困,吃瓜子可以解困。听到儿子这么说的时候,我内心还是非常气愤的,我稍稍停顿了一下,记得杨老师说要听到孩子说话背后的声音,我想孩子以前上课基本上都在睡觉,至少今天他不想睡了,所以我跟儿子说,'妈妈感觉到你想克服上课睡觉的问题,你在努力想办法,妈妈觉得这点值得表扬,就是吃瓜子这个办法可能还不是特别好,妈妈去给你买点润喉糖好吗?'听到儿子开心地挂了电话,我心里也有点激动,我觉得我变得有点智慧了。"

妈妈们听后不由自主地开始鼓掌,年妈妈被鼓励了,继续和大家分享:"如果是以前的话,一大早听到儿子打来电话说要我帮他买瓜子上课吃,我肺都要气炸了,肯定马上开始骂他,你是不是神经有毛病啊,上课可以吃瓜子吗?你已经九年级了,这么不动脑筋,你以为妈妈很空啊,大清早让妈妈给你买瓜子,你死了这条心吧,说完我肯定气呼呼地挂电话。儿子被骂了肯定也不开心,上课继续睡觉,如果老师批评他,他就跟老师吵上了。我终于有点明白,我儿子经常容易和老师、同学起冲突,其实也是受我影响,以前我听不到儿子语言背后的声音,误解他,还骂他,他气没地方出,就发在老师、同学身上了。"年妈妈说完很舒心地笑了,她为自己的成长欣喜。

妈妈们开始帮年妈妈总结这次事件处理的成功经验,觉得符合我们智慧家长的行为三部曲"一听二想三通过"。"一听"是年妈妈耐心地听完儿子貌似比较滑稽的要求;"二想",年妈妈听完后,马上调整了心情,考虑儿子语言背后的声音是什么，值得欣赏的是什么，更有效的应对方法是什么；"三通过"是把思考的结果表达给孩子，让孩子感觉他看似有点无理的要求被理解、被接纳，并且妈妈还参与到他的行动中来，想到了更好的办法，孩子被鼓励了，就会有更好的心情听课了。年妈妈的处理方式被作为成功案例分析后，她更有信心了，说："其实这也不是很难，只要站在孩子的角度去理解孩子的出发点就好了。我相信我改变了，我的孩子一定会越来越好的。我今天早上的做法也跟老公分享了，老公也表扬了我。以前他一直说我不懂教育，得到他的表扬我特别开心。"我笑笑说："就像儿子终于得到你的认同和表扬一样，是吗？"年妈妈怔了一下，恍然大悟说："是的是的，以前老公不接受我对孩子的教育时，我心里是很沮丧的，今天觉得好像天晴了，有豁然开朗的感觉。儿子以前一直被我骂，心里肯定也是非常不开心，甚至可能有点恨我，现在我完全能体会儿子的感觉，我开始心疼儿子了，不再怨他总是惹事，给我添麻烦。当我理解和欣赏儿子时，他心里的气就不会堆起来，和老师、同学的关系也会好起来了。"年妈妈两眼放光，开始展望未来，我真心为年妈妈教育智慧的开启高兴，也对年的成长更多了一份信心。

我第一次被年感动是去年孩子被学校停课一周的时候，停课第一天一早他就要求妈妈带他来见我们。见到我们年就说："杨老师，衡哥，我对不起你们，我答应你们不会再被停课了，可是我表现不好，又被停课了。我想来看看你们，见到你们我就觉得又有力气了。"孩子这时候来看我们，我有点惊讶，也有点感动，说："谢谢你在你困难的时候，想到来见我们，你的信任让我们也很感动。谢谢你愿意真诚地告诉我们你被停课的消息，我想你一定很难过，不过欣赏你想要信守承诺的品格。"他离开的时候，衡哥摸摸他的头说："又长高了。"孩子突然蹲下来，说了句："学生永远没有老师高。"我眼眶模糊了，多善良懂事的孩子啊，我们只要多花些时间陪他长大，孩子的真让我们对孩子多了一份敬意。

年确实是一个非常特别的孩子，他的真有时候也让我有些慌乱。最近一期演讲班我请了当年辅导我演讲的老师来给孩子们上课，老师讲了他和新疆的故事。不借助一张照片，老师凭他的语言魅力，让孩子充分感受到了新疆的神奇和美丽，对新疆的人文、历史、现代化农业也做了非常立体化的描述。孩子们会后分享说非常有画面感，对新疆有了美好的遐想。轮到年分享的时候，他说："我想早点结束，这个内容我没有兴趣，最好老师再讲快一点。"这样的分享确实和当时的环境不太协调，我也稍有失落，调整一下后，告诉年："谢谢你告诉我的真实感受，我最欣赏的是你一直非常真。"我也告诉其他小伙伴："在演讲班，就是因为可以真实，所以大家才觉得轻松、有力量。今天杨老师觉得为大家做了一个很好的安排，但可能这不是年最喜欢的内容，但是年非常有素养地一直在努力听，他选择了尊重老师、尊重这个氛围，现在我们可以接纳和尊重年的真实想法吗？"小伙伴们也对年的真实表示接纳和欣赏。

课后，年还和我做了个别分享，他说："我看到有一个女同学在说老师的身材很修长，长得很帅。当我看到老师穿了整套的黑西装，皮鞋擦得很干净，我就想到老师很有学识、很严谨、有内涵。我看到的是老师的内在，她们只看外表，比较肤浅。"我说："谢谢你又让我看到你心里还有对老师这么多的欣赏，你能看到现象背后的意义，这点非常值得我学习。"

当面对年清澈透明的眼神时，我心里似乎有个声音在告诉我：孩子在用他的真来洗涤我们的心灵，当我们回归至善和纯净时，我们便可以听到孩子心灵深处的声音，如同潺潺的溪流，清脆的鸟鸣，海水对岩石的拍打……

年告诉我，他愿意说真话，是因为习惯了和我们说真话。我问年以后毕业了会回来看我们吗？孩子说，在这么真的环境中，他好想永远不毕业。

谢谢你，说真话的好孩子，谢谢你用你的真来陪伴我们一路修行。

 **当孩子告诉我们负面信息时**

阳明第140期家长沙龙上，忆妈妈提了一个问题："杨老师，当孩子告诉我负面信息时，我该如何应答呢？"我为忆妈妈的提问感到高兴，她已经会对碰到的问题进行思考，并且愿意通过学习让自己更智慧，我想为忆妈妈爱学习的心点赞。我用欣赏的眼神看着忆妈妈，也对她的问题非常感兴趣，想起半年前她刚来时候的无助眼神，感受到学习带给忆妈妈的成长，真的很欣慰。

我问她："你可以描述一下孩子告诉你负面信息的具体情况吗？"忆妈妈说："昨天下午放学，我去接孩子的时候，儿子告诉我说：'我们班有一个叫琪的男生，拿来了三包中华牌香烟给辉，辉拿了两包，他们怎么会这么做呢？'我听了就晕了，根本不知道怎么答话？"我问："你觉得儿子当时心情怎样？"忆妈妈答："比较平静的。"我又问："你当时的感受是什么？"忆妈妈说："比较担心，我不知道儿子心里是怎么想的。"

事实上，我们真正希望的是孩子可以从事件中有所学习，形成思考的习惯，渐渐地确立他们看世界的角度，建立积极正面向上的价值观。所以在面对具体事件时，我们努力让自己从事件中抽身出来，看到孩子的心情和态度，安抚孩子的情绪，对孩子的观点发表我们的看法，而不是走进事件中，讨论事件本身。只有抽离于事件，我们才能更精准地关注到孩子个人的成长。

沟通步骤如下：

1.先关注孩子的情绪，理解和同频情绪；

2.关心孩子对事件的看法；

3.发表对孩子的看法的评价。

感谢孩子告诉我们这个事件，欣赏孩子独特的视角，赞美孩子在看法中呈现出来的品格。如果我们要表达观点，要让孩子感受到足够的平等和尊重。

接下来，我让忆妈妈从现场挑选可以扮演他儿子的人选，忆妈妈选了小马哥（学校老师）。小马哥复述了忆跟妈妈说的话，忆妈妈开始回话："儿子，谢谢你告诉妈妈这件事情，那你是怎么看的呢？"忆（小马哥）说："我觉得他们太不应该了，不像个学生的样子。"忆妈妈松了口气："宝贝儿子，看到你这么有是非观念，妈妈对你越来越放心了。"妈妈的认可强化了儿子对这个事件的正面看法，儿子会更加正直向上。

钱妈妈观摩了这个案例后，提了一个非常有价值的问题："如果孩子的观点也比较负面，那我们怎么回应呢？"我想她这么问，或许有一些类似的案例，我说："这是一个非常到位的问题，那就对他的看法接纳、理解并好奇，问他是什么原因使他有这样的看法，触摸到他内心的伤痛，让他的伤痛在爱的能量中获得抚慰。钱妈妈你可以来模拟一下吗？"她也很想现场可以练习。

钱妈妈选了毛毛妈演她的孩子，钱妈妈描述了一下案例背景：

昨天晚自修，女儿打电话回来说，最近她上课很专注，作业也很认真，可是老师没有看到，老师就看到她上课有时候说话，突然就把她的位置调到后面，把这周考得好的悦调到前面，老师太势利了，老师不公平。

毛毛妈把这段话说了一遍，可以感受到她说这些话的时候很气愤，钱妈妈边听边锁紧了眉头，说："妈妈能感受到你的委屈，谢谢你信任妈妈，我很理解你的想法。那你觉得是什么原因使老师这么不公平呢？"女儿（毛毛妈）想了一会儿，轻轻地说："可能老师希望我们成绩都可以好一点吧，也可能她想刺激我一下，让我更好吧。"钱妈妈很欣喜，说："宝贝，谢谢你这么善意地解读老师，妈妈特别欣赏你的善良。"

当孩子的负面想法被妈妈接纳时，他们会顷刻间平静下来，爱和感恩的能量可以在妈妈和孩子间流转，当孩子被接纳时，他们也往往会善意地解读他人，化抱怨为理解和感恩。

妈妈是怎么对孩子的，孩子就会怎么对别人。妈妈是孩子为人的母版，善良、接纳、爱成长的妈妈必然会造就温暖、专注、爱学习的孩子。

我想代表老师感恩爱学习的妈妈们，你们的清新、温柔、暖心让我们老师可以更潜心于教学。品格优秀、专注爱学的孩子成绩不会差的，考试也只会比平时更好。

目前在孩子们中间非常流行的一句话是："中考高考，其实就是考人品。"而妈妈则是孩子人品的塑造者，妈妈感恩了，孩子就不抱怨了，幸运就相伴而来。

妈妈听到孩子的负面信息时，接纳并感恩，便可遇见最真的孩子。

 **"当孩子告诉我们负面信息时"之实践篇**

第140期家长沙龙结束后，有几位妈妈就开始实践我们给出的方法：感恩孩子告诉我们负面信息，同频情绪；关心孩子对事件的看法；发表对孩子的看法的评价。

这样做的目的是关注到事件背后的人，也就是我们的孩子。当孩子的情绪被接纳，他就感觉到他被妈妈理解，情绪就可以快速平复。他就能平静地和我们谈对事件的看法，而我们对他的看法的评价则可以支持和帮助孩子建立正直向上的价值观。作为一个拥有正向价值观的孩子，当他需要独自面对社会时，他的想法和行为就会有利于社会、他人和自己，他就会成为正直向上的人，父母就可以放心了。

我们先来看看忆妈妈发给我的案例：

今晚孩子分享的事是偷盗。有个七年级的孩子偷了某老师包里的两千块钱，学校出动了很多的领导调查这件事，校长也亲自去调监控了，事情好像很严重。忆妈妈听后感觉有点紧张，但觉得孩子说的时候比较平静，所以好像不需要解决情绪问题。

忆妈妈感谢孩子告诉她这个信息，感谢他愿意分享学校的事情给妈妈听，然后就开始问忆："宝贝，你对这件事是怎么看的？"忆有点吃惊，说："妈妈你怎么会问我怎么看呢？你以前不这样问的呀。"忆妈妈偷偷地笑了一下说："妈妈参加家长沙龙学习有点进步，不再是傻傻地听，也开始思考，想了解一下你的看法，并且妈妈也真的觉得这件事比较严重，我对你的看法很好奇，想听听。"

忆很认真地开始分析："第一，这个同学太笨了，怎么一下子偷了那么多，动静又那么大，肯定逃不掉的，他可以偷一张，这样老师会以为自己数错了，就不易被发现了。第二，我肯定不会这么做的，因为如果我这样做，一定会被爸爸打死的，妈妈也会伤心欲绝。我是一个有品格的人，尽管成绩不是很好，但我的人品小伙伴们和老师们都是看得见的嘛。"

忆妈妈说当她听完第一点的时候，心都要跳出来了，好可怕的想法。听到第二点的时候，她的心才放下。她对孩子说："宝贝，谢谢你告诉妈妈你的想法，我儿子这么聪明，或许以后可以做侦探。并且你这么有是非观念，妈妈也觉得自己的教育很成功呢。"忆妈妈庆幸刚才听到孩子对这件事的看法的时候，特别是第一点，管住了自己的惊慌情绪，没有去责骂孩子，否则可能永远都听不到孩子内心的想法了。

我为忆妈妈超强的学习力和执行力点赞，可以感受到忆妈妈为自己能管理好和儿子的交流过程中的情绪而欣喜。妈妈管理好了情绪，智慧才能彰显。

当我们在负面情绪中的时候，智慧的通道就被堵住了。而妈妈的差评极易点燃孩子的负面情绪，于是便会发起一场没有硝烟的战争。结果是母子关系淡化，妈妈再也听不到儿子的心声，孩子的成长便可能会进入失控阶段。

妈妈们经常相互讨论，确定孩子进入了不可避免的叛逆期，只能请老天让叛逆期早点过去，让听话的孩子重新回到妈妈身边。而事实上，孩子的心可能永远也回不来了。

接下来再来看震妈妈提供的案例：

儿子晚自修放学回家后有情绪，他对妈妈说："我们学校有同学匿名在网上说我是'恶霸'，我很气愤。"震妈妈能感受到儿子很愤怒很受伤，本能地过去抱了抱受伤的儿子，妈妈的拥抱让儿子觉得妈妈懂他。过了一会儿，儿子平静了一点，继续跟妈妈说："我不小心把一张餐巾纸扔到了一个女生身上，她居然让我吃掉,然后我就恼火了。老师知道后来处理问题,我还在气头上,就顶撞了老师,后来就有人骂我是'恶霸'。"震妈妈说:"儿子,谢谢你告诉妈妈这件事,这是你对妈妈的信任。那你现在怎么看这件事呢?"儿子语气又平缓了一些。平时他就是特别善良的孩子,只是情绪不太稳定,事后他都会比较自责,觉得伤害到别人了。

他考虑了一下,说:"现在想想,当时可能那个女同学也只是开玩笑的,也可能希望我道个歉什么的。但我刚转到这个班,觉得被这样说了一下,特别没有面子,就生气了。后来老师来了,我觉得老师总归是帮女生的,所以特别委屈,就和老师也吵架了。现在想想我当时的行为确实是很不成熟的,把别人往坏处想,没有考虑对方的感受,让同学和老师都伤心了,也影响了我自己的形象。但我还是不想当面道歉,觉得太丢脸了,所以不知道怎么办了。"看着有点沮丧的儿子,震妈妈说:"儿子,你现在的这些想法还是比较成熟的,你的善良也一直是妈妈最欣慰的。当我们学着去善解他人心意时,我们就比较容易理解他人,不太会冲动了。妈妈可以把你告诉我的这些想法告诉班主任吗?这样你没有太损自尊,老师和同学也知道你事后的真实想法了,可能他们也就不太受伤了。"儿子听到后明显比较释然,问我:"妈妈,真的可以这么做吗?"我说:"我是妈妈,陪伴你走向成熟是妈妈喜欢做的事,这件事妈妈也愿意和你一起面对。"儿子说了声:"谢谢妈妈。"觉察到儿子有些感动,神情也多了几分成熟。

第二天早上醒来的时候,儿子有点感冒,并且还想在家调节一下心情。妈妈问他要不要找杨老师聊聊,儿子说:"杨老师下午要做家长沙龙,上午让她休息下,我晚上去找杨老师就可以了。"当震妈妈告诉我震的这个打算时,我被孩子温暖到了。

晚自修碰到震,我问起白天听他妈妈讲起的事。震说以前在学校里表现不好,心情烦躁的时候没有地方倾诉,所以情绪就会不断积累,后来就像炸弹一样爆发了。现在回家可以向妈妈倾诉,妈妈也会很安静地听,很理解我的想法,听后也会温柔地给出建议,我觉得我的情绪就很容易平复了。现在我心情已经很好了。以前每次心情不好,可能一个月都不会好起来,并且不懂得感恩,现在半天就好了,而且从妈妈对老师的态度中,我学会了心疼和感恩老师,我觉得我渐渐长大了。

一年前刚认识震妈妈的时候，提到儿子她总是以泪洗面，特别无奈。她昨天告诉我她对这件事情的处理方法，我觉得她既让儿子感受被爱，又肯定了儿子事后愿意反思、善解人意的品格，俨然是一位遇事冷静、亲和的智慧型妈妈。当儿子可以在妈妈的陪伴下从事件中学到处世之法，并成长，儿子便可以一步步走向成熟，妈妈的使命不就是陪孩子慢慢长大吗？

几乎每天晚上，我都会收到几个妈妈的微信，反馈她们和孩子的相处信息。当看到这些妈妈越来越智慧，和孩子的关系越来越亲密，把善良、积极向上等品格放在优先的位置上时，我内心也越来越喜悦。妈妈和孩子的能量场是相同的，妈妈的善良、平静、安宁必然让孩子可以纯净地生活，心无旁骛地学习，品学兼优只是顺势而长的果实。

妈妈向上、感恩、阳光的气场是孩子成长最丰盈的环境。

12 感恩海蓝，我的老师我的朋友

那是2007年一个春天的下午，在黄龙体育中心的舞台上，我面对一万人做了一场半小时左右的演讲，台上的灯光很亮，我望到台下一片漆黑，凭内心的感动和激情在讲我和女儿相伴成长的故事。讲完后从舞台上下来，我座位边上一个气质非凡的专家级女性非常热情地和我打招呼："哦，原来我坐在这么闪亮的一颗明星边上啊。"我感觉有点受宠若惊，过去和她握手，说："谢谢啦，我觉得你才是一颗闪亮的明星呢，可以告诉我你是从事什么行业的吗？"她爽朗地笑笑说："我是刚从美国回来从事心理学研究的海蓝博士，如果你愿意的话，我们可以交个朋友，我想了解一下国内的女性如何平衡事业和家庭的关系。"接到海蓝博士的邀请，我感觉到幸福快要溢出来了，第二天我就去上海拜访了海蓝博士，就这样我们开始了幸福的海蓝之约。

当时我女儿刚刚上初中,她在一个重点学校的奥数班,竞争压力很大,我很希望培养她的抗挫力,但是我又不知道可以做些什么,自己看了一些有关抗挫力的书,可是依然不知道具体该怎么做。所以当有幸认识海蓝博士时,我觉得生命中突然有了一线光亮,我要好好地抓住这一丝光,让我对女儿的培养可以有些方向和方法。

去拜访她的时候,我问了她一个问题:"海蓝姐,你觉得什么是抗挫力呢?"

海蓝回答说:"抗挫力也就是抗挫折的能力,就是当碰到挫折的时候,不受其影响,还能够继续完成自己的目标和理想,这就是抗挫力。"

"那如何提高孩子的抗挫力呢?"

海蓝说:"举个例子,在孩子考差的时候,你可以问孩子这几个问题:宝贝,你觉得自己考得怎样?你对自己满意吗?如果不满意那这次收获了什么?下次应该怎么努力呢?妈妈会永远支持你,做你的坚强后盾!孩子只要觉得,在这个世界上有一个人会永远支持她、陪伴她,她就有重新在困境中站起来的信心和勇气,引导孩子把关注点放在下一次如何行动上,而不是沉迷于对上一次考试结果的后悔和自责中。作为妈妈,最主要的工作就是让孩子觉得她在妈妈这里永远会得到爱与支持。"我听了又有些担心:"那这样孩子会不会被爱坏呢?"海蓝说:"孩子是爱不坏的,只会越爱越好,只有没有底线的宠才会把孩子养坏。"

海蓝博士的这些话一直伴随着我和女儿的学习生涯,也因为我心底里有这句话,并经常表达:"宝贝,妈妈不在乎你考的分数,你对自己满意吗?如果你已经竭尽全力了就可以。"

女儿初、高中的六年求学之路,我们几乎没有因为成绩纠结过,即使中考和高考前的模拟考都面临很明显的低谷,我们还是可以怡然笑对。当我陪女儿去大学报到时,女儿笑着跟我说:"妈妈,我高中的每一天都是快乐的。"那一刻,我心里深深明白,如果在孩子初一的时候,我没有遇到海蓝,没有学到对爱的精准解读,可能我也会成为一个为成绩纠结的妈妈,也会让女儿因为妈妈的紧张增添压力,高中的生活可能就不会每一天都是快乐的了。

想到海蓝的点拨和支持在我和女儿生命中似盐似光的价值,我想最大的感恩是传承。在阳明的创办之初,我想到自己作为师大的毕业生、一名优秀的中学教师,我都尚且曾在家长这条路上迷茫无助,更何况是不学教育的家长呢?所以阳明的一个心愿便是指引和陪伴家长与孩子一起成长,让家长在培养孩子的教育之路上不再孤独,有阳明可以一路相伴。

2015年,我正式成为了海蓝博士幸福家的静修生,我非常敬佩海蓝在践行八年前她回国时的梦想"从事让中国人可以更幸福的事业"。海蓝带领着幸福家的团队走在成长自己,帮助他人的同伴教育的路上。海蓝在课程中展示的不仅是她非常专业的心理学技术,更是她真实鲜活的生命故事,是她活出来的幸福的生命能量。

一年的课程结束了,海蓝团队的使命感让我更有信心和力量去开创阳明教育体系,海蓝的幸福家就像一个辽阔的大海,奔腾有力;阳明就像涓涓细流,川流不息。

感恩海蓝,阳明的源头……

13 孩子是家里的小教练

在女儿小学四年级的那个暑假,我想从学校辞职,但又不确定辞职的选择是否正确,想和人商量,可是亲人和朋友中大部分都反对我辞职。我觉得没有人可以真正帮我出主意,自己想法很乱,理不清头绪,但还是希望有人可以帮助我理理思绪。想起女儿一直很贴心,或许她可以理解我,便试着跟她说说看。

有一天,拉着女儿的小手散步,我说:"宝贝,妈妈这段时间特别难过,不知道怎么办了?"女儿听了觉得事情比较严重,非常关切地说:"妈妈发生了什么事呢?"我说:"妈妈想不好要不要从学校辞职?"女儿认真地想了想,问我:"妈妈你想辞职想了多少时间呢?"我说:"想了一年。"她又问:"那你想不辞职想了多少时间呢？"我说："就这几天。"女儿一脸严肃地说："那你就按你想了一年的决定做吧，我在考试的时候，有的题目已经做好是选A的，交卷前突然觉得要改成C，然后就匆匆忙忙改了，十有八九都是错的。"女儿的话让我豁然开朗，也很惊讶，小学四年级的孩子竟然可以有这么精准深刻的分析，庆幸我请教了家里的小教练。

辞职后刚开始的几年中，我一直尝试做最好的自己，后来创建阳明，渐渐遇到了最真的自己。我现在的生活就是十年前所梦想的样子，非常感恩当时女儿的分析帮我拨开迷雾，让我从犹豫不决中明白自己真正想要的是什么。我也非常感恩我妈妈经常请教我，向我学习，让我学到了向女儿请教的模式。孩子的世界是纯净的，他们的视角往往没有干扰，可以更单纯智慧地看问题。孩子给出的建议对我们来说往往有茅塞顿开的感觉，让我们不得不感慨于孩子的敏锐和灵性。

从那以后，我就非常喜欢和女儿探讨我的工作和生活。女儿七年级的时候，我工作上面临一个很大的挑战。那天，我从学校接女儿回家，我告诉女儿："妈妈最近工作上碰到很大的挫折，我有点没有信心了。"女儿说："妈妈，最好的水手都是在搏击风浪的时候才产生的，如果风平浪静，好水手就没有办法体现出来了。"女儿的话对我的鼓励是非常深远的，我又鼓起勇气面对压力，力争做最好的水手。女儿继续激励我说："妈妈，你做的事情是非常有创意的，当然会难一些，但如果沿着前人的脚步走，人最后离开这个世界的时候是没有自己的脚印的。"我深深地敬佩我的孩子，她看问题的高度是让我仰视的。

有时候，我也向女儿请教有关她的教育问题。在她八年级的时候，有一段时间她喜欢上了电脑游戏《植物大战僵尸》，画面色彩很鲜亮，还会发出很动感的声音，打赢了一局就会有积分和很诱人的礼物，女儿打得很欢喜，我也很高兴。她不仅喜欢游戏还喜欢《海贼王》，一个人躲在书房看，边看边发出哈哈的大笑声，我有些不解，因为平时女儿的性格不是非常奔放的。有一次不小心看她的观看记录，竟然看到300多集了，我没法坦然了。我很信任女儿，可是这样玩好像有点过了。

记得那天我特意早点回家，有充裕的时间可以和女儿谈这个比较敏感的话题，因为万一聊得不好，不但不能解决问题，女儿还会觉得不被信任，对我们的关系就会有些不好的影响。女儿放学回家，看到我已经在了，特别开心，跑过来黏着我，说："妈妈今天怎么这么早啊？"我说："妈妈想和你聊聊电脑的使用问题，原以为这是别人家的事情，没想到现在自己家也有机会碰到了。"女儿惊讶地说："妈妈我电脑不能玩了吗？"看到女儿有点紧张，我觉得比较好玩，我问她："这段时间妈妈觉得你电脑玩得有点太多了，我想让你可以好好玩，可是又担心你这样玩会影响学习，所以我很忐忑，想请教你一下怎么样可以既让你玩得开心，又不让妈妈焦虑呢？"女儿松了口气说："原来妈妈也发觉了，最近我也觉得自己自制力有点差，这样吧，我尽量控制好时间，如果妈妈觉得我玩得过了，你就提醒我一下，我马上停下来好吗？"我又问："那你玩得很开心的时候，我让你停下来，你会不会很生气呢？"女儿说："可能会有些不爽，但我觉得我确实需要妈妈监督，所以我会调整好心态的。"我很欣喜这个不太好谈的问题轻松地由小教练自己解决了。当晚开始，女儿就更自觉地学习，使用电脑的时间明显减少了。

孩子是上天安排来陪伴父母成长的天使，当我们学着真心向孩子请教时，我们会非常惊讶地发现原来孩子已经长大，比平时我们看到的要成熟睿智很多。父母请教孩子时，他们的思维能力得到锻炼，还会觉得被尊重，自信倍增，同时会增强责任心，有家族使命感。

面对教育问题，家长平时非常喜欢看书，请教专家。我特别想建议的是，家长可以先请教一下孩子——家里的小教练，他们是自己的专家，他们也非常有诚意帮助自己和父母，他们也非常愿意维护他们自己提出的方案。并且他们提供终身的免费咨询，让我们一起知福惜福哦。

孩子是一幅完整美丽的山水画

经常有家长和我聊起孩子的时候，忧心忡忡，他们会说："我的孩子好像不爱学习，在家就是玩电脑，看电视，吃东西，这样下去怎么办呢？"我问家长："那孩子在家里的时间大概是哪些时间点呢？"家长说："晚上自修回家十点以后啊，我觉得他应该再做做题目，可是他好像根本没有再要学点的样子了。"我问家长："孩子早上几点起来？"他们会说："六点左右。"我帮家长分析："孩子六点左右起来，洗漱吃早饭，六点半左右出发，七点开始早自习，然后上午四节课，十一点左右下课，中饭时间一小时不到，就开始午自修做作业了，然后下午四节课，五点左右放学，晚饭后，六点半开始晚自修到九点左右，一天的学习时间已经在十二小时左右。回家后他是不是需要放松、休息一下了？"家长似乎有点明白了，说："这样分析一下倒也是应该休息下了，可是最关键的是我的孩子感觉很放松，一点没有学习紧张的感觉。"

这时候，我比较喜欢随手摊开一张纸，跟家长比划："你的孩子就像一幅美丽的山水画，上面有山有水，有蓝天白云，半山腰上往往还有一些羊儿在吃草，水里有小船，有渔夫，岸边有青草，有石头。可是你看到的是对折了几次的画，另外都看不见了，只看到几块石头。于是你就很焦虑，为什么别的孩子是丰富的山水画，而我的孩子就只有几块石头呢？其实孩子是有很多面的，他在学校里，在老师同学面前的表现和在家里的表现往往是有很大差异的，就像我们父母自己在工作单位和家里的表现也是不一样的。我们在家里可能也就是看电视，喝茶，玩微信，可是我们工作的时候是严谨努力的。"这时候家长才真正有点明白自己看孩子确实片面了，孩子们也会因为被误解而倍感委屈。

我想建议家长在面对孩子的时候，用更全面更客观的视角去分析，尽可能站在孩子的角度，让孩子觉得父母是理解心疼他的。这样孩子就比较愿意和父母交流，他就会告诉父母他在学校的一些事情、想法和心情，父母就更有可能看到山水画的全貌。

我们演讲班有一个男孩小舟，妈妈说他是一个不合群的孩子，同学关系不好。最近一次演讲班的分享环节，他几次上来想要分享，话筒都被其他孩子拿走了。结束时我问团员们，刚才看到好几个同学不愿意把话筒给小舟，我们可以告诉他原因吗？几个同学的回答比较相似，说小舟在排练节目的时候不听从团长安排，经常一个人在玩，所以他们有点不喜欢小舟。我问小舟排练的时候有没有意识到自己没有配合好团队，他说没有感觉到，他觉得无聊，就一个人玩了。我问他听到同学刚才对他的回应，有什么感受呢？他说终于明白为什么班级同学有些也不喜欢和他玩了，他愿意调整自己，多考虑同学的感受，尽量让自己融入团队。

我觉得孩子们的成长大多是在他们自己有感悟、有体验的时候开始的，如果只是讲道理，孩子们会觉得和自己的生活没有关联，很难真正有所成长。

周六，我有机会和小舟进行了一小时的交流，我看到了这个孩子山水画上的蓝天白云。我先问了他一些有关学习、生活的问题，他都做了真诚并很有创意的回答。然后我说为了公平，他有机会问我三个问题。我感觉他对可以随意地问问题很有兴趣，稍后，他问我："老师，当一个妈妈事业稳定以后，你觉得她一般会做些什么？"我怔了一下，孩子可以问出这么成熟又有见地的问题，和我平时对他的观察有明显不同。我说："我觉得这个问题很有水平，说说我自己吧。在事业相对稳定以后，我就觉得要对我的孩子多关心一些，比如关心他的生活、学习。"

小舟听后，频频点头，说："难怪妈妈最近这一两年对我的学习抓得特别紧，现在我有点懂了。那我再问一下，一般家庭都是男人创业的，如果一个家里是女人创业，并且创得比较成功，你觉得这个女人的表现和心情可能是怎样的呢？"问题更加深刻了，我对孩子刮目相看。我认真地注视着他，开始回答："很感谢你问我这个问题，刚好我也可以回顾一下自己。她可能会比较自信，觉得自己很优秀，同时也可能会比较主观，觉得别人都要听她才比较好，因为她有很多的成功经验。但内心也觉得自己有点辛苦，为什么一个女人要这么顶天立地，不可以小鸟依人呢？"我觉得我回答得比较成人化，但我很真诚，孩子听后说："和我妈妈很像，看来我要多体谅妈妈一点了。"

想了一会儿，小舟又问了第三个问题："杨老师，你觉得一个人有情绪是经常发泄好呢，还是平时不发泄，到一定时候就大发一下比较好？"感觉这孩子的问题很全面，从妈妈又转到了如何面对情绪。我问他："什么原因会让你这样问呢？"他说："我是经常会发脾气的，但是都是小脾气，妈妈平时都忍着，然后集中起来大发一次，很可怕的。"我说："我自己的体验是感恩可以让我们比较好地管理自己的情绪。比如说昨天下午我去看阳明春晚的场地布置，看到几个气球颜色好难看啊，当时有些不高兴，但想到我们负责会务的老师其实已经很辛苦了，稍有疏忽也是正常的。我也开始感恩我自己这么负责地提前来验收场地，可以有时间重新布置，于是情绪就平复了。"孩子听了后，还是有点失落，他说："有些事我还是不知道怎么用感恩来平复情绪。比如昨天有同学不小心把我的桌子推倒了，我的一本作业本不见了，我情绪很糟糕，就骂了那个同学，他也很不高兴。这个怎么感恩呢？"我说："这个确实一下子联想不到感恩，我自己平时是这么处理的。心理学中黄金法则：你希望别人怎么待你，你也要怎样待别人。如果你撞了别人的桌子，你希望别人怎么做呢？"小舟说："我希望别人原谅我。"我再问："如果别人原谅了你，你会觉得他是一个怎么样的同学呢？你愿意和这样的人交朋友吗？"小舟说："我会觉得他是一个宽容有品格的人，很愿意和他交朋友。"我说："那你以后会按生活黄金法则去做吗？"他说："知道了，我一定会去做的。"我问："现在可以感恩因为桌子推倒这件事，让我们学到黄金法则吗？"小舟说："原来不好的事情也是可以感恩的，那每件事情都可以让我们学到感恩呢。"我特别感恩孩子这么有悟性。

这一小时的交流，让我悟到，对老师来说学生也是一幅完整美丽的山水画，我们放下我们以为已经看清了的，当我们愿意用心、用情、用时间去观赏他们时，我们会陶醉于我们的工作，孩子们会展示他们迷人的风景。

孩子们比我们看到的、以为的要好多了。

15 爱是彼此成全，爱他就成全他

某天听朋友小吕说起一件事，有些感动。她一直非常喜欢工作，节假日一般都会加班，因为热爱工作倒也没觉得辛苦，只是确实很少有机会和家人出去旅游。幸好爱人也喜欢宅在家里，这样倒也很和谐。元旦前，她爱人问她这次元旦是否放假，她说放一天，爱人就说可以一起去乌镇玩玩，而且天气也不错。难得爱人发出邀请，她就不假思索地答应了。但她马上就后悔了，因为觉得平时很少整天待在家里，难得有这样的机会，也想感受下宅的感觉，顺便可以把家里的衣被洗洗晒晒。元旦出去旅游的人肯定很多，估计乌镇也是人满为患的，这样她就越想越不愿去了。

晚上下班回家，她还是想听听爱人最真实的想法是什么，为什么这次会提出去乌镇旅游。她问："亲爱的，这次你说去乌镇是不是主要是想陪我去玩玩？"她爱人笑笑说："是啊，我看你工作很辛苦，所以想陪你去附近走走，我自己是最喜欢待在家里的。"她听了如释重负，马上表态："那我们就不用去了，我也想在家里好好休息一下。"小吕说尽管这次没有出去旅游，但她和爱人都感受到对方的心意了。

尽管事情很朴素很家常，似乎普通人家每天都在发生，我还是悟到了一句话："爱是彼此成全，爱他就成全他。"

在我们周末的演讲班上，孩子们也就这个主题发表了他们的看法。小意同学说："我觉得成全有两种类型，一种是物质的成全，还有一种是精神的成全。以前我妈妈经常成全我物质上的需求，给我买各种我想买的东西，买到后，我开心了几分钟，最多几小时就没感觉了。来阳明后，我觉得阳明成全了我精神上的需求，比如让我更自信，更有梦想，更有成就感，更懂得感恩。所以，今天晚上我放弃了好几个活动安排来参加演讲班，也想回报阳明对我精神上的成全。现在，我妈妈通过家长沙龙和演讲班的学习也成长了，更加懂得倾听我的心声，也更理解我了，我能感受到妈妈的爱了，她也成全了我对妈妈的精神上的需求。所以我也不像以前那样经常要妈妈买很奢侈的东西了。我觉得家长对孩子精神上的成全是比物质更有价值的，更能让我们感受到父母的关心。"

我仰着头微笑着听着小意的演讲，想着他刚来的时候，父母是泪流满面地把他交给我的。因为孩子不乖，爸爸已经去学校陪读了半个月。我能感受到他父母的无助，特别感恩他的父母这一年多来一直坚持参加家长沙龙的学习，他们通过改变自己来陪伴儿子成长。今天听到小意的这番话，我心里觉得小意真的长大了。听着他的演讲，我似乎觉得我是他的学生，想把他的演讲记下来分享给家长和老师们，让我们一起去成全孩子们心中的梦想，让孩子们从成全中感受到真正的爱。

小意的搭档慧慧也发表了一段颇有深度的演讲。她说："我觉得成全有好有坏。好的是妈妈会关心我的学习目标，会监督我，成全我实现目标；坏的是有时候我会发脾气，妈妈就开始委曲求全，成全我的无理要求。其实我真正想要的是在我发脾气的时候，妈妈可以先包容我一下，等我平静下来的时候，妈妈可以指出我的错误，我是愿意改正的。我希望妈妈成全我对成长的需求。"这孩子刚来的时候也比较容易生气，随着妈妈的成长和改变，孩子和妈妈之间的感情越来越融洽。从她的演讲中我也可以感受到她对妈妈的心疼，孩子对成长的需求其实也是在成全妈妈的期待啊。我想孩子的话也是对很多家长说的，再次觉得孩子们是我们的老师。

记得很多家长会说："我对孩子的要求其实不高的，我只要他考到中等靠前一点就可以了，但他连这个要求都不能做到啊。"边说边一脸愁苦。如果这样想这样做不太有效，我们是否可以换个角度，去问问孩子的梦想和目标是什么，而我们可以努力去做的是支持和配合孩子去完成他们的计划，成全他们的梦想，让孩子们真正有机会成为自己的主人，可以为自己的健康、品格、学业负责任。

我想对家长们说："爱就是彼此成全，爱他就成全他。"当孩子们因为父母的成全而健康成长时，父母的梦想也就因此而实现了。

16 踏着困惑的节拍陪孩子成长

近日，我读中国著名创伤治疗和压力管理专家海蓝博士的著作《不完美，才美》，内心觉得特别亲切。八年前遇到海蓝博士，她那独特的、顷刻间可以让人一扫阴霾的灿烂爽朗的笑声，总让我可以感受到冬日正午那没有云朵遮掩的阳光，似乎所有的冰块都会在那一刻融化。看她的书，我就想起和海蓝博士相处的那些时光，她的眼中总是透着坚毅的目光，深深的爱和支持。记得她曾经告诉过我，从心理学的角度来看，过往的一切痛苦都可以是人生的资源，是可以拥抱的礼物。

她在书中告诉我们"不要急于躲避或推开此时你感到的任何痛苦和不愉悦，不要急于把此刻难受的感觉死死认定为不好的东西。痛苦是我们保护身心健康的卫士，告诉我们有的地方出问题了，需要调整，需要关怀和改变。当痛苦来临时，要感恩痛苦的提醒，这时你可能会发现，感恩的心态会让痛苦减轻。"

有一个周六的晚上，完成了一天的工作，突然我觉得有点压抑。我的搭档问我："你觉得压抑在告诉你什么呢？"我说："好像是生活缺乏激情，这几年我尝试着主要通过看书来学习成长，可是对我来说，看书不太能让我的生活富有激情。"我的搭档又问我："那以前可以让你激情更饱满的事情是什么呢？"我说："去看朋友，和朋友聊天。"他又问我："那是什么阻碍了你去找朋友，和朋友聊天呢？"我说："我想尝试通过看书，更安静地生发激情。"他笑笑说："那你心里真正想做的是什么呢？"我说："去拜访朋友。"于是他鼓励我进行一次说走就走的旅行。第二天我就买机票去看了石家庄的一个走在修行路上的新朋友，朋友非常真诚好客，三天的行程让我觉得心情愉快。

俗话说："读万卷书不如行万里路，行万里路不如阅人无数，阅人无数不如高人指路。"我发现对我来说，特别喜欢和受用的是阅人和与高人会晤，读书和行路可以作为我的辅助学习方法。

和压抑的心情和平共处，去感受压抑带给我的信息，感恩我的身体和心灵及时提醒我，让我用更适合自己的方式去成长，积蓄能量。

旅行回来，小林妈妈来找我，我感觉到她的心情非常低落。期中考试，小林的成绩有明显的下降，她妈妈对成绩看得不是很重，可是最近发生的事确实让她一筹莫展。小林的班主任王老师是化学老师，期中考试后，王老师看到小林的成绩从前几名降到中下，非常不满意，所以找小林谈心，批评了她的学习态度不端正，并且说这样下去，她的高中三年基本上没有希望了。批评完后，老师让小林自己总结到底是因为什么会考得这么差。小林其实自己也不太清楚她退步的原因是什么，就像人有时候并不是很清楚自己为什么感冒了或者胃痛了一样，所以小林就没有回答老师的问题，这样就把老师给惹恼了。老师觉得她的态度极其恶劣，就更严厉地批评了她。小林觉得王老师态度太粗暴了，她非常受伤，所以她决定以后不听王老师的课了，王老师布置的作业也不要做了。

小林妈妈得知这件事后，到学校去向班主任道歉。可是老师还是一味在说小林故意不做化学作业，连抄一下做做样子也不愿意，也不认错，这样下去是没有好的结果的。最后老师直接站起来就上课去了，连再见都没有说。小林妈妈特别担心，这样下去小林高中三年怎么过呢？

听小林妈妈讲完，我问她："你是怎么看这件事的呢？"她说："从办公室出来的那一刻，我很愤怒，觉得自己没有被尊重，也觉得女儿很倒霉，分在这样一个班里，觉得老师就是和女儿作对，女儿很委屈。"

我说："我能理解你的感受，那如果更善意地解读的话可以怎么看呢？"她的神情有一丝尴尬，但她调整了一下，想了想说："可能王老师就像一位严父，看到学生成绩退步比较着急，认为严厉批评后，女儿就会改正态度，好好学习，取得进步了。"我问她："如果这样解读，你的心情怎样呢？"她说："这样的话，我对老师就有些理解了，我想起自己小时候，爸爸也会很严厉地批评我，但核心是想要让我变得更好，是基于爱的。"

我再问她："如果从孩子成长的角度，用长远的眼光来解读，又可以怎么解读呢？"她说："杨老师你告诉我好吗？"我问她："女儿是不是在遇到批评的时候，对人对事情只做一种解读，容易陷在情绪里，经常用逃避的方式面对。"她说："是的，我也不知道怎么劝她。"我问："今天是遇到了批评她的班主任，以后有没有可能是语文老师、室友、男朋友、上司、同事……如果这次我们换了一个学校或者班级，逃掉了当下的困难，以后遇到类似的情况呢？不如让我们陪伴女儿一起来与伤心和平共处，看看我们可以因为这份不舒服而如何成长？主动地改变心态，去感受老师的心被小林的沉默伤到了，去觉察老师的初心，从关爱老师的角度去改善与老师的关系,让我们陪伴女儿去获得面对严厉说话的老师的能力,未来她见到这一类人都可以更有经验相处了。"

小林妈妈说:"杨老师,今天听你这么说,我觉得我以前经常陷进事件中,所以容易和女儿一起纠结,以后我会学着用成长的角度去面对问题。其实女儿平时和我聊天的时候,有时候会聊到成长,今天我突然意识到我好像有点落后了,只有学习成长,才能跟上女儿的脚步,陪伴她一起成长噢。"

我为小林妈妈的悟性而欣喜。问题本身不是问题,如何应对才是关键。当我们的应对心态和方式有所改变时,事情就会往和谐喜乐的方向转化。

海蓝博士告诉我们:每段经历中的困惑和坎坷都是生命的提醒,痛苦是灵魂被困扰时发出的呐喊,困惑是智慧的开始,都让我们更加接近真实的自己。

我觉得,困惑、痛苦、焦虑、伤心等情绪是上天派发给我们的、提醒我们要成长的微信,如果我们读懂了,并且去成长了,上天就会发幸福的礼物给我们。如果我们没有读懂,它就会继续发微信给我们,可能加大频率和信息量,带来更大剂量的痛苦,直到我们读懂和改变。

让我们一起去解读生命的礼物,踏着困惑的节拍陪孩子成长。

17 当孩子告诉我们"我知道了"

某年期末考试期间因为极度寒冷,孩子们考了一天后紧急放假,在家里休息,等待市教育局发考试通知后返校,继续参加剩下的考试。我们陆陆续续收到家长们电话、短信,说孩子们在家里疯玩游戏,这让家长们非常焦虑。

最近的一次家长沙龙上,忆妈妈说:"昨天白天我在单位上班,把孩子也带去了,我忙了一天,他就打了一天游戏,而且不时发出惊叫声和大笑的声音。我真的非常无语,我觉得儿子一放假在家里就失控了。昨晚我和他交流了很久,可是他几乎没有说什么，只说'知道了'。每次我和他爸爸教育他的时候，他都说'知道了'，可是没有落实到行动上，我不知道怎么办了。"我问她是否愿意找个人代替一下儿子，模拟当时的场景，看看究竟发生了什么。她说可以的，于是她邀请小如老师扮演他的儿子忆，我们重现了她和儿子的交流。

忆妈妈和儿子（小如）面对面坐下，忆妈妈皱着眉头说："今天玩了一天，你是不是很开心啊？"忆（小如）说："是很开心，很久没有这么爽了。"忆妈妈听了更生气了，说："但我觉得你应该要多复习复习，因为还有两门课没有考试，你平时成绩又不好，趁放假在家里刚好多做点题目，让成绩提高一点。可是一放假，妈妈这么忙，没时间管你，你就索性放开玩游戏了，真是一点都不懂事，所以爸爸说到中考你就有苦头吃了。"忆（小如）的表情很僵硬，说不出什么话来。忆妈妈补充了一下，说："儿子当时就说'知道了'，和以前一样。"我采访了儿子的扮演者小如："你听了妈妈的话心情怎样？你怎么看自己呢？"他说："觉得很烦，感觉到自己很差很没用。"我问他："那你说'知道了'，你想要改变吗？"他说："'知道了'只是应付一下，让妈妈不要再啰唆了，我不太想改的，反正已经这么差了，改了也不会有用的，还不如好好玩玩，开心一点。"忆妈妈说："他就是这么想的，所以他一直不改的。"

我问忆妈妈："刚才儿子说反正已经这么差了，所以不想改了。如果我们在交流中让儿子感受到尊重和信任，觉得自己还是有救的，有没有可能会不一样呢？"忆妈妈说："我不知道该怎么做。"我觉察到她有些焦虑和无助，我问她："我找个老师演你，我们来试试交流模式改变后，儿子的应对会不会有改变，可以吗？"得到忆妈妈的认同后，我们请小莉老师来演忆妈妈，带着好奇、尊重、信任来做一次沟通尝试。

忆妈妈（小莉老师）看着儿子（小如）的眼睛微笑着说："儿子，今天看到你玩得很开心，妈妈也很开心，刚考完一天，下一次什么时候考也不知道，刚好可以玩一下，你已经很久没有这么畅快地玩了吧？"儿子（小如）笑着说："是啊，我已经憋了很久了。"忆妈妈（小莉老师）感动地说："这个学期以来，你一直很努力学习，这么喜欢游戏但努力控制自己，很少玩，就像有一个你很喜欢的女生，你一直忍着没有去和她见面,现在有机会了,就想去见一下,妈妈特别理解你。"忆(小如)眼睛开始有点晶莹,说:"谢谢妈妈理解我。"忆妈妈(小莉老师)接着说:"妈妈也相信你是有自己的安排的,你估计几号会考试呢?你会怎么安排接下来的时间呢?"忆(小如)说:"我估计26日就可以考试了,这样的话就还有四天可以复习,两天一门课,接下来几天不玩了。"忆妈妈(小莉老师)说:"要不再玩半天吧?"儿子(小如)说:"不玩了,考完再玩。"

我问小如:"这样聊下来你心情怎样呢?听到妈妈说'相信你自己是有安排的',你是怎么想的呢?"小如脸上带着欢愉的神情,说:"感觉自己被妈妈理解信任,很开心,妈妈说我是有安排的,我就开始安排了,而且我会去做的,因为是我自己安排的。"

忆妈妈听完非常惊讶,说:"原来是可以这么交流的,刚才我看到小莉老师一直用欣赏和好奇的眼神看着'儿子',他就越来越主动了,就会安排自己的学习了。我当时是带着埋怨在说教,儿子听了就心烦,所以就说'知道了'来打发我,并且也不想改变。"

我也总结了一下:"刚才小莉老师的交流是带着'相信儿子是有安排的'这个信念的,当孩子觉得妈妈懂他、心疼他时,他的心是喜悦的,他会觉得自己是有价值的。于是就进入了积极的应对模式,主动地想要改变。当我们交流的时候,如果心里觉得他不好,再加上抱怨的语气,他会觉得自己是不好的,是没有希望的,就进入了消极应对模式,这时候就会进入逃避、拖延或者反抗的应对姿态,不太有心情去改变和成长了。"

孩子的世界是纯净的,通常会优先进入情感频道,所以当他们被怀疑、被否定时,他们很容易受伤,进入消极应对模式,说一些相应的话,比如"我知道了""别烦了""学习没意思""长大了我也不想做什么"之类的。当我们听到这些话时,其实只是孩子在相对比较消极的状态的一个指标,它提示我们可以陪伴孩子一起从消极走向积极。可能是需要一个欣赏的眼神,可能是几句发自内心的鼓励的话,可能是一碗妈妈亲手做的馄饨,可能是进步了的成绩,可能是一个温暖有力的拥抱。孩子要的东西很少,只要让他觉得他是可爱的,有价值的,被爱的,他就会重新进入热爱学习、热爱生活的状态，愿意为他的目标竭尽全力。

当孩子反复说"知道了"时，他是在用这句话告诉我们："我现在很无助，请换种方法帮帮我吧！"孩子的天性是成长，他们会为自己的进步欣喜若狂，父母的责任是看到他们的天性，去读懂他们的心，陪伴和支持他们进入成长的轨道。当父母"知道了"孩子的心，孩子就有力量前行了。

18 妈妈智慧了，女儿的心亮了

在最近一期的演讲冬令营上，其中一个演讲主题是"分享一件觉得委屈的事"。小玉今年八年级，她分享了一件她七年级的时候发生的事，她说："七年级的时候，班级的几个同学喜欢捉弄我，有一次我出去的时候，他们在我的凳子上踩了几个脚印，回来的时候，我找他们评理，后来就吵架了。老师知道后，一定要我向他们赔礼道歉，当时我心里觉得非常委屈，可是也怕事情闹大，所以就向他们道歉了。"说完她还补充了一句："我小学六年几乎都是在这样的心情下度过的。"听到她这样说，我就想起了去年夏天，她来参加夏令营时的情形。

在去年夏令营的自我介绍环节，小玉上来拿着话筒，迟疑了很久不说话，后来终于开始说了，用了一种非常急促的声音："我是小玉，告诉你们，如果你们有人对我不好，我就让你毁容，这个不是假的，我们班就曾经有人被我抓得毁容了。"她讲完的时候，全场一片寂静，大家都被吓到了，我也下意识用手保护了一下自己的脸。在接下来的课程里，小玉上来唱歌，帮助同学，表现还是很友好的。在竞选团长的环节，她也上来竞选了，可是在她的身后，孤零零的空无一人。

我现场采访了大家："不选小玉是因为第一天她的自我介绍吓到你了的请举手。"几乎所有的孩子都举手了。我问小玉："你自我介绍的时候这么说是你真的要让人毁容，还是你担心被欺负，所以这样说保护一下自己？"她说："我主要是保护自己，因为经常有人要捉弄我。"当时我心里就很心疼这个孩子，我想她一定是在受伤很多次后，学会了用这样的方式保护自己，但她也把同学吓到了，所以她说她从小到大是没有一个朋友的。她说自己一个朋友也没有，从中我也听到了她内心对朋友的渴望和心灵深处的孤独。

我想起还有一次，小玉和一个同学有冲突，另外一个同学帮她评理。事后，小玉特别感动，她说这是有史以来第一次，在她和同学有矛盾的时候，有人会帮她。从幼儿园起，只要她和同学有争执，爸爸妈妈总是不问原因说肯定是她错了，让她去道歉，所以她心里就非常压抑和生气。

这些事情前后连起来我就更理解小玉了，这个女孩非常聪慧，对事物有非常独特的见解，但她总是面无表情地一个人玩，不太能感受别人的心情。我能想象在她更小的时候，当同学欺负她的时候，她特别希望有爸爸妈妈的臂膀可以保护她，让她觉得她是安全的。可是当她孤立无援，心里觉得特别无助时，她迎来的是父母的说教和指责。幼小的她不明白到底发生了什么，她恐慌地看着周围的人，没有人帮助她，可能还不时有些取笑的声音，在孩子弱小的心灵里，她觉得这个世界是不安全的，是可怕的，于是她就把心门关了起来，悄悄地躲进了自己的世界。她的心里有恨，她恨她的父母在她需要帮助的时候，冷漠地只讲道理，她恨她的老师，还没有弄清楚事情的原委就让她去道歉。

所以，她就开始非常警觉地面对周围的人和事，当她觉得又要被欺凌时，就会直接先去攻击别人，就像刺猬用刺来攻击他人，保护自己。然而，因为她看似攻击的行为，她就越来越孤立了，孩子心里的怒火就越来越高，一触即发。

她来我们学校的时候，她妈妈说着说着就哭了，因为和孩子几乎不能沟通，孩子已经提出不想上学了，老师让他们去看心理医生，妈妈非常担心和焦虑。

我心里觉得很欣慰的是，小玉妈妈一直坚持来家长沙龙学习，我可以感受到妈妈越来越温柔智慧。她说在孩子小的时候，凡是有冲突，她和孩子爸爸一定会严厉斥责孩子，让她去向别的孩子道歉，他们也认为一定要维护老师的权威，他们认为只有这样严格要求，孩子才会好。可是渐渐地，孩子就不太说话了，整天板着脸，经常和老师同学闹别扭，后来就直接提出不要读书，成绩也越来越差，来的时候已经是班级第29名了，班级一共也只有40人。

当觉察到孩子只是需要一个理解她的人时，妈妈从讲道理的妈妈变成了陪伴倾听的妈妈，孩子的脸上终于露出了笑脸。一次妈妈分享说，孩子科学考了全班第二名，可是因为整个班级没有考好，老师还是骂了全班同学半小时。小玉回来非常生气。智慧的妈妈懂得要先安抚心情，再面对事情。妈妈对她说："妈妈能理解你的心情，如果妈妈是你，也会很伤心的。不过考第二名被骂和那些真正考差被骂的，如果让我选一下的话，那我还是选考第二名被骂的。"孩子听后，就笑了，说："那我也宁可是考第二被骂的。"

妈妈智慧了，孩子的心就亮了。

接下来的日子里，随着妈妈参加家长演讲班的学习，妈妈和孩子走在一起成长的路上，孩子越来越开心，成绩也进到第12名了，科学、数学相继考班级第一名。在家长会上，小玉发表了进步演讲，有同学开始叫她女神，她说再有人欺负她的时候，她就和同学说："你牛就比成绩，欺负人算什么。"同学也越来越尊重她了。

这次期末考试成绩出来，她的成绩是班级第20名，她妈妈跟我说："当看到成绩的时候，我还是很失落的，但我马上问自己，如果只是失落，我不是没有成长吗？我马上调整好心态，和孩子一起笑着面对，一起分析我们可以从这次考试中学到什么？"我为小玉妈妈的觉悟点赞。有这么聪慧阳光的妈妈相伴，小玉必然会春暖花开。

在演讲班毕业礼上，小玉说她学会了为搭档去付出，去感受别人的感受，她愿意在今后的日子里，学着为班级同学付出，让她的班级因为她而可以更优秀。

我在台下听着小玉的演讲，默默地对小玉妈妈充满敬意，感恩她用自己的成长抚慰了曾经受伤的孩子，再次感受妈妈的爱带给孩子的神奇的疗愈。妈妈还悄悄告诉我，她的皮肤也变白了，妈妈和女儿都越来越美丽了。

19 家里的书桌是孩子学习的"定海神针"

一个爱看书的朋友曾经跟我说起,他刚参加工作的时候,住在学校的宿舍里,休息的时候看看书,写写文章,那年他给自己定的要求是看100本书。为了有看书写作的感觉,他从家里把书桌搬去了学校宿舍,他的书桌很旧,但一直陪伴他从小到大的学习生活。书桌来了,他燃起了学生时代的学习激情,那年他完成了读100本书的计划,我看到过他厚厚的依然完好的读书笔记,装满了一个中等大小的纸箱。

他是我的朋友中最爱读书的一个,至今还几乎每天读书到凌晨一两点。有一天我调侃他说:"看到你看书,我才真正明白高尔基的那句话,'我扑在书上,就像饥饿的人扑在面包上一样'。"2015年,这个朋友也看了100多本书,写了将近20万字的文章。在他的影响下,我也开始写文章了。所以我深深感觉到学习环境和氛围对人的影响是潜移默化的,是不可小觑的。

我女儿从小的游乐园就是书店,经常在书店一待就是一天,只在吃饭的时候回家一会。有一点零花钱的时候,她就带几本书回来,书是她最多的玩具。特别感恩他的高中语文老师高老师,他是浙江大学中文系的硕士研究生,自己爱书如命,平时写个班级通知也颇有文言色彩。在他班里学习的三年间,女儿跟着高老师的指导读书,看了大量周国平、龙应台等人的作品,受到了杭州高级中学樱花文会文学气息的熏陶。《浙江日报》向她约稿的文章《小费,我心中的大树》,《浙江日报》的编辑说是没有修改直接刊登上去的。当年小费老师和我女儿也因为这篇文章被《浙江日报》评为"最美师生"。我想女儿的文学底蕴是来自她从小喜欢看书和她爱看书的班主任高老师。我觉得我自己的文学素养是比较普通的,而女儿远远高于我,所以我深深感恩高老师。有一个爱看书的老师是孩子们的福气。

从小学开始,女儿一回家就直接回她的书房,在书桌前看书、写作业。每次我回家要找她,她必然在书桌边,亮着她的小台灯,非常安心安宁。

我想起我小时候,至今还能清晰地记得读书时候的书桌。那是一张很旧的油漆斑驳的桌子,但很干净。中间是一个比较大的抽屉,两旁是比较小的抽屉,那个比较大的抽屉是公共的,放家里比较重要的资料。我放书的抽屉在左边,妹妹的抽屉在右边。那时候没有空调和电蚊器,妈妈帮我在腿上绑一个塑料袋,这样蚊子就不会咬我了,我的脚可以浸在一个水桶里,这样会比较凉快一些。我经常一个人看书、做作业到深夜,妈妈醒来发现我还在看书,就催促我早点睡。我心里很明白,我可能不是最聪明的那个,但在这样的夜晚,其他同学都已经睡了,而我还在学习,做到比别人都勤奋,那我的成绩比别人好就有理由了。

记得有一次放暑假,妈妈在上班的半中间就回来了,她推开房门的时候非常着急,说:"邻居家着火了,你不知道吗?"这时候我才从书桌上抬起头来,不知道发生了什么。妈妈说:"看你读书这么专心的样子,我相信你是做大事的。"

我的书桌是我外婆留下来的,后来搬家就不知道去哪里了。但心里的书桌将永远伴随我的记忆,提醒我那些勤奋的日子。我为我的勤奋自豪,也感恩我的书桌伴我走过那些勤奋美好的夜晚。

我对书桌有非常特殊的感情,觉得我是在书桌边长大的。书桌是一个读书人学习的根,根稳定舒心,才能枝繁叶茂。

我去学生家里家访的时候,我也总是要去看看他们的书房书桌,我戏称书桌是学习的"定海神针"。

有一次去一个学生家里家访,家里是欧式的白色的家具,沙发也是白色的,家里很洁净。孩子妈妈带我看了客厅和卧室,我找不到孩子可以做作业的地方,我问孩子妈妈:"那孩子在哪里做作业呢?"妈妈指着房间里的电脑桌对我说:"就是这里。"我看上面放着一台电脑,空出来可以做作业的地方是很小的,而且作业必须在电脑前完成。他妈妈跟着就开始叹气数落孩子了:"这个孩子在家里是不做作业的,只玩电脑。"我告诉她:"孩子做作业的地方不够专业啊,是在电脑桌上省出来的一点点地方,是个业余书桌。似乎在告诉孩子,在我们家里,学习不是最主要的。尽管这不是父母用嘴说的话，但其实已经用布局告知了，所以孩子就符合父母的安排，在家里基本上不学习。"

还有一些孩子的书桌在阳台上、客厅里，在角角落落，书桌上台灯已经坏了几个月，书在搬家的时候没有搬过来，凳子上有好几个破洞。我在书桌前的凳子上坐下来感觉马上想站起来，这样孩子在做作业的时候怎么会安心呢？学习安不下心来，成绩怎么会好呢？

通过很多家访，我渐渐发现，学习比较优秀的孩子，他们的书桌一般都在家里比较重要的位置上，桌子上整齐地摆放着孩子的书籍资料，绝对不会有灰尘，因为经常在用的。桌子上台灯也是灯光明亮，凳子在合适的高度上，在书桌前，坐下来，就想拿本书看看写写。孩子一回来，第一个去的地方就是他的书桌。他觉得书桌是他最舒心的窝，那看书学习自然是他最喜欢做的事，成绩只是自然生长的果实而已。

如果在书桌上是不舒服的，孩子回家一般首先是坐在沙发上看电视、玩电脑，学习就不再成为他优先考虑的兴趣，成绩自然也就比较艰难了。

特别想邀请爸爸妈妈认真看看家里有书桌吗？如果有，请你在书桌旁拿本书看看，如果半小时都不想站起来，那孩子也可能专心学习。如果不能，请父母费心为书桌安个定心的窝，让孩子的学习可以生根，让成绩可以往上自然生长。

20 宝贝，谢谢有你一路相伴

第一次听到妇产科医生说这个孩子一生出来眼睛就是睁开的，妈妈心里有点欢喜有点骄傲。三天后，宝宝可以留在妈妈身边了，看到宝宝，妈妈觉得有点奇怪，从来没有见过你，可是你的生命因我而来。因为是夏天，身体没有衣服束缚，你居然翻身侧睡，听说别的宝宝要好多天以后才可以翻身的，我也不明白发生了什么，窃喜是不是一个神童呢？

可是出院回家，我就觉得很失落，因为你那时候只会哭和睡觉，只有在睡着的时候会笑。再过了一两个月，妈妈尝试着用调羹给你喂点米糊，可是你竟然不知道如何把米糊吃进去，小嘴巴动了两下，米糊就掉了出来，我真的不敢相信这个世界上竟然有人连吃也不会，也觉得你好可怜啊，连这个最基本的技能都没有掌握。

产假在家的那些日子里，我经常静静地看着摇篮中熟睡的你，想着这辈子，我的生命将会和你紧紧相连，想着你那么可爱，那么柔弱，那么全然地依赖我的存在，内心升起无限怜爱，觉得今生有你相伴，我便知足。

你又长大些，可以很快地爬行了，过一个门槛的时候，你把一条腿先竖起来，挪上去，再把后面一条腿也跟上去，感叹你的智慧，这可是你自己发明的爬行术啊。

后来上幼儿园了，你画的水彩画被贴在墙上表扬，可是你很低调，没有特别夸张的表情。

那时候，妈妈做班主任比较忙，去接你的时候，经常其他小朋友都被接走了，你一个人孤零零在幼儿园传达室等妈妈。可是很惊讶的是，你总是在和保安叔叔聊天，聊得很开心，让妈妈少了一份晚接你的愧疚。

大班的时候，你开始学手风琴，妈妈希望你上大学的时候，可以带着手风琴去表演节目，抒发心情。有一次，你在青少年宫表演手风琴独奏，头上是用红色丝带扎的两个冲天辫。这个画面在你还没有出生前，妈妈好像梦到过。

上小学的时候，有一天妈妈买了一辆红色的小车，你那天一定要让老师等妈妈接了你再离开，我知道你想让老师看到你妈妈是很厉害的。那天妈妈刚从车行把车开出来就去接你了，车技比较差，也不太自信，所以调头的时候熄火了，我们俩在车里笑得不行，你问我，妈妈你真的可以开回家吗？我说不行就让交警叔叔帮我。

初中的时候，你被选为生活委员，你说这个官是最大的，因为课间要分饼干，所以有好几个分饼干组长由你管理，我们对视一下，欣赏我们对生活委员的全新理解。

有一次去超市买东西，你非常认真地问超市服务员："阿姨，我怎么样才可以像你一样成为服务员呢？"那个阿姨乐开了花。

那时候吃完饭，你就去小区的小路上滑轮滑，要滑半个到一个小时才回来，有一次还说有个小孩请你做教练，可以给你学费的。

记得那次妈妈带你去南北湖玩，你一定要穿轮滑鞋去。上桥的时候，你扶着妈妈的肩膀艰难地上去了，到下桥的时候，你飞快地下滑，妈妈跟着你差点气都跑没了。边上的游客看着我们这么奇怪的造型，捂嘴笑着，我们也觉得自己很奇特。

初二的一天，你回来就很开心地告诉我："妈妈，我的同学问我'你嫁给我好吗'。"妈妈轻松地笑着说："噢，看来以后嫁不出去的担心不用有了。"可是背着你，我还是去了趟学校，假装轻松地对班主任说："我女儿的同桌开玩笑说'你嫁给我好吗？'这是个怎样的男孩呀？"班主任说："哦，他几乎对每一个他喜欢的女孩都这么说。"妈妈悬着的心可以放下了。

那年寒假，外婆带你们去杭州，你买了一本书《为什么幸运的人总幸运，倒霉的人老倒霉》，书里说：幸运的人做选择的时候总是回头看现在该怎么做，而倒霉的人往往只顾现在想怎么做。你告诉我说："妈妈，现在我在这里同学老师都对我挺好的，我成绩也还行，可是如果我走过二十年回头看，我希望我有更高的学习平台，所以我想去杭州上学。"

于是妈妈和你竭尽全力地争取了初三去杭州上学的机会。你喜欢杭高，把杭高定为你的中考目标，你把杭高的明信片放在你的铅笔盒里，你还编了一首歌："杭高杭高I love you"，这首歌只有一句，妈妈接送你来回杭州的路上，你一路高唱这首歌。

中考那天，你的语文老师把她刚从庙里求来的佛珠手链套在你的小手上，说："老师把幸运送给你。"那一刻，妈妈感动得在边上流泪，我欣慰我的宝贝是被人祝福的。

你顺利考入杭高，走进那扇写着"杭州市高级中学"的颇有些历史的铜质校门，妈妈知道高中的三年你会幸福。

从杭高回来的日子里，你嘴里离不开小高、小费，两位你非常喜欢的老师，你进了鲁迅文学社，并且开始写一些颇有文学底蕴的文章，你的想法也越来越成熟。妈妈很感恩你的两位恩师对你的引领，让你看到了人生别样的风景。

高三的时候，为了可以有更多时间学习，你在学校边上的贡院租房住。有一次，妈妈开车去看你，到了发现什么也没给你带，刚好车里有做活动剩下的几个塑料花风车，就顺手拿去送给你。你看到风车非常不解地说：妈妈这真的是你特意拿来送给我的吗？我搪塞地笑笑，你知道妈妈一般都只把自己送来，陪宝贝聊聊天，散散步，然后就回了。妈妈临走的时候，你还把外公送给你补脑的核桃让我带走，说你吃不完了，让妈妈帮你吃。平时和妈妈一起出去，你的包里总是有餐巾纸、手电筒、护手霜，在妈妈需要的时候，我还没说，你就递过来了，妈妈一直坦然地享受着你的关心，呵护。

那一年，妈妈和搭档去杭高做高考励志演讲，讲完，平时一直喜欢默默在台下的你冲上台来，分享你的感受，你说："有一堵墙，很坚固，我努力去推墙，推了一次，没倒，推了两次，墙还是没倒，我推了一百次，墙还是没倒，推了一千次，可能墙还是没倒，可是我一定会因为这一千次的推墙，变得更强壮，更勇敢，更坚韧。高考对我来说，就是那堵墙，经过高考，我一定会因为高考而成长。"我欣喜于你对高考独特而深刻的理解，有你，妈妈欣慰，自豪。

那天送你上大学回来，妈妈一个人坐在凳子上发呆，深深的失落感涌上心头，我可爱贴心的小女儿翅膀丰腴要独自飞行了，你将拥有你自己的天空。接下来，妈妈可以为你做得最多的可能就是在你身后默默祝福了，心里有好多好多不舍。

这时候，才深深领会，这个世界上几乎所有的爱都是为了相聚，可是有一种爱，是为了分离，那就是父母对孩子的爱。目送着你渐渐远去的背影，泪眼蒙蒙，唯有祝福，唯有祝福……

这几天过年，你回来了。晚上，我在电脑前写文章，你推门进来，给我一颗牛轧糖，说："妈妈这颗糖我帮你暖过了，软一点好吃。"

这一年，和你相聚的时间可能就只有十天左右，有这颗暖糖的心，妈妈知足了。

妈妈会过好自己，让我的宝贝放心。如果你要去远方求学，妈妈会好好地、乖乖地等你回来。

21 孩子，妈妈开始有点懂你了

在阳明第3期家长演讲班毕业典礼上，小宇妈妈说了这么一个故事："有一次，我和儿子一起走过一个敬老院，我问儿子以后会把妈妈送到敬老院吗，儿子说他不会。当时我听了心里挺高兴的，欣慰儿子还是挺懂妈妈的。可是儿子马上又说，妈妈我会帮你去老年大学报5个培训班。"她说当时心里很不是滋味，觉得儿子好像在报复自己，因为她也给儿子报了很多培训班，把双休日的时间都排满了。这次经过三天的学习，她说她开始学着用心去体验儿子当时的心情，她说她感觉到儿子累了，想歇歇了。她说她开始有点懂儿子了。

听小宇妈妈说着她的转变，我的眼前出现了小宇第一次来到我们学校的情境。我和孩子单独沟通的时候，我问他："从小学到现在，什么时候是你最开心的时候？"孩子眼泪汪汪地告诉我："现在是我最不开心的时候，因为从周五晚上开始，妈妈就给我报了5个培训班，她看我有一点点空就给我报一个，而且完全不征求我的同意，突然通知我让我去上课，我说不想去，可是她说钱都已经交了，不能不去了。"我默默地看着他，关注着他，我问他："为什么妈妈不经你的同意给你报了5个培训班呢？"他说："妈妈平时工作挺忙的，基本上都不在家里，她怕我玩游戏、看电视，就把我双休日的时间全部用来参加补习班，可是她至少要提前和我说一下，让我心里有个准备。"

孩子边说边哭，几乎哽咽起来，我给他拿了餐巾纸，陪了他一会儿。等他平静下来，我问他："如果妈妈提前问你想不想去，你会答应参加5个培训班吗？"他说："那我肯定不答应的，太累了。"我说："看来妈妈很懂你啊，知道提前和你商量你是不会答应的，所以她只好偷偷地报好，把钱交了，然后你就只能乖乖地参加了，你估计妈妈这么做她心里很开心还是其实也很无奈呢？"小宇看了看我，不好意思地说："估计也很无奈的吧。"我问："那你如果可以自己决定的话，你希望是怎么安排呢？"他说："我觉得报3个培训班就够了，剩下的时间妈妈可以在家里陪我，我做做作业，看看电视，玩玩电脑，妈妈监督我就好了。"我说："那你为什么还要参加3个培训班呢？"他说："因为我最近成绩退步比较明显，我想补补课，上课不懂的可以再请辅导班的老师讲一下。"我说："我觉得你对自己的学习和生活其实挺有规划的，你可以和妈妈沟通吗？"他说："不可能，妈妈根本不会听我说的。"说着又开始委屈地哭起来。我和孩子交流了一小时，他哭了差不多50分钟，可以感受到孩子内心的压抑。小宇妈妈曾说，小宇在上学期期末考试前，曾经哭喊着说："我不会让你看到满意的成绩的。"

这次小宇也来参加妈妈的演讲班毕业典礼了，在妈妈演讲完的时候，孩子躲到洗手间哭了一会就自己先回家了，毕业典礼结束的时候，他给妈妈打了电话，说他已经先回家了，让妈妈不用担心他。小宇妈妈特别开心，说这是儿子第一次这么富有情感地打电话来。她说："我才只有这么一点点懂儿子，儿子就暖了。"当天回去的时候，小宇妈妈发微信过来：儿子说我真的进步很大，希望我再参加两期演讲班。她说她感受到儿子在用她平时对儿子的方法对她，不过这次她感受到了儿子对她成长的认可和儿子的幽默，她告诉儿子说："妈妈会坚持学习的，妈妈会和你比赛谁进步更快。"她看到儿子开心地笑了，儿子很久没有这么开心了。

小宇妈妈是一位非常聪明，很优秀也特别负责任的妈妈，平时有些淘气的儿子让她很无奈，所以想出很多招数来对付儿子。可是，她发现随着儿子进入青春期，那些办法越来越不灵了。她说有一次，儿子考试考得很差，她心里很生气，可是为了鼓励儿子，她说："儿子，这次考差了没有关系的，妈妈也不怪你，你只要找到原因，下次考好点就可以了。"没想到儿子直接说："妈妈你生气了，你生气了我很不开心的，妈妈你跟我说声对不起好吗？"小宇妈妈说："我实在不明白为什么连我心里怎么想的儿子都知道。通过这次学习我知道了，原来儿子是可以直接通过身体语言和眼神来感受妈妈的心情和想法的。我会学着更真实地面对这么聪慧有灵气的孩子，老师说了我儿子是一块特殊材料，是要用升级版的智慧型妈妈的爱来陪他长大的。"

　　小磊妈妈是五年前来到我们教育学校的，当时他的儿子上九年级，我去他们家家访，我发现当时她眼中的儿子和我们眼中的小磊几乎不是同一个人，我当时对她说话非常不客气，觉得她不够用心体会和欣赏儿子。她好像突然明白了，当时就泪如雨下，她说当晚她失眠了，感受到儿子从小在老师家、亲戚家长大，当儿子来到身边的时候，她觉得有点陌生。平时儿子不和她多说话，她对儿子也是指责居多。那晚她想到儿子从幼儿园起就一直住在老师家的孤独和无助，他最需要妈妈陪伴的时候妈妈是缺席的。当他回到妈妈身边时，可能孩子的心已经麻木，所以态度也变得很冷淡，想到这里，觉得对儿子有太多亏欠，心疼远远地漫过了平时心里对儿子的种种不满。儿子也曾经说过："妈妈你对弟弟妹妹好一点，不要让他们和我一样受苦了。"

　　小磊妈妈说："感谢儿子的嘱托，我开始对家里两个小的更用心了一些，以前上街去的时候，我一手拿着包，两个孩子便为可以拉着妈妈空出来的那只手经常吵架，我发现对孩子们来说，爱就是可以拉着妈妈的手，原来孩子们的爱是那么纯粹简单。现在我特意买了挎包，把两只手都空出来，可以一手拉着儿子，一手拉着女儿，从儿子女儿的小手传递过来的快乐，让我发现原来幸福来得这么突然，这么容易。"

　　听着妈妈们质朴的故事，我对她们充满敬意。有的妈妈说为了走孩子走过的路，有的妈妈说为了比孩子先走这段路，她们突破了自己几十年来的害怕，生平第一次参加演讲班，站在台上有的忘词了，还狠命在想要接着讲下去，因为她的孩子在台下看着她；有的偷偷地在家里背了几十遍，才敢上台来；有的在上台前还说自己不行，肯定上不了，可是轮到的时候，还是毫不犹豫地上去了，尽管她的普通话非常不标准，好多词听不太懂，但我想她已经做到了她可以做到的最好。因为她的心里有她的孩子，所以她无所畏惧。

　　她们不仅在台上演讲，她们还在台上唱歌、跳舞。我想只要可以让她们的孩子开心，让她们做什么她们都愿意。这群可爱的妈妈，她们这次做了一个特别智慧的决定，让自己成为学习型妈妈，用自己的温柔阳光向上来陪伴孩子成长，她们终于开始有点懂孩子了。

妈妈懂孩子了，妈妈的心暖了；孩子的心开了，孩子专注了。

22 用爱和真与孩子相遇

参加萨提亚的督导班时，有一个案例是导师访谈一个大一的女生。女生告诉老师："我一定不会放弃自杀的想法的。"老师温柔地凝视着她，微笑着说："我看到了你的坚持，可以告诉我在过往的二十年时间里，你坚持的品质为你带来了什么呢？"我感叹于我们导师的智慧，更深深感恩导师让我感受到她和女生连接的不只是语言，更是女生在人性的层面上对爱、价值和欣赏的渴望。导师不是和孩子的问题相遇，而是用爱和生命相遇。

这也让我想起了曾经和一个妈妈的交流。她的女儿易在学校和同学吵架、骂人，被同学告到班主任那里，老师告知了易妈妈，提醒易妈妈要严加管教。易妈妈感觉非常焦虑和无助，她觉得女儿成绩已经不太好了，如果人品再有问题，那这个孩子还有什么希望呢？她问我回家怎么和女儿谈。我问她："你觉得女儿和同学打架、骂人给她带来的好处是什么呢？"易妈妈马上非常紧张地回答说："肯定没有任何好处。"她以为我作为老师在反问她或者在责备她，马上坚定地表态。我有点心疼她，我能感受到她的无奈，我说："我相信你女儿这么做，在当时那一刻，对她一定是有些好处的，让我们一起想想好吗？"她收到我的真诚，点点头开始思考起来。易妈妈说："那时候她可能觉得很伤心，被欺负了，她骂人了可能就不会再继续受委屈了。"易妈妈说着眼圈红了。我又问："还有什么好处吗？"她说："想不到了。"我说："女儿碰到困难的时候，她会学着独立面对了，而不是马上想到要找妈妈或者老师寻求保护，我看到了易在长大，学着勇敢地保护自己。当然你可以再问问她自己是怎么看待这次和同学吵架的事的，她是否也认为自己在骂人？在当时的情况下，还有其他方法可以保护自己吗？最有效的做法是怎样的呢？"易妈妈说："杨老师，当我想到这些时，我心里好过多了，不再是很绝望了，想到女儿可能也不完全是品德问题，我心里就放松了。其实放松了谈起来效果就会好一点，如果我紧张了，一谈就会吵架，根本不会有什么效果。以往谈完我们在房间里各自哭泣，要低落好几天。这次我学到了理解孩子行为背后的用意，不马上否定孩子的品格，而是一起商量解决的多种方案，让孩子在事件中学习。"

易妈妈在单位里是做员工培训的，是一个美丽优秀的女人。当她自己从高度焦虑中走出来，智商就恢复了，善意解读孩子会让妈妈因为理解心疼孩子而从压力频道转向爱的频道，智慧就呼之欲出了。在爱和智慧的能量里，我们就可以和孩子一起用成长的眼光评价自己的行为，让孩子的品格和能力因为经历而提升。

前几天和一个孩子小凯聊，发现这个孩子比较喜欢避重就轻，让别人把问题和盘托出，自己的问题尽量不说。我跟他说："杨老师要开始不客气地说两句了哦，你准备好了吗？"孩子疑惑地看着我，急促地点点头。我被孩子的神情逗笑了，我说："我感觉到你这些话的真实度不高，你评估一下现在我们俩的真诚度有几分好吗？满分十分的话。"孩子的语速放慢，身体也开始变得柔软一些，他说："我给杨老师打十分，给自己打五分。"我说："谢谢你懂我，你可以告诉我你这样不太真实地说话给你带来的好处是什么？"他低下头说："没有好处，我会改正的。"我笑笑说："你是一个聪明的孩子，你想出来的这个方法以前一定帮助过你，我猜可能是妈妈或一些老师对你非常严格，所以你渐渐学会了察言观色，不完全说实话的方法，这样有时候可以让你少受一些批评，是吗？"孩子不好意思地笑笑说："嗯，我妈妈有时候脾气很大，可能不知不觉我就不敢说真话了。因为说真话会让妈妈非常生气，特别可怕。"我说："我理解的，所以你就会学着少说一点。那当你真实度是五分的时候，你觉得自己是一个怎样的人呢？你觉得自己自信吗？在学习的时候会不会有些无力感？"孩子说："我觉得自己有些虚伪，很怕被老师和家长看穿，平时听课做作业的时候也经常想着这些事，精神集中不起来。上初中以后，我觉得我还是很努力的，可是成绩就是不好，现在我有点懂了，我要学着做真实的人。"孩子的语气开始坚定起来，身体也越坐越直了。我问："现在你这样说话的真实度有几分？"他说："有十分了。"我问："你现在自信吗？"他笑笑说："觉得自己有力量。"我说："嗯，你已经长大了，你比原来更有力量了，小的时候你发明出来的这套曾经保护过你的方法现在已经可以不用了，我们开始升级为真实有力模式好吗？"他非常坚定地说："好。"我说："谢谢你这么愿意改变自己，你改变的速度让我非常惊讶。"

看着孩子迈着轻快的脚步离开，我也非常享受，用我自己的真实和孩子相遇，让孩子可以回到真实的频道。我希望孩子是怎么样的，首先我自己会先活出那个样子。

我们有机会成为妈妈，成为老师，可能我们并不需要很多的教育理论充实我们的头脑，最简单的方法是活出那个想要孩子成为的样子，孩子看到了，自然会仿效，不知不觉地，孩子就成为了我们这样。

我们可以问自己，我在做真实的自己吗？当孩子告诉我们他的目标是前进100名，你当时是怎么回应的呢？你是担心的，还是欣喜的，还是又担心又欣喜？你把你真实的心情和想法告诉孩子了吗？

当我们开始觉察到真实的自己，并学着向孩子承认我们当时的心情，孩子会喜欢和感恩我们的真实，真的能量会在家庭中流动。可以说真话的孩子会比较认可自己的品质，他也会因为真而收获真的朋友和师生关系，他在学校的日子是快乐而踏实的。

23 调整应对方式，让亲子关系充满生机

小凯在晚自修快要结束的时候，用刀具在墙上挖了一个洞，老师向他妈妈反映了情况，并叮嘱小凯妈妈问问小凯他当时是出于什么原因要挖个洞。老师说相信小凯的本意不是要破坏公物，可能他有更可爱的意图呢。

小凯妈妈说，当知道小凯又闹出事情来时，很失望也很生气，觉得儿子上初中了还是这么不懂事，不好好学习，尽惹事。同时又很自责，觉得一定是平时对他要求太严格了，让孩子非常压抑，所以要通过吵架、破坏公物发泄压抑。我问小凯妈妈，事件出来以后，她一般都是这样责怪儿子、责怪自己吗。小凯妈妈说一直都是。我问她这样的思考和应对方式带来的好处是什么。她说孩子上小学的时候，只要在学校里惹事，她就把儿子狠狠地骂一顿，或者打一顿，然后就可以安宁一个星期左右，然后，同样的剧情就又开始上演了。责备自己时至少觉得自己是一个懂得反省的人，但也还是不知道怎么调整，越自责越纠结。

我问小凯妈妈，她对这样的连续剧满意吗。她无奈地说，当然不满意啦，但是还有什么办法呢？她说古语有云，棍棒底下出孝子，所以小时候经常打。但这招现在不敢用了，儿子大了，怕他越来越叛逆。

这是很多父母共有的想法，觉得我们小的时候，也是被打过的，打了痛了就不敢再犯错了。可是我想说的是，我们小的时候，一放学就可以和小伙伴玩，吃晚饭的时候，妈妈到处吆喝，喊我们回家吃饭，我们玩开心了，玩累了，被爸妈打过的郁闷也随之而去了。但现在，被父母打骂过的孩子只能独自被关在房间里，没有小伙伴可以一起玩，父母几乎是他唯一可以沟通的渠道。当父母打骂孩子的时候，孩子除了知道自己做错事了，同时也会觉得自己被嫌弃，觉得自己不好，没有价值，这样他们会渐渐地失去对生活的激情，在学习上往往表现为缺乏主动性，觉得自己懒，不认可自己。因为不能专心学习，往往成绩也偏低，在学校和家里就会不断得到差评。甚至有的孩子会担心父母不要他，老师嫌弃他，他们的内心会觉得很害怕。他们又很弱小，有些孩子就开始学着把真话和真实的感受藏起来，这样他们会感觉比较安全些，可以不用经历身心疼痛了，渐渐地，他们也开始不认可自己的品格。

我在一篇文章中提到的小凯就是这样的孩子，孩子经常会很习惯地挑比较让大人开心的话说，而不敢表达他内心真实的想法，所以和这个孩子对话，我心里总是会有些心疼，感受到他闪烁的眼光，好像是怕老师不高兴也怕自己受伤。特别希望他妈妈也可以真实地面对儿子，可以用宽柔的心陪儿子慢慢长大，让儿子可以用清澈明亮的目光直视妈妈，让他的心从躲闪的云雾后面出来，可以坦然地面对真实，可以不需要经常思考用下一个故事来接上一集他自己编撰的剧本。

我问小凯妈妈有没有考虑过在儿子长大的过程中，她的应对方式也可以适当换代，而换代最有效的方法莫过于请教儿子。当儿子出现这类情况时，妈妈可以请教他，自己如何做才会让他觉得妈妈是爱他的，并且可以帮助他建立一些规则，让他可以更好地管理自己的行为。小凯妈妈非常疑惑地看着我说，儿子真的能帮助我吗？我问她，当她碰到困难的时候，知道需要怎样的帮助吗？她笑笑说，我知道的。我邀请小凯妈妈把主权还给孩子，孩子自己在觉得犯错的时候，也是很想改变的，只是他们可能比较无力，但他们通常知道父母怎样的帮助对他们来说是有力量的。

我请小凯妈妈现场模拟了一个拜儿子为师的仪式。小凯妈妈弯下腰去的那一刻，眼泪夺眶而出，她说："我才发现，这么多年，我一直盛气凌人地做妈妈，儿子在家里学会了察言观色，报喜不报忧。在家里怕激怒妈妈的暴脾气，压抑着心情，到学校就随时会引爆，相信这也不是他自己愿意的。"小凯妈妈破涕为笑，说："我懂了，我会向儿子好好请教，请教本身就会让儿子感觉被尊重，被尊重了，儿子就知道怎么尊重他人了。"

和这么有悟性的家长聊孩子对我来说也非常享受。我还想试着让小凯妈妈从不同的角度来解读事情。我对小凯妈妈说："你已经形成了一套放大事情不良后果和自责的危机解读模式，这次我们尝试着再换个角度看待这件事，还可以看到这次挖洞事情的哪些信息呢？如果进入积极解读模式，可以看到什么呢？"小凯妈妈想了想说："真的一点也看不到。"我觉察到她一看到儿子犯错就进入习惯性焦虑，我说："我理解你被过往的烦躁淹没了，现在我来陪你想想看，至少我看到老师对儿子还是充满好奇的，没有只是责怪儿子破坏公物，儿子在这样的老师身边会感觉比较温暖，并且看起来儿子一定也有非常发光的品格和能力值得老师欣赏。还有以往这样的事件的处理方式会让儿子和妈妈的关系进入冲突期，而这次有机会让妈妈看看自己是否已经成长了，可以更用心用智慧面对孩子了，这相当于是一次对妈妈的考试呢。这样想会让你心情好些吗？"小凯妈妈恍然大悟说:"哦,是啊,还可以这样想啊,那不是每一次儿子犯错都可以是我成长以及和儿子心离得更近的机会吗?"

为如此聪慧有悟性的妈妈点赞。在妈妈心境改变的后一天,我看到小凯的时候,感觉孩子温暖如春,笑得真实,笑得踏实。

我再次感慨,老师大不过家长,妈妈是孩子的加油站,妈妈舒心了,孩子就开心了,就可以自由绽放,专心放心地学习了。

当我们在孩子遇到一些冲突有压力的事情时,如果我们一直沿用同样的模式,并且越来越发现无效无力时,我们不妨像小凯妈妈一样,换一种心境,换一个更积极的应对模式,或许家里的能量链就开始转动,孩子会因为压力事件而有所成熟,而妈妈也会认可自己越来越智慧了。

我的老师萨提亚女士曾经说过,问题本身不是问题,如何应对问题的模式才是真正的问题。亲爱的妈妈们,让我们一起来从应对模式上做思考,做调整,让我们的亲子关系因为应对方式的不同而充满生机。

24 尊重,尊重

星期天早上,我如约来到心语室,宇宇已经在客厅沙发上等我了。我招呼她进来,问她要不要喝点水,孩子说不用了。现在的孩子大多不太喜欢喝水,手里经常拿着饮料。

我问她:"是你自己想来见杨老师,还是妈妈安排你来呢?"孩子说:"妈妈安排我来的。"我问:"那妈妈通知你的时候,你心情怎么样呢?"她说:"觉得不舒服,没有提前问我就自己安排了,觉得不被妈妈尊重。"我理解孩子想要被父母尊重的渴望是很强烈的,因为他们觉得自己已经长大,可以为自己做选择。我说:"为什么你没有被提前告知,还是答应来了呢?"宇宇说:"其实我自己也想请杨老师帮我辅导一下,我觉得我参加大型考试的时候都会非常紧张,所以每次考试都会考得比平时差。"

我觉察到孩子们很多时候抗拒的并不一定是事情本身,而是父母的态度让他们觉得被安排,被控制,没有话语权,没有被尊重。我也能理解孩子到了青春期,父母心里总是很忐忑,很担心孩子不能按父母的计划行事,所以有时候就只能进行技术处理,先斩后奏。然后心里暗暗祈祷等孩子过了青春期,大了懂事了就好了。确实有一定比例的孩子大了就可以理解父母的良苦用心了,但也有的孩子大了就再也走不近了。

我特别有感悟的是,没有得到尊重的孩子通常也不太能尊重人。孩子在家里得到比较多的是照顾和宠爱,而在学校里,老师做得比较多的是传授知识,所以很多孩子缺少被尊重的体验。

几年前,我曾经给几个九年级学生上课,有一个男孩手上拿了一把伞在画圈,当时我有不被尊重的感觉,也有点被那把舞动的大黑伞吓到。下课后,我把孩子留下来,我问他:"上课时,你这样舞动大黑伞,我感觉有点不安全,也觉得有些不被尊重。"孩子非常疑惑地瞪大了眼睛看着我,我说:"我想你不是故意要不尊重老师的,你妈妈说你还是挺喜欢杨老师的,可是我当时真的有点受伤,上课的思路也被打断了。"孩子说:"杨老师,对不起,当时我听课听得有点高兴,就拿起伞来玩一下,我没有想要故意不尊重老师。"我说:"老师懂你的。你觉得在平时的生活中,谁是比较尊重你的呢?"孩子说:"想不起来。"我说:"你觉得现在杨老师尊重你吗?"孩子若有所悟地说:"尊重的,平时在学校经常被老师批评,现在我觉得杨老师态度挺和蔼的,我心里也比较放松。"我说:"你值得老师尊重。"孩子的身姿更挺拔了,我能感受到孩子心中尊重的种子开始破土萌发了,可爱的、淘气的男孩开始长大了。

在第22期演讲班第一次开课的时候,男孩瑞在同学们演讲的时候经常插话。有一个女同学上来分享的时候,非常真诚地告诉瑞:"如果在这个团队中,我要选一个不愿意交朋友的人,我会选你,因为你不太有礼貌,打断其他同学说话,影响我们演讲。"瑞听到的时候,非常惊讶,甚至开始用手敲打自己的头。等瑞平静下来的时候，我问他："你觉得刚才这样打自己的头，同学们会怎么看你呢？"瑞沮丧地说："估计会很嫌弃我。"我邀请全团每个人说说他们心里的真实感受。有两个同学有点吓到了，也有些同学说觉得瑞很自责，还有些同学说感觉瑞很灵敏，很善良，有一个同学说觉得瑞自制力比较差，有一个说瑞很可爱。当话筒回到瑞的手上时，他的略显苍白的小脸有一些舒展了，他说："我现在心情好一些了，不紧张了，谢谢同学们。在这里，我感觉很有力量，很温暖，很真实，我会更尊重团队的。"我告诉他："你也是值得被团队尊重的。"孩子稳稳地坐在位置上，若有所思，相信孩子开始同频尊重的能量，得到尊重的孩子更能付出尊重。

在第20期演讲班上，张老师带领团队做搭纸杯的游戏，团员分成两组。有一个男孩宸跑到对方队去和其他同学打闹，并且两次笑得倒在地上起不来了，后来同学们提议让他游戏出局，他只能一个人坐在后面看着其他同学玩游戏了，表情倒也还比较平静。

演讲班结束，张老师把宸请到了办公室。我问宸："现在心情怎样呢？"宸说："平静，也有些失落。"我说："你怎么看这件事呢？"他说："我知道这样做对团队、对老师都不尊重，可是玩的时候，我好像控制不了自己，以前也没考虑到是否尊重，现在知道了还是做不到。我在学校里也是这样的，我也不知道怎么办了。"感受到他真的很无奈也很无助。我说："我还是为你庆幸的，至少你开始觉察到要尊重他人。当一个人觉得无力的时候，通常是可以寻求援助的，你觉得谁可以帮助你呢？"他说："可能没有人愿意帮我，老师帮我吧。"我问他："如果同学让你帮助监督他，让他可以更好地管理自己的纪律，你愿意帮助他吗？"宸说："那我当然愿意啦。"他也顷刻间悟到了什么，说："那我再想想，我请宇航帮我吧，我觉得他一身正气，并且很热心。"边说，孩子边把凳子往我这边挪了一下，继续说："有同学提醒我，我对自己就更有信心了，以前我一玩，就忘掉尊重了。如果在演讲班练习成功的话，我去学校也可以这样做，同学们就会更喜欢我了。"他说话的声音也比刚开始的时候大了些，就像一个不太会游泳的人找到了一个救生圈。我欣喜地看看他，说："恭喜你找到搭档帮助你，可能搭档也会因为有机会帮助你而非常有存在感。现在这样谈你觉得我们有没有尊重你呢？"他说："有的，感觉很平等，我喜欢这样的沟通。"孩子蹦跳着走出了办公室，我感受到他的欢喜。我想传递尊重的感受给他，让他可以在未来的日子里活出尊重。

孩子们是值得被尊重的，在他们学到尊重之前，可能他们会给人不尊重人的感觉，但他们依然是值得被尊重的，他们是愿意学习尊重的，而只有被尊重了的孩子才更有可能学着去付出尊重。

当孩子会尊重书本，尊重作业，尊重试卷，他便会好好学习；当孩子会尊重花草，尊重树木，尊重山河，他便会喜爱自然；当孩子会尊重家人，尊重同学，尊重老师，他便会融入社会。

感恩我的女儿和我学校的孩子们，你们让我有机会用我的心和行为向你们表达尊重，而你们的目光言行也在回流尊重。

当我们尊重生命，生命也会托起我们的梦想和使命，并且随行祝福。

25 家有考娃的妈妈们

去年有一个朋友的孩子，高考前来我这里做高考考前心理辅导，孩子告诉我说："其实我心态还是比较好的，可是我的父母让我太纠结了，我晚上复习得晚一点的话，他们就说你效率这么低不行的，弄到这么晚，明天怎么听得进课呢？如果我早点睡，他们又说，要高考了，感觉你怎么一点压力都没有呢？人家都复习到晚上十二点，凌晨一两点，你这么早就睡了，你基础本来就一般，再不勤奋，你怎么跟人家比高低呢？所以我不知道我的父母到底要我怎么做？我觉得他们比我紧张100倍，他们的紧张也让我特别烦，真想高考可以快点结束，让我好好地睡一觉。"听着孩子有点调侃有点怨气的话，我眼前出现她和父母对话的画面，觉得有点好笑又很无奈。

我替孩子难过，又特别理解父母的焦虑，因为人生第一次陪孩子经历高考，又想帮忙，又不知道如何帮忙，觉得有力使不上，焦虑、迷茫、无助同时铺天盖地地袭来，看到孩子又觉得很心疼，又觉得这么大了还不懂事，太放松了怕耽误了前程，管太紧了又怕孩子压力太大。

家有考娃的父母，经历过才知道其中苦乐，也感恩家有考娃，让父母可以在历练中成长。感恩我们可以有机会陪伴孩子走向考场，让孩子觉得他不是孤军奋战，父母是他有力的支持者和陪伴者，而全家也会因为这次团队作战而更加凝聚、和谐、喜乐。

前年，小易妈妈在考前一个月的时候也是愁云密布。小易在九年级这一年有特别大的进步，从班级的第30名左右进步到前10名，和父母的关系也从僵持到握手言和，妈妈也坚持每周都来家长沙龙学习，从以前挑剔唠叨变成欣赏鼓励。可是在中考临近的时候，易妈妈觉得儿子旧病复发，对篮球又开始疯狂迷恋，每天晚自修回家都要捧着篮球把玩，有国际联赛的时候，人在电视机前就像苍蝇黏在苍蝇纸上一样挪不开了。易妈妈又想说他又不敢说他，怕不说的话，他这样的痴迷篮球又要像七八年级一样荒废学习，说他就怕说不好惹他生气，让好不容易修复的关系又恶化了，易妈妈平时灵动的大眼睛此刻被悲伤担忧的泪水淹没了。

我帮她拿了餐巾纸，默默地陪了她一会儿，等她情绪有些平复下来，我问她："如果你是儿子，经过将近一年的努力，让成绩有了很大的提高，而这一年中，篮球是为学习让步的，很多次，为了学习，缩减了打篮球的时间。到还有一个月的时候，你晚自修下课回家，把篮球拿在手上玩玩，做一个帅帅的投篮动作，看到国际比赛有点挪不开脚了，这么做可能是为了什么？好处是什么呢？"

易妈妈被问到这个问题有点愣了一下，说："噢，估计是儿子压力太大了，担心自己七八年级基础没打扎实，中考一下子退到解放前，又怕说出来我们会更紧张，不理解他，所以他又把篮球拿出来玩玩，可以放松一下，杨老师，我突然明白了，儿子在用这样的方式调节心情，自我解压，那我要怎么做呢？"

易妈妈说着说着，紧皱的眉头瞬间舒展了。看到易妈妈这么有悟性我也觉得很高兴，跟她开玩笑说："你把篮球当做你们家儿媳妇吧。"易妈妈也被逗笑了，说："我知道了，我每天把篮球擦得干干净净的，并且感谢它帮我儿子解压，给儿子带来欢乐,在儿子拿在手上玩的时候,安心开心地在边上陪伴他,有国际比赛就主动邀请他来看一会儿。这样行了吧?"

易妈妈真的这样做了,她发现自己的焦虑放下了,儿子一如既往地努力,国际比赛看一会就说妈妈我过瘾了,去复习了。儿子睡觉前会跑到父母房间去道声晚安,平静安宁的家庭气场让儿子可以安心入睡休息。

当年中考的时候,易妈妈把她擦干净的篮球放在车上,让儿子可以一路捧着,她说这是儿子中考的吉祥物,儿子看到篮球心就安宁了。儿子顺利考入重高,妈妈说起篮球便一脸祥和。

琳妈妈也是在中考前感受到了很大的压力,九年级这一年,她和女儿的关系很亲密也很融洽。琳妈妈曾亲口告诉女儿:"即使你考砸了,在妈妈心里,你依然是最好的,因为妈妈看到你这两年真的很努力,已经比七年级的年级排名进步300多名了,妈妈知道你这次考试压力特别大,你特意放弃了重高的保送,为了可以参加中考凭实力考进去,也给自己一份证明。妈妈会尽自己最大的努力陪伴你支持你。如果真的没有考好,妈妈一点都不会怪你的。"懂事的孩子拉着妈妈的手说:"妈妈,其实我相信你是不会怪我的,这点你比其他妈妈强多了,所以从妈妈这里来的压力几乎没有,我只是想证明我自己这300多名的进步是真的,我也想让那些怀疑我的老师相信我。"琳坚定地说出这几句话,眼睛看着天空,眼角有坚毅的不屈的泪滴。

第二天琳去学校的时候,妈妈拿了几个精美的袋子递给琳,说:"还有一个月你就要中考了,要离开你的同学和教了你三年的老师,妈妈帮你挑了几个漂亮又比较简单的杯子,你去送给老师吧。杯子尽管不是贵重礼物,但有很好的寓意,一杯子谐音一辈子。你速度慢,有时候要拖交作业,老师们为你会多辛苦一些,你要多记得老师们对你的好,说是你自己帮老师们挑的,他们会更开心。"那天晚上,琳来我学校的时候,是跳着进来的,边笑边告诉我说:"最近老师们肯定也有考前焦虑,都很少笑了,今天我给老师们杯子的时候,他们都笑得很开心,看到他们开心了,我也特别开心。特别是社会老师,平时我不太敢去问题目,觉得他特别严肃,今天我把杯子送给他,说谢谢他这三年对我的关心时,我看到他非常激动,都好像要哭了,也有点羞涩。他看着杯子,告诉我说,老师这三年一直都看好你,尽管没有口头上表扬,但心里是这样想的。他说相信我。"琳手舞足蹈地说着,可以感受到这份美好的师生关系让琳的心里充满信心和阳光。

琳在中考前的一个学期还专门参加七八年级的演讲班,给学弟学妹们做助教,她说帮助他人让她觉得快乐、有价值,对中考是有帮助的。中考前,演讲班的每个孩子都真心地祝福琳学姐中考顺利,为她唱《年轻的战场》,还专门送了旺旺仙贝给琳,祝她考试旺旺。这些祝福也让琳在考试中能量满满。

当年中考,琳是排名全市前50名的,顺利考入重高重点班。我在心里默默感恩琳的妈妈,是她用感恩为孩子助力前行,也感恩琳学校的老师们,他们的相信和鼓励让琳带着信心走入考场,收获幸运和喜悦。

家有考娃,智慧有爱的妈妈会用温暖感恩的目光相伴前行,有爱和感恩相伴的路,中考也幸福!

26 考娃的手机,妈妈的痛

最近一次去杭州参加萨提亚专业课课后,我打车去朋友家小聚,路上出租车师傅很热情地和我聊天。车开到一片水杉林的时候,师傅情不自禁地说,这片树林好美啊。随之他又指着路旁的一棵枫树说,这棵树不好。我觉得很诧异,为什么这棵树会不好呢?师傅接着说:"有一次,我晚上把车停在枫树下,第二天起来,车子挡风玻璃上就滴了几滴黑色的油,很难擦掉。"所以这棵树对这个司机师傅来说是不好的,而枫树对我来说,是一棵美丽浪漫的树,叶是富有线条感的三角形,到秋天便会变成浓郁深沉的红,让我们想起曾经出现在生命中的友人或是远在他乡的亲人。

这时我想到,枫树只是枫树本身,而不同的人用自己过去的生命故事和它相遇，对它产生不同的解读，于是便对它有了或喜或忧的情感。

近几天，几个孩子来和我聊中考前的心态，我又想起了那棵枫树。孩子们几乎都聊到父母的紧张和焦虑让他们面对中考更有压力。特别聊起手机，父母和孩子似乎很难达成一致。就像枫树对于司机师傅和我，有完全不同的意义。

中考对孩子们来说，是人生中第一次接受这么重大的考验，除了做好一些学科准备外，似乎还有一些因素是不可预料的，比如在考前身体会怎样呢？天气会怎样呢？会不会晚上睡不着觉呢？有没有可能看错题目呢？作文会不会偏题呢？每当想起这些，孩子们心中便会升起莫名的焦虑，期待中考快点来临，考完便解放了。又害怕日子一天天临近，随着做中考模拟题，越来越发现还有遗忘的知识点，还有没有掌握的解题技巧，不想让父母失望，不想让老师失望，不想让亲戚朋友失望，不想让自己在第一次公开竞选中败下阵来。当孩子想得有点害怕了，或者题目做得有点心烦了，这时候他们会随意地拿起手机来玩一会儿。因为手机上没有考试压力，没有催他们抓紧时间的声音，他们可以找到喜欢听的音乐，可以找到同样也想调整一下心情的同学嬉戏调侃一番，让担忧未来的心可以恢复到临在当下的平静安宁。

而对父母来说，看到孩子在该学习的时段里，漫不经心地玩手机，心里的种种烦心的过往和对未来的预估顷刻铺天盖地地袭来。为了孩子的中考，将近一年都没有出去和朋友吃饭聚会，连做面膜的时间都省出来陪孩子，每天早上天还没亮就起来做早饭，还每天学着改变花样。九年级这一年，孩子进叛逆期了，脾气不好，对父母说话也没好气，可是妈妈小心赔着笑脸，就怕孩子心情不好影响学习。做这些倒也罢了，可是临近中考，孩子竟然还不好好学习，还在玩手机，想到自己的付出好像并没有被孩子看到，愤怒、伤心、担心像火山一样喷射出来，忍了那么久的委屈再也控制不住了。对父母来说，手机就是消极、萎靡、懒惰、贪玩的物证，是希望即将破灭的前兆。

手机其实只是手机本身，一个通信工具，同时兼容一些娱乐功能，是什么原因让手机屡屡成为父母和孩子的必争之器呢？当父母和孩子在为手机争对错的时候，家就变成了战场。而中考前，我们期待家是孩子们养精蓄锐的地方，是压力再大也可以被理解，被信任，被爱拥抱的地方。

一个周六上午婷跟我说："昨晚我做完作业想放松一下，玩一下手机，刚好妈妈进来了。妈妈用眼角的余光看了我一眼，急躁地说：马上放下，时间不多了，好好复习。听到妈妈这样责怪我，我很不开心，可我还是想要妈妈支持我一下，我跟妈妈说，妈妈我好紧张啊，妈妈说：不要紧张，紧张了你还考得好啊。知道紧张还玩手机，还不抓紧时间多做点练习卷。其实我几乎所有时间都在做作业了，我好想妈妈可以理解我一点啊。"说着婷用餐巾纸捂住眼睛，伤心地哭了起来。这是一个学习还比较勤奋的孩子，我想她妈妈只是太担心了才会这么说话的。

等她平静下来，我邀请她和我一起玩一下角色扮演的游戏。我演婷，她演妈妈，她感觉非常好玩，马上擦干眼泪收起笑容假装生气。我（婷）开始玩手机，婷（婷妈）瞥了我一眼，就开始提高了声音说："怎么又在玩了，要考试了还不抓紧。"我（婷）马上放下手机，抬头看着妈妈，柔声说："妈妈，我想妈妈是在担心我，是吗？快要中考了，我也很紧张，想稍微玩一会儿，放松一下下，10分钟就可以了，妈妈同意吗？"婷（婷妈）松了一口气，也温柔地说："好啊，妈妈只是担心你会玩很久呢。那妈妈去做饭了，你自己自觉点就好了，唱唱歌，调节一下噢。"战争还没有打响就平息了。婷欣喜地说："我扮演妈妈的时候体会到，其实妈妈只是担心我不理解她的苦心，要玩很久。刚才杨老师扮演我，说理解妈妈只是担心我的时候，妈妈就觉得没有那么生气了，当你说10分钟的时候，我就完全不生气了。好神奇啊，原来和妈妈交流可以这么简单的，我只要理解她，并且把我真正要做的事告诉她就可以了。"看到孩子的小脸重新荡漾起来的笑容，我也很宽慰。

作为妈妈，如果我们看到孩子在玩手机，不妨放下觉得孩子不好好学习的习惯性解读，理解一下孩子想要缓解一下压力的心。我们可以尝试着邀请孩子放下手机和妈妈有一个交流，如果这一刻，妈妈的心情可以调整为平静，孩子通常都会答应妈妈的邀请。妈妈可以告诉孩子自己当时的心情和想法："看到你在玩手机，妈妈情绪比较低落，心情比较复杂。妈妈既希望你可以玩一会儿放松一下心情，又担心你玩的时间长了会耽误学习，妈妈这样的想法你能理解吗？"然后和孩子商讨手机的使用规则。

手机不仅仅是手机，当妈妈和孩子在中考的压力下，因手机一再发生冲突时，手机便是妈妈和孩子沟通的靶心。让我们一起用善、用真、用信任解读对方，经历手机风波后的母子深情便是中考的盈盈祝福。

27 调整期待可以让我们更轻松自由

演讲班的第四天，早上九点半开始演讲彩排，飞哥（学校老师）早上在微信群发了热气腾腾的豆浆和汤包的照片，问我们是否需要打包，我马上回了要两份早饭，想象着热热的醇香的豆浆，心情顿时奇好。家里的汤番薯也烧熟了，我打包了几块番薯和一些汤，想到飞哥的汤包肯定有筷子，我就不需要拿筷子了，心里出现豆浆、汤包、番薯的画面，营养健康美丽，其乐无穷。

提前到了演讲班会场，放了《爱的钢琴曲》，稳稳地等飞哥来。一会儿，飞哥来了，拿了好几份汤包，我有不祥的预感，怯怯地问："豆浆呢？"飞哥坦然地说："我以为你们只要汤包。"我的心情顿时很复杂，又问了一句："筷子呢？"飞哥稍有歉意，过来辅导我们说："可以直接拿手吃的。"为了做更精准的示范，他从我的打包盒里，用手非常熟练地拿起一块番薯，手拿番薯娴熟地开始吃。

我最初的期待是飞哥可以打包回来鲜香醇美的豆浆和筷子，可是这两样都没有。这时候，我的老师海蓝博士的话开始出现在我的耳边，在这个世界上，没有任何人有义务满足你的期待，唯一可以满足你的期待的人是你自己。于是，我把期待调整为"早上有别人帮忙买早饭吃就够有福了"。我开始用心品尝汤包，果然非常鲜美，我的期待顷刻就被满足了。再学着飞哥用手从盒子里捞番薯，尽管有些不雅，毕竟顺利吃完番薯。有点急促，但也有点新鲜感，觉得比较好玩，于是也放下要有筷子的期待，转变成"有汤包又有番薯营养超好"的想法，所以也轻松满足了。

吃完感谢飞哥在自己吃早饭的时候还想到我们，主动要求带早饭，于是便有些感动，先前因为期待没有被满足的小小失望荡然无存。

在最近的一次家长沙龙上，妈妈们为暑假中的孩子各种伤神。伊伊妈妈说："暑假开始了，女儿变得很懒散，经常在家里看韩剧，我觉得看韩剧的女孩是没有精神追求的，我想要让女儿可以接受我的这个想法，可是我一说她就觉得我很烦很啰唆。我觉得很纠结，随她去看吧，我心里很生气，觉得也不能这样看着她不思进取；管管她吧，她就很生气，觉得我不理解她，要求太苛刻。真的不知道怎么办了。"我说："我能理解你的心情，你想和女儿的关系是和谐的，同时又可以对她有些管教，让她可以更上进些，是吗？"伊伊妈妈重重地点头。

感受到她回到了和女儿交流的画面中，我静静地等了她一会儿。看到她比较平静了，我问她："你觉得女儿在家怎样的表现会让你觉得是上进的呢？"她说："就是看书，看一些我觉得对她有帮助的书。"我点头表示听到了她的想法，我又问："那你觉得女儿希望你怎样对她呢？"伊伊妈妈脸上有一丝不太自然的笑，我觉察到可能她不太思考这个问题，顿了一会，她说："她可能希望我有时候可以允许她放松一下，看一会儿韩剧吧。"我微笑着注视了她一会儿，问："那你是期待她所有时候都不要看韩剧呢，还是偶尔可以看一下呢？"伊伊妈妈说："偶尔可以看一下吧，其实有时候我自己也要放松一下的。"伊伊妈妈脸上的肌肉放松了很多，很柔和地笑了。我问："那你们俩对'偶尔'的理解可以沟通吗？"伊伊妈妈很有信心地说："其实当我对她的期待从完全不可以看，到开始有弹性，偶尔可以看，我自己心里就没有那么失落和焦虑了，在我心情平和的时候，和女儿的交流一般都很顺畅，所以我对于这次沟通非常有信心。"

和伊伊妈妈的交流让我想到，我们的头脑中经常会有些僵化的规条，比如"学习努力的孩子是不会玩游戏的""爱漂亮的女生成绩是不会好的""跟老师顶嘴的孩子是没有品德的"。这些规条往往是我们小的时候从我们的父母或者老师那里不自觉地听来的，并不是在任何时候都是合理的。

孩子们有非常强的活在当下的能力，所以他们往往更有能力结合情境来考虑问题，他们的世界有更多的可能性和创造性。孩子们也希望父母对他们有更多的理解，多一些心与心的沟通，少一些评判。如果父母带着这些僵化的规条去和他们沟通，通常只能沟出一条"代沟"。从父母强烈的期待落空开始，到双方强烈的生气结束，两败俱伤。

这次沙龙还有一位妈妈，她几乎是哽咽着诉说和儿子的暑期故事："我看到儿子整天玩游戏，我就把电脑藏起来了，可是昨天早上，我发现电脑在抽屉里，碎了，这个电脑对我来说是有特殊的意义的……"她用餐巾纸捂住眼睛，努力让眼泪可以控制住。过了一会儿，她抬起头来，无力地看着我。我理解她的伤痛，感受到她的沮丧，我问："你觉得玩游戏的孩子是没有出息的孩子？"她说："是的，我看着他这样玩，又把我的电脑摔破，感觉到这个孩子已经没有救了，也觉得这个家没有指望了。"我又问："你觉得儿子希望他自己是怎样的呢？"她停下来思考了一会儿，说："他可能觉得他自己是上进的，只是放假了需要疯玩几天，过过瘾，然后再好好学习。"感谢她可以这么快调节好心情，客观地思考儿子对自己的期待。我说："那你觉得儿子对妈妈的期待是什么呢？"她说："他说他希望我开心，暑假开始的时候可以接受他疯玩几天过过瘾。"她轻轻地笑了下，继续说："其实这样也是可以的，如果在他想要疯玩的那几天，我能相信他自己内心也是想要好好学习的，我就不需要强制性地藏起电脑了。我想儿子也是彻底受伤了才会把电脑摔坏的，也可能他不是故意的。"

当妈妈可以觉察到自己的僵化规条，让这些规条开始有点弹性，妈妈自己就不会那么焦虑了。当妈妈平静下来，就开始自动化地善解孩子，爱就会像旭日一样冉冉升起，妈妈的眼神温柔了，孩子就会悄悄地向妈妈靠近，可以觉察到浓浓的爱的孩子是不会迷恋电脑的。

当我们的期待可以有所调整，孩子就可以更轻松自在。自在的孩子是一定会向上的，就像森林里的树木，向上是生命的本能。

28 儿子说妈妈的温柔是零分

上一次沙龙结束的时候，小俊妈妈要完成的作业是去问问儿子，妈妈的温柔有几分。第二天一早，小俊妈妈发来微信说："我儿子昨晚给我打的分数是零分，我很不甘心，早上又问了一遍，还是零分。"我问她收到这个零分，心情怎样呢？她说："很惊讶，觉得不可思议，太出乎意料了。我以为自己蛮温柔的，平时对儿子的要求也不是很苛刻的，关于学习，也没有说必须要什么样的成绩，就是经常对他说要努力才有效，笨鸟先飞之类的。"

小俊妈妈又说："别的妈妈参加家长沙龙，孩子都很支持，可是我来参加沙龙，我儿子就说随便你去还是不去。"妈妈的言语中有些许失落。我问小俊妈妈："有没有可能儿子觉得你参加了沙龙也没有什么成长呢？"小俊妈妈若有所悟地说："这倒是非常有可能的。那儿子给我打零分的时候，我应该怎么做呢？"我说："那一刻，你有感受到儿子的真诚吗？"小俊妈妈说："我觉得他在开玩笑。"我问："如果他是开玩笑，他的本意可能是什么？你问了两次他都说零分。"小俊妈妈有点不知所云，我想她被失落的情绪影响了。

我想给她举个例子让她可以更理性地看待儿子的评分。小俊妈妈自己开了个西餐厅，我问她："如果你的客户给你打零分，你可能会怎么做呢？"她说："那我第一时间也会失落的，但我会调整一下心情。我会感谢顾客给我提建议，然后问他是我们什么地方做得不好，我们会马上调整，并跟客户道歉。"感受到她对客户很负责任，我问她："如果你像对客户一样对儿子，感谢儿子的真诚，并问她妈妈什么地方没有做好，估计儿子会感觉怎样呢？"妈妈突然眼眶红了，说："如果这样说，儿子肯定会很感动，觉得被尊重，我自己可能也就没有那么难过了。我平时可能很少站在儿子的角度考虑，总觉得他还小，所以儿子平时经常会跟我说，妈妈你不懂我。现在我有点明白了，不只儿子给我的温柔分是零分，老公给我打的也只有两分，我看到我自己平时很考虑朋友的感受，所以朋友们都说我很温柔。而对于最亲近的人，我就比较简单粗暴了，不太站在他们的角度去考虑，所以得分就很低。我现在觉得我错了，他们才是我最需要温柔对待的人。"小俊妈妈是非常聪慧并很有执行力的妈妈，我相信她会知行合一的，期待她的温柔分可以有所提升。

平时，当我们面对最亲近的人，我们有很多的理所当然，觉得我们所有的想法，我们的亲人都应该知道，应该理解，并且他们有责任要满足我们的需求，他们应该要让我们开心。我们过去的关系曾经是好的，那就应该一直都是好的。而亲人之间就应该很真实，所以我发脾气的时候，他们就应该要体谅我，因为我是为他们好的。当我们这么想这么做的时候，我们的亲人就开始渐行渐远了，带着深深的失落和沮丧转身离开。当我们在房间门外伤神时，孩子在紧闭的房门内沮丧地、疯狂地打游戏，只有这样他深深受伤的心才会有一刻的抚慰。妈妈一次次自言自语，我的孩子怎么啦？现在的孩子怎么这样？真是看不懂！当妈妈们在反复思考要用什么方法应对叛逆期的孩子时，孩子们只是淡淡地说："我其实只要父母可以真诚，可以懂我一点。"孩子们的世界其实很简单。

下一个分享的是男孩小健的妈妈，她也是一脸愁容，说："上周的演讲班听完重点高中的陈老师激情洋溢的演讲，其他同学的妈妈都在微信群里发他们的孩子怎样地被激励，开始决定要奋发学习。可是我儿子回来，除了完整地分享了陈老师的故事外，他还总结了一下说：陈老师当年初中都上了五年，成绩非常差，高考也考了三年，现在他还是很优秀啊，所以我中考考不好也没有关系的，不行的话就再考几年啊。我的儿子为什么看问题这么消极呢？他为什么不能努力向陈老师学习呢？"

我问她："那你觉得儿子这么说，他心里真正想说的可能是什么？"小健妈妈怔了一会儿，嘴角微微抽动了一下，说："可能儿子最近九年级了，压力有点大。也可能是希望如果他没有考好，我们可以更多地接纳他吧。"我问："那么如果儿子告诉你这些话的时候，你的回应是：儿子，是不是你最近学习压力有点大呢？

妈妈理解你想这样讲给自己解解压。那你感觉儿子会怎么反应呢？"小健妈妈说："那儿子肯定很开心，觉得我懂他。可是儿子为什么不直接说呢？"我问她："如果儿子直接说，妈妈我觉得学习压力太大了，我怕中考考不好。你们会怎么说呢？"小健妈妈说："那我们肯定会说，觉得压力大就少玩玩游戏，少打打篮球，做作业的时候少吃东西，精力多放点在学习上，压力就不大了呀。"我问："你觉得这样说，儿子的感受是什么？"小健妈妈尴尬地笑笑说："那他肯定觉得不被理解，很委屈，很压抑。所以我儿子就不敢很真诚地说话了，他一般都用试探，或者反着说，或者绕着弯说这样的方式，然后我们就越来越不懂他了，现在他不跟爸爸说话有半年多了，爸爸不在家他好像就特别开心。"

我给她布置一个作业：当儿子说话时，妈妈不要马上回应，先让自己冷静思考，儿子真正想说的是什么？然后说出来和儿子核对，多一些理解，少一些责怪和教训。这样的交流会让孩子觉得妈妈很用心地对他，他就愿意和妈妈真诚相待了，妈妈懂他也就变得容易了。

有妈妈理解他，懂他的孩子是比一般青春期的孩子有更大的抗压力的，因为妈妈可以给予他能量，孩子会觉得他的身后有强劲的推力，他就更有信心和勇气来面对学习上的挑战，临阵不乱。

如果你的孩子曾经跟你说过：妈妈你不懂我，妈妈你好烦啊，妈妈你不要说了好吗……我想妈妈第一时间一定是很伤心的，觉得不被尊重，不被理解。同时我也想邀请妈妈们站在孩子的角度思考一下，当孩子这样说的时候，他们的出发点是要伤害妈妈，还是他们其实内心在诉说着他们的渴望："我想要被妈妈懂，被妈妈心疼，被妈妈理解。"如果妈妈可以透过表象，和孩子的真正渴望相遇，我们和孩子的关系便顷刻可以春暖花开，孩子的心门会再次向妈妈悄然打开，看似严冬的冰雪开始融化，清新的水流可以滋养勃勃生机。

29 尊重是首歌

休息日的下午，我打开电脑，想听一会儿歌，想起在海蓝老师的课上，有一次在课程结束的时候，海蓝老师的朋友唱起了一首旋律很优美，歌词也很有意韵的《相逢是首歌》，当时我们几个喜欢音乐的同学边歌边舞，让本来稍有离别愁绪的课程结束得悠扬而深情……

"你曾对我说，相逢是首歌，眼睛是春天的海，青春是绿色的河，相逢是首歌，同行是你和我，心儿是年轻的太阳，真诚也活泼……"我给自己倒了一杯清茶，拿了两三颗水果糖，和着音乐，轻轻哼唱，非常愉悦，觉得被自己深深地尊重，不由得想到"尊重是首歌"，我也很欣赏自己这个富有诗意的创意，对自己回报以甜甜的微笑。

这两天在看海蓝老师的第二本新书《不完美，才美2：情绪决定命运》，看到这么一个标题"幸福由四种化学分子决定，你拥有多少？"作为一名大学生物系毕业的教育人，我对这个题目本能地非常好奇。其中写道："当人感到被尊重时，会分泌5—羟色胺，让人不由自主感觉喜悦。当人感到不被尊重时，5—羟色胺就会降低，压力素就会上升，人就会觉得压抑，挫败，失落。"看到这里，让我想起了我们在最近一期家长演讲班上一起探讨的对于尊重的理解。

第一个发言的家长说，她觉得尊重就是被欣赏，因为她把她自己在家长演讲班的收获和成长分享给其他家长，并且一直在家长群及时为其他家长点赞，及时鼓励她们，所以有很多家长很欣赏她的热情和科学有效的教育理念，这时候，她觉得非常被尊重。她白皙的脸上也开始透出一些激动的粉红，可以感受到5—羟色胺的反应。

第二位分享的是一位年轻的妈妈，她说她还没有结婚的时候，想做什么就可以做什么，父母允许她做自己喜欢的事，所以她觉得很被尊重，她觉得尊重就是允许做自己想做的事。她边分享边委屈地哭了，因为她想到结婚后，婆婆和老公都开始干涉她的生活，她不再能自由地做自己喜欢的事，觉得不被尊重。感觉到她5—羟色胺下降，压力素上升，现场的妈妈们也同频到这份低落，现场瞬时有些压抑。

接下来分享的妈妈说，尊重就是被看到。她说十多年前有一天老公下班回来，看到正在擦地板的老婆，说了一句"我老婆不仅是优秀还很贤惠啊"。听到这句话的那一刻，她觉得特别幸福，觉得自己的品格被看到，付出被认可，以后每次做家务老公的这句话都会在耳边响起，为幸福加码。看来5—羟色胺不只是在当时有效，还可能因为回忆而重新升起，就像一首歌轻轻回荡在耳旁。

还有的妈妈分享说，觉得尊重就是被关心，被疼爱。儿子中考的那段时间里，妈妈很辛苦，白天辛苦工作，晚上接儿子回家后，每天变着花样做点心，为了让儿子可以有更好的身体和心情参加中考。中考考完后，儿子每天都削好妈妈喜欢吃的水果，播放妈妈喜欢的轻音乐等妈妈回来，晚饭后陪妈妈散步聊天。妈妈的眼睛微微地向上看，回忆着那些被儿子疼爱的瞬间。想必那些天这位妈妈整天的5—羟色胺水平都比较高吧，幸福满满。

有几位妈妈发言后，其他妈妈的5—羟色胺的含量也被提升了。有一位平时比较内向的妈妈也开始分享说，她觉得尊重就是被理解。她说她非常希望儿子可以来阳明参加晚自修，因为儿子在家里自修比较松散，经常跑出来喝水、喝果汁、看电视、上厕所，跑出来的时候，妈妈总是问他出来干什么，他觉得妈妈这样问很无聊，出来么总是有事才出来的，非常烦躁。九年级的儿子在家自修让妈妈觉得特别焦虑，但是她又想不出办法来让儿子答应来阳明参加晚自修，甚至连试着去一天感受一下也被儿子拒绝了。

她拜托阳明的张老师帮她做做儿子文的工作。张老师跟他说："我想你连试一次都不高兴一定有你的苦衷的，我理解你。我猜想可能是因为你特别善良，过去当妈妈让你去试试一些事的时候，你去试了就会觉得不好意思拒绝，也不忍心让妈妈伤心，所以会委屈自己，去做一些内心并不十分愿意做的事。现在你长大了,你不想再进入那个习惯性的试试就要留下的模式了,想要更听从自己的内心,想要更被尊重,是这样吗?"文听着张老师的话,眼睛里已经泪水盈盈,他说:"如果我真的只是试试,我有权利选择是否留下吗?"听到儿子这样说的时候,妈妈内心非常自责和羞愧,但那一刻,她懂了,她想儿子其实只是要一份理解,当他被理解了,他就可以更自由有力地面对选择,那天儿子流泪后的笑很纯很美。5—羟色胺同时在妈妈和儿子的身体中升起。

有一位新近来到阳明的妈妈说,她来沙龙学习后,意识到尊重是真诚。上周儿子告诉妈妈说感冒了,鼻塞很严重,并且有些累,周日不想去上辅导课了,妈妈当时很生气,觉得儿子肯定是又要偷懒了。之后的交流中,妈妈给儿子榨了杯果汁,在平和的气氛中,妈妈向儿子承认,当得知他要请假时,自己很生气,觉得可能他生病只是借口。现在妈妈平静了,想问问当儿子知道妈妈这么想时,他的心情怎样,他怎么看妈妈的想法。儿子听到后非常平静,真诚地说:"妈妈,我当时身体真的不太好,也有点想偷懒,不过其实还是可以坚持的,因为妈妈这么辛苦地为我付出。"这位妈妈在儿子上初中后第一次感受到儿子这么懂事,也体验到当她变得真诚了,儿子受到尊重,就不再像原来一样发脾气了,也变得体谅妈妈了。

尊重是首歌,尊重是欣赏,是关心,是被允许做自己,是被看到,是理解,是真诚,是5—羟色胺的升起,愿尊重的歌声随时在我们的心头回荡。

尊重是首歌,歌手是你和我,心儿是永远的琴键,坚定也执著……

30 孩子在家里被尊重了吗?

记得我在上高中的时候,有一个最好的朋友,她平时是一个活泼开朗的人,成绩也很好。她的家是在离学校大概一小时车程的小镇上。有一次双休日返校,她刚刚到校，发现她的课桌抽屉很乱，她马上有不祥的预感，掏出她的铅笔盒看了一下，发现她最心爱的几支笔都不见了。在那个年代里，笔不是像现在这样大部分是一次性笔芯，丢了也不会太在意，当时我们的笔都会小心爱护，一般都会用好几年，甚至有人会一生珍藏一支笔。

她额头开始冒冷汗，已经是晚上了，我们也不知道可以去哪里买笔，当时是没有24小时营业的超市的，如果没有笔，她明天怎么上课呢？是小偷偷走了她的笔吗？想到小偷，我们心里就特别害怕。那时候她好像头很晕，很紧张，心里发慌，她唯一想到的办法是回家。我陪她去传达室打电话给家里，是她爸爸接的电话，她说："我的钢笔被人偷了，我要回家。"担心她爸爸骂她，我和她一起在听电话，她爸爸在电话那头肯定听到了她的紧张和害怕，感觉到她爸爸特别宽厚地笑笑说："好，你回家吧，现在只有火车了，你去买车票，到站了爸爸去车站接你。爸爸把自己的笔给你，明天我再送你去上学。"她的害怕、紧张、委屈，顷刻间就被亲人的接纳、关心化解掉了，她马上变得平静、轻松，又可以笑了。我觉得她爸爸很尊重她当时的感受，是个好爸爸。

如果她爸爸在接到电话的时候，怪她没有把笔管好，指责她大惊小怪，可能那天晚上，或者接下来好长时间她都会被这件事困扰，和爸爸的感情也会变得疏离。

有时候在父母看来是一件非常平常的小事，在孩子的世界里却是天快要塌下来的大事。如果在孩子明显被情绪困扰的时候，父母可以站在孩子的角度先理解孩子的心情，用爱去拥抱孩子，渐渐地，孩子的心灵就会因为被爱滋养而成熟、强大，并且父母和孩子的关系也会因为这份在孩子脆弱时的被尊重、被陪伴而稳定温暖。

听了我的高中好朋友的故事，演讲班的孩子们也开始坦诚地分享他们在家里得到的尊重或者不被尊重，以下是孩子们发言的笔录：

我觉得在家里我是被尊重的。我想和姐姐一起出去吃饭的时候，我爸爸同意了，那时候我成绩还不是很好，可是爸爸还是很尊重我的想法。

我觉得被妈妈尊重，因为在吃饭的时候，我觉得不太好吃，妈妈尽管有点累了,还是去帮我烧了一份牛排,我很感谢妈妈理解我,心疼我。

我觉得被尊重是有时候早上起晚了,上学都很紧张了,可是妈妈没有骂我,妈妈最近成长了,其实妈妈不骂我,我起床速度会更快点的。

我在家里是被尊重的,家里要新买一些大的东西,或者要把旧的东西卖掉的时候,都会来问我,让我觉得自己在家里是重要的。

我觉得最近妈妈很尊重我,因为我早起背英语,妈妈会表扬我,我觉得妈妈看到了我的努力,我被尊重了。

我也觉得被父母尊重。周末我想出去玩,妈妈没有像原来一样阻拦我,而且好像她也很赞成我双休日去和同学一起玩玩放松一下。爸爸也同意我适当玩玩手机。我觉得被父母尊重了,我就会提醒自己要更自觉地学习,对得起父母对我的尊重。我得到尊重后,也更懂得尊重别人了。

我在家里没有得到尊重。因为我妈妈不敲门就会闯进来查房,并且还偷窥我。她以为我不知道,可是在她说话的时候,从内容中我听得出来,她肯定偷偷地看我的东西了。我很愤怒,最近情绪低落,没有心情学习。

我觉得没有被家长尊重。当我需要父母给些钱买东西的时候,父母就要求我把手机放在客厅的柜子上,说不会看我的手机,可是当我再用手机的时候,会发现密码被锁住了。我觉得父母不尊重我,我就会经常顶撞父母,学习上也觉得很无力,比较被动。

我觉得我爸爸是尊重我的,有时候出去吃饭,我做错了事情,爸爸只会给个眼神提醒,不是当时就骂我,让我难堪。

我觉得爸爸尊重我。爸爸抽烟的时候一般都会问我,是不是可以抽,我觉得爸爸很重视我,在意我的感受。

我觉得父母有时候尊重我,有时候不尊重我。进我房门先敲门是尊重我的,但我妈妈会从我衣柜里不经过我同意随便翻衣服,我觉得不尊重我。妈妈最近减肥了,身材变好了,我宽松一点的衣服她可以穿了,但是我觉得她还是要先问我,我一般都会答应的,这样我就觉得比较平等。

我觉得妈妈尊重我。我一般放学回家比较累,想要先睡一会儿,妈妈都是允许的。爸爸不尊重我，在家里抽烟，我有时会被烟熏醒，所以我觉得爸爸不尊重我，我也经常要顶撞爸爸，不太能尊重爸爸。

我的父母都很尊重我，进我房门的时候，都会先敲门问我是否可以进来，我觉得有幸福感。

我感觉到被妈妈尊重，因为有时候犯错了，妈妈会打我，但过后都会跟我道歉，所以我还是觉得我是被妈妈尊重的。

在分享的孩子中，大部分都觉得在家里是被尊重的，即使是分享不被尊重的几个孩子，课后他们也说父母有些时候是尊重他们的，只是最近父母好像有些焦虑，所以有些不尊重的举动，总体上还是尊重的。

我很欣赏孩子们的真诚。在孩子们说到被尊重时，我能看到他们的小脸是发光的，洋溢着幸福，感觉到他们积极向上，阳光自信，并且为他们拥有懂得尊重的父母高兴。而表达没有被尊重的孩子，在分享的当下可以感受到他们深深的委屈，还有些许愤怒，并且几乎都提到没有心情学习、沮丧、失落。

我回忆我走过的人生，我妈妈给予我最大的尊重是允许我做自己，并且坚定地支持我做自己。她一直相信我可以做好自己，给予我充分的自由和空间去寻找和发现自己，并且用她温暖有力的注视来欣赏我的选择。海蓝博士在第一次见到我妈妈的时候，和我妈妈有一个简短的交流，她给了我妈妈一个非常高的评价，"你妈妈尽管没有学过心理学，但她是天生的心理学家"。

我愿意把我得到的尊重回赠给我的父母，我的孩子们！而我们每个人都已经得到了宇宙对我们的尊重，平等地赋予我们生命，并赐予我们爱和善良的本能，让我们把这份尊重回赠给我们的父母、孩子，让生命因尊重而更厚实、更美好！

被尊重的孩子是自由的，是被祝福的，是幸运、幸福的！

31 儿子，爸爸崇拜你！

小简第一次来阳明是在暑假的时候，孩子很羞涩地缩在沙发里，我问他："在你从小到大的过程中，你觉得让你特别自豪的事情是什么呢？"小简告诉我说："好像没有，老师你这样问我，我倒是想起一些特别不开心的事，我有一个特别大的毛病，就是特别爱哭，我现在就想哭了……"说着他真的哭了起来，边哭边告诉我说："我爸爸是一个特别凶的爸爸，他看到我打游戏从来不会好好跟我讲话，一直骂我，并且讲一堆一堆的道理，我最好永远也不要见我爸爸。我的科学老师也特别讨厌，好像他是我爸爸的朋友，所以每次都要让我去办公室给我多讲点题目，上课的时候也总是要提问我，让我很不舒服，有一次他又让我去做题目，我不高兴去，还和老师吵架了。"

我看到孩子鼻子也哭得红红的，挺心疼的，我说："我理解你，我感受到你很委屈。"小简哭得更伤心了，说："平时没有人理解我，我父母他们总是说我错了，大人总是对的，我不开心只好打打游戏，他们又不让我打，太郁闷了，我成绩也不太好，没有什么事是开心的。"我问他："如果参加一个叫做演讲班的课可以让你变得更开心一点，你愿意吗？"孩子破涕为笑，说："那好的呀，可是演讲我很差的呢。"我笑着调皮地问他："那么如果你又变得更开心，又学到了演讲，这样是不是更好呢？"小简连连点头说："嗯，那我可以参加。"那一刻，我心里明白，孩子答应参加演讲班并不是我说服了他，而是他喜欢跟我这样开心地聊天，并且感受到这个孩子的眼神特别善良，他不忍心拒绝我这么热情真诚的邀请。孩子经常会因为他善良地想帮助别人，从而让自己可以收获更多。

有一次演讲班开班前，我接到小简妈妈的电话，我听到电话那头传来一个似乎有点苍老的声音，闷闷地叫了一声杨老师，我觉得这个声音有点奇特，我问：

"是小简吗？"感觉到对方的声音稍微开心了一点，可能被听出是他，他有点高兴了，但他也没忘初衷，说："杨老师，今天我心情不好，作业太多，我不想来上课了。"那天刚好我也参加了一个考试，觉得考试题目有问题，心情不太好，我就告诉他说："小简，接到你这个电话，我心情稍微好点了，本来今天我也心情不好，听到你也不好，我就觉得我们有伴了，那今天你还是来吧，我们和团队一起探索怎样才可以让我们开心起来好吗？你不来只有我一个人不开心就不好玩了。"

可以感受到孩子对于我心情不好很有兴趣，马上轻松了很多："好，杨老师我来，我原来以为杨老师一直都很开心的呢，那我来陪你吧。"我想孩子可以克服他的低能来坚持上课，是他真的想帮我，这个孩子特别不忍心让别人失望。那天演讲班开始的时候，我和小简都说了我们不开心的原因，将近二十个孩子，每个人都给我们做了心理辅导，给了我们特别多的建议，比如把自己埋进一个大大玩具熊里面，并且滚来滚去；比如唱歌，不停地唱歌直到让自己变得开心；比如吃巧克力，感受它在嘴里慢慢融化的感觉；比如找一个好朋友倾诉；比如把不开心的事写下来，写完就会好很多；比如到树林里走来走去；比如找自己喜欢的亲人紧紧地拥抱；还有两个孩子上来给我们弹了钢琴。小简的心情从刚开始的五分涨到了十分，我也从三分涨到了十分，那个演讲班的夜晚很美，理解、包容、爱的能量一直在演讲班流动，孩子们因为他们的付出和智慧而欣喜。

每个孩子的开心法门如果是一颗珍珠，那天的课上，我们把一颗颗珍珠串成了一串美丽而发光的项链，每个孩子的脖子上都因为这串爱和付出的项链而点缀了自己，也装点了整个演讲班的同学。

小简在演讲班是一个渐渐走入人心的孩子，其中有一个女生是这样描述他的：小简在我心里就像两个极端的对比，开始见到他觉得他心里有事，所以有一个刚强的外表掩藏，很想接近他，但又有点怕他时刻会炸毛的性格。慢慢地，从第一次演讲班我就开始学会每次去欣赏他。其实我发现，他的性格跟他说的完全不一样，他爱每一个人，所以他把自己不好的心情全部埋藏，但十多年的压抑终究会爆发，因此他的表面才会显得暴躁。他很独特，敢于挑战权威，他也很在乎集体，一点一滴的付出总有人看到，哪怕他自己都没有发现，所以我愿意当他成长和真正显露自己本色的见证者。

小简妈妈说她是流着泪听完这个女孩对小简的印象的。自从小简来到阳明，小简妈妈坚持每周都来沙龙学习，并且把她的体验和收获分享给她单位的同事和身边的朋友，她从原来的诸多无奈，到现在面对孩子的情绪可以接纳，坦然面对，越来越智慧了。

而我对小简的爸爸一直保留着一份好奇。根据孩子的描述，爸爸好像是一个高大严肃、不苟言笑、满嘴道理的强悍型爸爸。前几天在阳明心语室见到小简爸爸的那一刻，我有点不敢相信我的眼睛。我看到的是一个不太高大、儒雅、温和、谦逊的非常有素养的男人。

小简爸爸说儿子小的时候，妈妈比较忙，他陪儿子的时间是很多的。双休日，一早带儿子吃了早饭，两个人就出去爬山、跑步、逛公园，爸爸觉得儿子可以在玩中增长见识。在儿子上小学的时候，成绩在班级里排名比较靠后，但爸爸不是太看重孩子的成绩，对儿子的学习是有信心的，觉得他一定会好起来。这是对于父母自己的自信，因为小简妈妈是当年的中考状元，而小简爸爸也是学习非常优秀的，所以爸爸相信小简的遗传素养是非常好的。即使当时儿子的成绩不太好，但爸爸妈妈一直还是以鼓励为主，表扬儿子是非常聪明的，所以在儿子的小学阶段，成绩一路攀升。

我问他："儿子进初中以后呢？"小简爸爸的神情开始变得有点凝重了："现在好像叛逆期了，他也不愿意听我讲话了，来阳明后，我觉得他和他妈妈都有很大的成长，儿子和我的关系也变得好一点了，但我还是不知道怎么更好地和他交流。"感受到爸爸非常有诚意，也真的很困惑。我问他："你怎么看儿子参加演讲班？"他说："这个其实我很佩服他的，因为我和他妈妈都比较喜欢默默付出，不是演讲型人才，即使我现在作为领导有点练出来了，还是不太喜欢讲，更喜欢脚踏实地地做。这个孩子从小也不太会表达，他参加演讲班我觉得他很勇敢。"我问小简爸爸："你有告诉过儿子你很崇拜他吗？"小简爸爸说："那倒是没有，觉得儿子大了，不需要经常表扬了，觉得应该多讲道理给他听，可是他听不进去，我最苦恼的是我的儿子不太有毅力，我的优点影响不到他。"

我说:"我非常理解你!儿子从身体上看起来将近一米八的身高,好像应该很成熟了。但儿子高大的身躯中,依然有一颗想要被认可的心,青春期的孩子,他自己也会开始探索他的自我认可模式,渐渐地建立自信机制,但可能和他的身体成长并不同步,所以需要爸爸再用欣赏陪伴他一段时间,和他一起找寻自身优秀的品质,培养起稳定的自我评估体系。如果觉得儿子长大了,爸爸原来的欣赏太快速地转为讲道理,儿子不能适应,便会觉得爸爸没有原来这么爱我了。再加上初中学习难度增加,压力加重,儿子的自信体系就变得非常脆弱。建议爸爸可以把对儿子的崇拜说出来,让儿子感受到爸爸的爱和欣赏一直都在,他就更愿意向爸爸学习面对困难的信心和勇气了。"

小简爸爸说:"杨老师,我豁然开朗了,我会学着跟儿子说:儿子,爸爸崇拜你!"

看着小简爸爸渐渐离去的背影,我想说:"好爸爸也需要升级啊,曾经的好爸爸回来了!"

Part 2

孩子,谢谢你让我看到你有多好

> 好的教师具有博大的父母本能,深深感知到孩子是目的而不是手段。
>
> ——罗素

教育是一项伟大的事业,它关乎人类的灵魂。但是,能够让教育变得有效和崇高的途径却是欣赏、赞美,还有爱。

我们生活在一个福善的天地中,即使是一朵无名的野花,它的内在也洋溢着幸福。当我们欣赏这个世界,烦恼便随风飘逝;当我们赞美这个世界,忧愁便在善与美中停滞;当我们爱这个世界,幸福便在我们的心田苏醒。

然而,在世间万物中,最值得我们用心呵护的,便是那些心性如天空般澄明的孩子。当我们用欣赏、赞美和爱的养分加以浇灌,这些稚嫩的花蕊便会绽放出无限的美妙。

那时的我们,必定会由衷地对孩子说一句:"孩子,谢谢你让我看到你有多好。"

32 老师你开心了,我就用心了

阳明初创的时候,我曾经跟我当教师的妹妹小杨老师表达,我想让那些在学校里觉得自己几乎没有希望的孩子知道,如果他们有机会来到阳明,我们会把他们捧在手心,让他们感受到被爱,被接纳,重新燃起希望。我们会陪伴他们学习,培养他们的学习能力,让他们的成绩逆袭,创造生命的奇迹。

妹妹听我这么说有点激动,她说:"我有个朋友的孩子叫晓晖,考试只有语文有60多分,其他都是30多分的,已经稳定两年了。他爸爸也经常到老师办公室,请求老师们帮帮他的儿子,说只要他儿子的成绩可以好起来,让他做什么他都是愿意的。老师们也觉得他们父子很可怜,可实在想不出来怎么帮他们。"我觉得语文可以有60多分,孩子智商和理解力不会是完全跟不上的,我跟小杨说:"那你可以约他们面谈一下吗?"小杨马上给孩子爸爸打了电话,可以感受到对方非常迫切,约了当天晚上六点半,爸爸带孩子过来见面。

晚上我是准时到的,孩子和父母已经先到了。孩子个子高高的,躲在妈妈身边,看起来比较羞涩,爸爸见到我,非常热情地迎上来,急迫地说:"杨老师啊,我儿子读书不用心,成绩很差,现在九年级了,还剩下一个学期,高中都要没得读了,你说怎么办呢?"我安抚了一下有点着急的爸爸,问在一旁默不作声的儿子:"我可以和你单独聊一会儿吗?"儿子用他的大眼睛疑惑地看着我,轻轻地点头。我跟他闲聊了一会儿,感觉他的声音渐渐地没有刚才那么紧张了,我轻轻地问他:"你可以把这次期末考成绩的班级名次告诉我吗?"他低着头说:"42名。"我说:"班里有几个学生呢?"他说:"42个。"

我感谢了他的真诚,孩子的眼神一直在注视着我,我说:"你想让自己好起来,可是你不知道怎么让自己好起来是吗?"他的眼睛亮了,紧紧地盯着我,用力地点头，我说："让杨老师陪伴你最后半年的时间，让我们一起竭尽全力，让成绩好起来，让我们活得更有尊严，你愿意吗？"孩子笑了，边笑边用力点头，说："我愿意的。"

第一天，我给他上课的时候，用了一份中考卷想检测一下他的基础，先让他独自完成五个选择题。做完题，我开始讲第一题，讲完后，我看到他眼神迷茫，我说："我可能刚才没讲清楚，我再讲一遍好吗？"他点点头，我又放慢速度讲了一遍，他的眼神更加迷茫了，多了些无助，我心里升起怜爱，有点心疼，我说："晓晖，杨老师特别喜欢你，我感受到你对自己要求很高，大部分孩子听了两遍还不懂，就假装懂了，而你用你的眼神真诚地告诉我，你还没有听懂，但你想听懂，是吗？"孩子的眼睛笑了，动了一下身体，好像要和我握手，重重地点头，大声地说："是的。"

我停下讲题，开始跟他说："学习的类型呢，大概可以分为两类，一类是杨老师型的，学起来不快，一旦掌握了，就会比较踏实稳固；还有一类是衡哥型的，学起来很快，但也容易忘得快。所以从长时间来看，比如一个学期，或者几年，哪个类型学得更好也还很难说，你觉得你是哪个类型的呢？"他点了点我说："杨老师型的。"我非常高兴地看着他说："太好了，我们是一个型的，所以我们不是慢，而是比较认真，对吗？"孩子听后，低下头，委屈地告诉我："以前的老师都说我很笨。"我很严肃地看着他说："你觉得杨老师很笨吗？"他乐了，说："杨老师不笨。"我说："是的，我们不是笨，是认真。"

我又开始满怀欣喜地跟他讲第三遍，听完，他激动地说："真的懂了。"寒假上了十堂课，每次他都会提前半小时来上课，到了学校就开始做功课，他妈妈说这孩子好像变了一个人，游戏也不要打了，来上课开心得好像要去吃肯德基一样。我被这个孩子的好学精神深深感动，每次看到他高大的身影来到学校，我都满心欢喜。

开学后学校进行了一次摸底考，孩子的科学成绩从进阳明的40分变成了140分，他的成绩不仅让他自己特别欣喜，也大大地激励了我，我仰起头看着他（因为他比我整整高30厘米），无限敬佩地问他："晓晖，你怎么这么厉害，我从来没有见过一个学生可以十堂课增加100分的，你表扬一下自己吧。"他笑笑说："我用心了呀。"我又好奇地提问："那我是你的老师，你也表扬我一下好吗？"他想都没想，马上说："因为你开心。"

孩子的回答很简单，我进行了分析，我想我做的主要是打破了孩子被贴上的标签——"笨"，当他觉得自己是笨的时候，他是没有信心让自己好起来的，他认为再努力也是没有用的。当他被他敬爱的老师确认为其实是认真，并且和老师是同一类型的时候，他内心的信心系统被重新建立了。

每一次课上，他都能感受到老师对他的接纳和喜爱，他开始觉得他是可爱的，是值得被爱的，于是他的情感动力系统启动了。几乎每节课上，我都会让他写好几遍"我比我以为的要好多了"，帮助他发现他有多好。

生命的本质是向上的，旷野里的种子不需要我们去浇水，施肥，也会自行生长，一直往上。当我们为孩子拂去阻碍他们成长的负面评定，用接纳和充满希望的姿态陪伴，孩子便可以努力地逆袭，提高他们的成绩，用自然界赋予孩子的神奇力量，傲然向上，绽放生命的光彩。

33 孩子，谢谢你让我看到你有多好

一天早上醒来的时候，看到一条微信"十八岁，感恩有你!（一朵玫瑰花图案）"。这是我两年前的学生人称"大师兄"发来的，我心里暖暖的，凌晨还不忘感恩的孩子。

我回了一条："好小子，棒棒哒。"孩子马上回过来说："杨老师，今天可以来陪我吗？海宁的卫生管理中心就在我家门口。"我突然想起来，这孩子曾经在我们演讲班上说过："在我十八岁的生日那天，要给自己送两个礼物，一是义务献血，二是签订器官捐赠协议。"我又问了一句；"今天是你生日是吗？"他说："是

的，遗憾的是我这段时间在服中药，要三个月后才能献血。"我问："那你是去签器官捐赠协议吗？"孩子说："是的。"我都感动得流泪了，我告诉他："我为你骄傲。"孩子说："我只是做了每个公民都力所能及的事。"

我心里涌起可能是教师特有的看到学生很棒时的激动，也觉得词穷，有点描绘不出我当时的心情，我说："我被激励了，我也想再去献一次血。"

想起这个孩子刚来的那天，他的介绍人告诉我说："这个孩子的成绩实在太差了，数学老师讲了六遍还是不懂，杨老师你看看，如果能帮帮他，就等于救了他们全家，他爸妈人还是很好的。"我问孩子："你有什么科目好一点吗？"孩子比较认真自信地说："科学好一点，就是不用讲到六遍，我可能就懂了。"我被孩子的真诚感动，我说："谢谢你的真诚，那你可以告诉我你的梦想吗？"孩子自豪又有点羞涩地说："我想做美国一个州的州长，想成为第一个在美国做州长的华人。"我稍微有点被吓到，但我对眼前的孩子肃然起敬，我告诉他："我会支持和陪同你实现梦想的，我相信你可以做到。"孩子一脸灿烂。

在接下来给他上课的日子里，我感受到他理科思维的短缺确实比较空前绝后，我经常要调整自己，让自己平静下来面对他，并且申请："我给你再讲一遍可以吗？"那段时间，我也经常邀请给他上数学的我的搭档一起去爬山，探讨用怎样的方法和心情给"大师兄"上课才能让他树立信心，让我们可以心情愉悦舒爽。

这个孩子每次来上课都会穿着非常正式的衣服来，第一颗扣子一直都是扣得好好的，看到老师就鞠躬问好，但因为他成绩实在太差了，所以他的自信总是有点虚虚的。我心里一直在想，既然上天没有给他很好的数理能力，那这个孩子一定有他的优势所在，而且那个优势一定会优于常人很多。

后来，终于有了一个机会，周边有一个市召开义工协会成立大会，会长邀请我们演讲协会参与表演节目，我就非常兴奋，因为"大师兄"平时在演讲班还是可以大胆发言的，而且气势比较强大。我把"大师兄"找来了，告诉他："现在有一个机会可以帮助你向州长迈开第一步了。"他眼睛开始亮了，问："杨老师快告诉我，要做什么？"我说："参加一个义工协会的成立大会，你可以表演一段朗诵。"他说："好，我一定努力。"当晚就练习朗诵高尔基的《海燕》，第二天上台表演，我相信他一定可以，我相信他数理差一定是有其他能力顶上的，上天不会亏待一个人的。

第二天晚上，他一表演完就非常兴奋地打电话过来，说："老师我成功了，原来上台也没有想象中那么可怕。"当天回来就和同学们分享他的成功经历，激情飞扬，同学们都用崇拜的眼神看着他，由此得名"大师兄"。

从那次开始，他每次演讲都自信满满，成绩也进步了，数学从入学的30分进步到89分，当年的中考成绩比九年级初进步将近200分。中考选择志愿的时候，他爸爸和他商量要拓宽国际视野，所以报了重高的国际班，在面试时，他的自信和良好的口才也让他脱颖而出。

进高中后，他为了让自己可以符合州长的形象和品质，每天步行一小时，已经瘦身10斤。有一天晚上散步碰到他，非常羡慕他的挺拔身姿。有一次我们受邀参加他面对全体师生的演讲，下面座无虚席，颇有总统演讲风范，掌声雷动。这个孩子还当选了班长，担任了该校活动部部长、外联部部长，建立了具有慈善性质的微店"瑞言科技"，并且把利润捐赠给学校组织活动。

现在他正在申请美国排名前100的大学，正在实现他的梦想。我的手机里有和"大师兄"的合影留念，等着他竞选成为州长，飞赴美国庆贺的时候，回忆匆匆那年。

记得前一次他来演讲班给学弟学妹做分享的时候说，如果我竞选州长没有成功，只要是对他人有贡献，可以为社会服务，让我做什么都可以，哪怕是做一只抽水马桶我也愿意。可以感受到孩子的境界比原来更高了，我越来越需要仰视我的孩子了。

今天是"大师兄"十八岁生日，他下午四点要去签器官捐赠协议了，我要主持家长沙龙，不能亲自陪伴他，我答应他写一篇文章作为礼物送给他。

我特别想对他说："孩子，谢谢你让我看到你有多好。""大师兄"的故事让我更有信心相信每个孩子都是天使，只是他们需要父母和老师有识别天使的能力，并且一路陪伴，一直相信。

 老师知道你情商高才敢这么狠心对你

我认识依依的妈妈是很多年前的事情了，我清晰地记得在那个幽静雅致的咖啡厅里，优雅的女主人坐在靠窗的沙发上，桌上放着一个精致的咖啡杯，细细抿一口咖啡，又开始看书了。我瞄了一眼书的作者——黑格尔，不由得让我对女主人多了一份好奇，原以为咖啡厅的女主人或许会看些时尚杂志之类的读物。

咖啡厅的生意比较冷清，这样也增加了一些我和女主人单独接触的时间。有时候早上十点左右，她会给打我电话，问我有没有空去坐坐。我过去的时候，一般她都已经准备好两杯上好的红酒，我们经常浅浅淡淡地聊着一些感兴趣的话题。通常是我说，她听，我激情飞扬地聊我的成长、鲜花、掌声、舞台、新朋友，而她总是微微地笑，似乎她的生活是一潭平静深幽的湖水，我们的交谈有点像高低音合奏的交响乐，和谐、舒逸。

有一天晚上，我见到了她刚上初中的女儿，可爱、秀气，刚从学校回来。妈妈问她："宝贝，要不要吃意大利面？"女儿说："我去厨房看看。"一会儿她就回来了，说："妈妈我不吃了，我看厨师已经有点累了，不想麻烦他了。"我怔了一下，女孩完全没有我妈妈是老板的感觉，这么的善解人意，我开始喜欢上了这个善良可人的小女孩。

一天傍晚，依依妈妈打电话给我，语气中有点急促："杨老师，今天学校开家长会了，女儿回来一直在哭，我不知道该怎么办，你可以帮我和她谈谈吗？她说想见你。"我想她碰到难题了，说："好的，我马上过来。"

依依坐在沙发上，眼睛红红的，见到我后，抑制不住地又开始抽泣了，我安静地陪了她一会，她开始告诉我："杨老师，我活到现在从来没有这样伤心过，我觉得太羞辱了，今天开家长会的时候，老师让我在讲台上发表退步演讲，我爸爸

在台下一直低着头，我完全不敢看他的表情，当我讲完以后，我好想有个洞可以钻进去。平时爸爸也是一个领导，我觉得我把爸爸的脸给丢尽了。"我说："只有你发表退步演讲了吗？"她说："是的，我从10多名退到了30名。"我说："那退步倒是比较明显的，但一般老师是不会这么对待女同学的，他这么狠心对你，是不是觉得你情商比较高，这样重的处理你是可以化压力为动力呢？看来他很懂你啊！"依依破涕为笑，说："好像真是这样哦，老师平时对我还是很好的，看来我不能让他对我失望了。"

接下来的日子，依依妈妈请我帮她辅导科学。我们上课时，经常从聊学校发生的好玩的事和生活中感恩的事开始，每次课我都告诉她我非常相信她有学好科学的能力，刚来的时候她说以前基本上是80分左右，有时候六七十分。一个月后，她在模拟考中基本上是190分以上（平时是100分制，中考模拟考是200分）。

中考前，她因为感冒得了肺炎需要住院半个月，她妈妈很着急，打电话给我，我说："其实挺好的，因为孩子基础已经到位了，最后一个月其实就是按惯性学习。最重要的是身体和心态，学校总体环境是非常紧张的，压力也比较大。依依可以暂时离开学校的高压环境，你有机会给她提供很好的营养，还可以日夜陪伴她，因为不是大病，还可以安静学习，我觉得不是坏事。"妈妈说："你说的也很有道理，那我们就安心养病了。"半个月后出院，孩子脸色红润有光泽，比其他的中考孩子状态好多了，来我这里辅导也更有效率了。

当年中考，妈妈一改平时比较矜持内敛的性格，每天都和孩子热情拥抱，我也特地给依依送去了幸运手链。当年孩子中考科学考了195分，总分720分，超过了第一批重高的分数线。

在孩子生命中一些关键的时刻，我们善解老师和他人的心意，用积极的思维面对问题，让孩子在感恩阳光积极的频道内，他们的学习效能就会明显提高，他们的生命就会有很大的转机，中高考的幸运之神也会悄然而至。

35 爱他，就相信他！

一天晚自修上课的时候，我看到有几个孩子从外面进来，其中一个孩子手里拿了一瓶饮料，我问他："这是刚跑到下面小店去买的吗？"他说："是的。"我又问他："晚自修的纪律，课间出去买东西是要扣分的，你知道吗？"因为他是本周才来这个班自修的，怕他还不知道规矩，孩子说："知道的。"于是我给他扣了一分自修自律分，提醒他要遵守规则。孩子的小脸有点尴尬。

这时我又想，那其他几个一起回来的孩子有没有也去买饮料呢？所以我问了一下孩子们："刚才下课的时候，有同学出去买饮料，违反晚自修规则，并且他自己也非常诚实地告诉我他是知道规则的，所以纪律分扣了一分。那刚才一起回来的几个同学，我不知道你们是否也出去买饮料了。如果事实上也出去买了，并且现在你们诚实的心开始有点自责，也有点愧疚，愿意接受扣分，请你们举手告诉我。如果你们不愿举手，我也不会查的，因为查比较伤感情。"这时有两个孩子红着脸举手了。我内心有些感动，觉得和一群又真又纯的孩子相处真的很幸福。我向孩子们表达："谢谢你们的真诚，你们让我相信，你们的心中都有真和善的尺度，你们是值得相信的。"

想起几年前一个星期五的晚上，有一个男孩子来学校看到我就哭了。我让他在沙发上坐下，孩子哭得更伤心了。我给他递纸巾，陪他坐了一会儿，他开始边哭边告诉我："杨老师，我今天丢死人了，老师让我站在两个班级的中间，让两个班的同学都看我，说我考试作弊了，我像猴一样地被耍了。"我轻轻地安抚他抽搐的背，问他："所以你心里特别难过是吗？"他说："是的，非常伤心。"我说："我理解你，老师首先还是为你高兴的，因为你原来对于考多少分完全是无所谓的，现在越来越努力学习了，所以你想考高一点，让自己更自信，让老师和爸妈都开心一点是吗？"孩子抬起头，特别真诚地告诉我："是的，我从来没有像这次这么想考好过，并且我觉得我题目做得也挺好的，所以做好后我想和我同桌对一下，想看看我是否都做对了。"

我听后，笑着说："如果你是监考老师，看到我考完后把同桌的试卷拿来对一下，你估计我可能在做什么？"孩子自己也笑了说："好像是偷看啊。"我接着说："并且平时可能我成绩不太好，但平时还是诚实的，这次竟然还偷看，老师是不是要严惩一下不好好读书还偷看的人呢？"孩子说："哦，好像也是。"我又问："怎么做可以让老师和父母为你高兴，并且还不被当成偷看呢？"孩子说："老师，我知道要怎么做了。"

当孩子的情绪被接纳，他行为背后向善的动机被洞察，并被界定为"当成偷看"时，孩子心情开始舒缓，他自己内心的是非规则开始形成。这个孩子在接下来九年级的学习中，再也没有出现类似的违规事例。他当年的中考成绩比入学成绩高了150分，现在正在申请英国的皇家学院。临行前他来和我们告别，孩子高大英俊，自信满满，我心里热热的。带着爱陪这些孩子慢慢长大，这是多么美好的工作啊。感恩我是老师，在自己孩子长大后，还有机会可以陪一群孩子一路成长。可以当老师的人，我总觉得是有福的人。

我们内心真正爱孩子时，就可以第一时间用向善的心去解读孩子，而孩子被善意理解，也会明晰事理，形成清晰的是非观念。因为被爱，被信任而不忍心犯错，并且会努力成为更好的自己，不让爱他的人失望。

有一天，又有家长告诉我说："我这个孩子有点没救了，他不遵守纪律，校长想找他谈谈，被他拒绝了，校长气晕了，告诉我，我也不知道怎么办了？"晚上，我碰到孩子，问他："是什么原因让你有这么大的勇气拒绝校长呢？"孩子说："因为校长找我的时候，我心情非常差，怕自己控制不好情绪，和校长吵起来，校长年纪有点大了，怕他气坏。"这个看似老成的大男孩确实有点情绪不稳，如果校长听到这个理由，估计就没那么生气了。第二天，孩子妈妈告诉我，他主动找校长为昨天的拒绝道歉了，校长还答应给孩子辅导语文，多么和谐喜乐啊。

妈妈终于悟到，原来孩子每天都在成长，因为成长，总是会带来些不和谐，让孩子自己也很慌乱。在这些时刻，妈妈相信孩子有一颗向善向上的心，带着爱去陪伴孩子的慌乱，相信孩子会在爱的滋养中明辨是非，渐行渐长。

我觉得作为一个女人，有机会可以成为妈妈是一件很幸运的事情，而这一辈子我们被允许可以陪伴一个人的生命从无到有，从小到大到老，让我们的人生可以因为这份陪伴而不孤独，而成长，而丰富，并且这个人这一生都会用世上最动听的词语"妈妈"来称呼我们，这是多大的福分啊。

让我们一起含泪珍惜这份缘，带着感恩去爱，去相信！

36 孩子，你比你以为的要好多了

我们教育学校初创的时候，我的好朋友第一天就把她女儿依依送来了，并指名要我亲自教。她女儿九年级，在重点中学重点班，我稍有不自信，问她："我离开讲台几年了，或许我需要重新适应下啊，你这样把女儿交给我，我压力好大呢。"她说："这个我不管，我只知道我女儿从来没有和一个老师相处得这么好，我感觉到她很喜欢你，和你聊天的时候小脸是放光的，还说杨老师是我妈妈就好了，我其实有点嫉妒的呢。这个学期女儿成绩退步很大，也开始叛逆了，会和我们顶嘴，和她说话也不听，不知道该怎么办了。女儿这么喜欢你，你原来又是那么好的老师，我也没有其他办法，只能交给你了，你肯定可以教好她的。"她女儿还没有来上课，她一定要先把一个学期的学费交了，还说了一句我这辈子都不会忘记的话："杨老师，我把我生命中最重要的人交给你了。"

开始给依依上课后，我非常惊讶地发现，时隔六年科学书上几乎所有的概念我都一字不差地会背，解题能力也不减当年，并且对孩子们多了一份久别重逢的喜爱和盼望。我也不知道从哪里来的力量，让我深深相信每个孩子都是爱学习的，只要家长愿意成长和改变，孩子的生命便可以有翻转，孩子们可以有神奇的转变，创造属于他们自己生命的奇迹，找回原本该属于他们的自信和尊严。

依依刚来的时候说，老师和家长都说女孩子理科是不行的，所以她确实理科一直不太好，有时候80多分，有时候甚至60多分也有。课间休息的时候，我笑着问她："你觉得女老师教科学怎么样呢？"她说："杨老师教得特别好，我听得都很懂，也有点自信了。"我说："女老师都可以教科学，那你觉得女孩子学好科学是不是也应该没问题呢？"她恍然大悟，说："哦，那倒也是，看来我可以学好理科，给那些看不起我的人点颜色看看。"经过寒假十堂课的复习，依依的科学概念已经从边框模糊到完全精准掌握了，解题技巧也从半熟练工变成了熟练工，第一次模拟考就考了192分。她把分数告诉我时，又高兴又忐忑，问我："杨老师我真的有这么好吗？我会不会下次就退下去了呢？"我问她："女老师真的可以教好科学吗？你比你以为的要好多了。"她咯咯地笑着说："好了，我明白了，上课吧。"

依依当年中考195分的成绩不仅激励了孩子，也激励了离开讲台几年的我。我心里有一份深深的感恩，感恩依依妈妈把天使一样的孩子交给我，让我可以重新回到我魂牵梦萦的教育，重新面对天真阳光的孩子，重新找回"杨老师"的称呼，重新感受家长充满信任的目光。

看着来到身边的孩子，我看到了他们的纯净，他们的真，他们的愿意成长，他们的生命有无限的可能性。感谢我有这份福分可以再回到孩子们身边，感恩老天的厚爱，让我找到今生的使命，陪孩子们慢慢长大。

在依依参加中考的当年，还有一个女生圆圆在中考前一个半月来到我们学校，来的时候科学是167分。孩子很可爱，也很喜欢聊天，我们上课前总是要聊聊这段时间我们彼此最开心的事。上课时间总是过得很快，有时候下课时间到了，课程还来不及讲完，我有些内疚，孩子会说："没关系，现在我在学校听课也比原来听得懂了，我拿回去做，不会的我去学校问老师好了。"下课了，圆圆都会像小鸟一样张开翅膀来抱抱我，然后开心地走了。她爸爸告诉我说："我每次问她杨老师给你上了什么，她都讲不清楚，但圆圆说每次来她都觉得自己好像越来越厉害了，越来越有信心了，并且觉得她也比原来更自觉，更开心了。"

后来中考的时候，圆圆科学考了197分，她爸爸开心得有点不知道怎么办了，说："真的没想到原来我女儿理科这么好，从小学开始我们一直以为她理科是不行的，看来杨老师是伯乐啊。"我笑笑说："她比我们以为的要厉害。"我只是充分利用了我自己是女老师的资源，让她相信女孩子学科学是可以的，让她从信念上有了调整，并且让她从基础开始做起，让她慢慢有体会，有觉察，当她真的相信自己的时候，她就真的行了。

我发现大部分同学在他们真正做不出来题前就已经放弃了。所以孩子们非常需要边上有一个他非常信任和欣赏的人，那个人可能是老师，可能是家长，也可能是他的朋友，在他碰到困难的时候，饱含深情和信心地告诉他："你一定可以的，我相信你。"当他被心中的权威相信时，他会重新激发出信心和勇气，这是一股非常强大的能量，他可以带着这股能量去面对他们曾经以为已经不行了的极限，当他突破自己的极限，做出了他以为做不出的题目时，他会笑得特别灿烂，并且未来的人生可以带着这份灿烂前行。

我会送给每个孩子一句话，"你比你以为的要好多了"。有毕业后回来看我们的孩子，他们总是会告诉我："杨老师，我越来越能体会到你那句'你比你以为的要好多了'的真正精髓了，这句话可以让我自我激励，在困难的时候让自己重新爬起来，去创造好多了的自己。"

我心里对孩子们也充满感恩，是孩子们带给我灵感，让我想到了这句话："你比你以为的要好多了。"这句话几乎激发了我们学校的所有孩子和家长，让他们可以不断地相信自己比曾经以为的更好，让家庭可以带着清新信任的能量走向更好。

同时这句"你比你以为的要好多了"也激励了我自己。我曾经以为我是比较会说，不太会写的人，朋友们经常劝我可以把教育理念和案例写下来，而我都比较肯定地说："我写的能力是很差的，其实我说的比写的要好多了。"直到今年八月我开始健身，我的教练告诉我说："你可以的，你比你以为的要好多了。"我想或许我是可以的。一场家长报告会后，我激情满满，开始尝试迈出了写作的第一步，写了一篇后，很多家长和朋友竟然都转发我的文章，说特别有收获，并且不相信我原来是不会写的。我笑着回答说："我比我以为的要好多了。"

37 可以在办公室给家长留一张凳子吗？

我曾经在学校做老师的时候，有时候会对学生出现的状况很无力，这时候，我往往会打电话给家长或者把家长请到学校。几乎没有家长会拒绝老师的邀请，很多家长会立刻赶到学校，当时也没有多想为什么他们总是有时间可以马上来到学校。后来才明白，当接到老师电话时，家长会坐立不安，非常焦虑和担心，不知道他的孩子在学校究竟发生了什么，如果不马上赶去，老师会怎么看他，会不会把对他的不满发泄在孩子身上。于是手头的工作对他来说便不再重要了，马上奔赴学校，去听听他的孩子到底发生了什么，不知道要做些什么才可以应对学校发生的情况。

当家长来到学校后，一般都神情紧张地站在老师的办公桌前，开始问一个几乎所有家长都会问的问题："老师，我的孩子怎么啦？"我感受到家长有点紧张，有点沮丧的心，一般会从别的老师的座位上拉一把椅子示意家长坐下，当家长不安地坐下后，我就开始告知问题了。通常是拿出老师手上最有力的工具——成绩册给家长看，让他看到孩子近几次考试的分数和名次，并且拿其他几个孩子的成绩给他看，那几个往往是平时和他孩子差不多的现在比他好多了。接下来帮他数一下这几次考试90分以上同学的个数，让他明白同样在一个班里听课，差距怎么这么大呢。主要是让家长明白，老师是同一个，教科书是一样的，作业是一样的，听一样的课，考一样的试卷，差距这么大的原因只有一个，就是你的孩子没有教育好，要加强教育。

家长的眼睛一直盯着老师的成绩册，眉头越来越紧锁，开始说："唉，老师啊，这么差，怎么办呢，我天天跟他讲在学校要专心上课，听老师的话，认真做作业，不懂的题目一定要多去问老师，可是他不听啊，讲多了就把房门关起来，一个人在里面也不知道在做什么……"正说着，下课铃响了，去上课的老师拿着课本、备课笔记回来了，家长非常警觉地意识到可能自己占了老师的座位，看到老师走到了另一个空着的位置上坐下，急促稍稍有些放下。可是又有老师回来了，家长环顾一下其他教师都在座位上，只缺这个老师了，凳子肯定是他的，不知道这是孩子的什么老师，但凳子肯定要先还给他，于是站起来，拿起凳子，放到上课回来的老师座位上，再说上一句："老师不好意思，刚才坐了你的凳子，还给你了。"

老师其实也有点不好意思，因为知道他还了，就只能站着说话了，但如果不要他还，老师自己也没有凳子坐了，所以只能寒暄几句："噢，没关系的，你是谁的家长啊？"家长马上报上孩子的名字，老师长叹一口气，从一堆厚厚的本子中，翻到他儿子的本子，开始根据物证陈述事实："你看看，这段时间，作业错那么多，一半以上都是错的，还有空着不做的，错了也不来订正，这些你们家长都知道吗？"老师无奈地盯着家长，家长站在办公桌边，手脚怎么放都觉得不自在，喃喃地说："这几天我加班，晚上都在公司，确实没有好好管他，唉，照理这么大了，也该懂事了。"老师继续关切地说："你们家孩子脑子不笨的，就是态度不端正，你要好好管管了，再不好好管就要来不及了，高中都要没得上了，这么小的孩子不上高中的话，在家里还有什么用啊。"家长僵硬地站在办公桌边，向老师投去感激的目光，轻轻地说："谢谢老师关心，我们家孩子不争气，给老师添麻烦了，我一定好好管教。"

老师看他一直站着，心里也有点过意不去，只好说："我下一堂还有课，现在要把剩下的作业批完，那你再问一下班主任还有没有事。"家长走过去问班主任，看到几个孩子在订正作业，家长远远地问了一下班主任："老师还有事要找我吗？"得到老师许可后，家长如释重负地走了，带着沮丧、失落，带着站酸了的脚，沉重地离开了学校，他真的不知道，他到底该怎么管教孩子才是对的。

做老师十多年，我把找家长到学校看成对学生负责任，事实上也是，至少是存着想要家长配合老师一起负责任的心。直到我自己成为家长，有一次也被老师请到学校，我才意识到当来到老师办公室，坐着其他老师暂时不坐的凳子，心里满满的不安和焦虑，存在感荡然无存。这时好渴望有一张凳子，有一个角落是专门为家长准备的，可以让家长安心地坐下来听听孩子在校的情况，请老师指导家长如何配合才能把自家孩子管理好。对于培养好自己的孩子，每个家长心都是真真的，拳拳的，只要是对孩子好的，家长都特别愿意去做，去调整。但是往往在老师办公室，家长只能听到他孩子的问题，而且是几科老师同时反馈问题，有时候还有一些结论性的话让家长的心沉到谷底。家长带着伤心失落和焦虑，回家把问题直接倒向孩子，很多家长不懂教育，完全不知道怎么做是有效的，除了打骂孩子和唉声叹气，几乎不知道还有什么可以做的。于是孩子越来越叛逆，越来越讨厌学习。老师也发现，把家长找来的方法尽管一直在用，但确实没有什么效果，那老师又该怎么办呢？面对班里几十个孩子，老师也只能暗暗摇头叹息。

　　我特别想呼吁的是，在办公室给家长准备张凳子吧，让家长来到学校后，感受到老师是请他来一起商量如何面对问题，更好地培养孩子。也特别想邀请老师可以就出现的问题给到家长一些问题原因分析，一些调整问题的可行性方案。就像在医院里，医生给病人查明病症后，通常会给出药方，病人便带着康复的希望离开了。

　　如果家长可以安心坐下来，感受到被尊重，在被告知问题的同时又被指导如何教育孩子，家长也就可以带着一颗充满感恩和希望的心，去尝试做一些更有方向的改变，让他的孩子可以越来越有希望。老师的工作也可以因为得到家长有力精准的配合而更舒心有效。

 当孩子开始说脏话的时候

　　星期天的时候，和一个平时很有教养的女孩子冉谈心，她向我诉苦，说妈妈冤枉她看韩剧超时，竟然这周没有征求她的同意就擅自取消了玩iPad的资格，很

气愤地说了一个带有脏字的感叹词。她妈妈在身边非常警觉，神情很严肃地告诉冉："这句脏话比你不专注学习更让妈妈伤心，妈妈会觉得自己很失败，培养了一个没有教养的孩子。"我能感受到妈妈的低落，冉有些不解。

　　我转向冉，手抚在她的肩膀上，说："杨老师跟你讲一个我女儿的故事吧，我从小就没有骂过人，有时候看到别人骂人，需要转述一下都没法说出口，我也没有听到过我父母骂人。可是在我女儿四岁，开始上幼儿园小班的时候，有一天她回来说了一句骂人的话，我当时就惊呆了，觉得特别失望和无助，我想这些话估计是从幼儿园小朋友那里学来的，这样的成长环境对孩子的成长太不利了。想到孟母三迁的故事，我当晚就决定要从小镇的中学调往县城，让女儿在相对比较有素养的环境中长大。后来我女儿再也没有说过一句脏话，现在女儿大三了，我非常欣赏她是一个有教养的女孩。杨老师一直觉得冉也是一个美丽、有灵气、高素质的女孩，可是刚才的那句话确实影响到了你在杨老师心中的形象，这是你提前预见到的吗？"冉说："我没有想这么多，昨天晚上我看综艺节目的时候，主持人也是这么说的呀。"听冉这么说，我和她妈妈终于找到了这句脏话的出处。她妈妈也是非常有教养，不说脏话的知性女性。

　　我继续问冉："如果你听到另外的孩子在说这句话，你会怎么看这个孩子呢？"冉尴尬地笑笑说："没有教养。"我说："那你还愿意冒没有教养的风险吗？"冉说："不愿意。"我还告诉她："当我听到这句话的时候，我首先的感受是没有家教，而事实上，你父母的家教还是挺好的，但是他们也会因为这句脏话而无故被'黑'，你想让父母被冤枉吗？"冉低着头说："杨老师，我知道要怎么做了。"

　　在和孩子的沟通过程中，我觉得很幸福的是他们是非常愿意看到自己的问题的，只要我们放下指责的心，让孩子换个角度看问题，孩子们便会恍然大悟，然后会有强烈的愿望去改正错误，重塑正直善良的形象。

　　我想要和父母说的是，当听到孩子开始说脏话的时候，我们要有所警觉，往往孩子的朋友圈会因为这些话而开始下行。孩子的交友往往是从谈得来开始的，当他们使用差不多的语言时，他们会觉得亲切，从而开始成为朋友。而比较会说脏话的孩子，通常在学校里是不能公开说的，他们会选择一些比较隐蔽的角落，比如厕所、操场角落、自行车停车场等。这些角落也往往被老师忽视，于是这些孩子便说着脏话，进而开始尝试抽烟，说些黄色下流的小段子。孩子们受负能量气场的影响，学习就没法专注，成绩也开始直线下降。如果家长看到这些现象后，一味指责，以打骂为主，孩子便开始厌学，迷恋网络，打架，早恋，离家出走，甚至偷盗。

所以特别想邀请父母关注孩子的语言，毋以善小而不为，毋以恶小而为之。当发现孩子口中出现脏话，一定要引起警觉，循循善诱，需要的时候可以寻求老师等的帮助，从萌芽状态加以重视，让孩子从文明用语开始，锻造高尚的行为品格，这样他必然吸引同样善良正直的孩子成为他的朋友。阳光向上专注成为孩子的习惯，取得优异的成绩便是自然结出的果实。

当然，更重要的是父母要管好自己的嘴，"教育"的"教"的意思是"上所施下所效也"，"育"是"养子使从善也"。所以当我们身为父母，我们便要随时检视自己的行为。如果也是脏话不断，抱怨连连，那子女必然就学会了，随之各种青春期的问题便可能接踵而至，到时就悔之晚矣。

为了孩子，请我们关注自己的言行，提高自己的德行，并随时觉察孩子的变化，用预见未来的眼光重视当下的教育，让我们一路陪伴孩子且行且成长。

39 从你内疚的眼泪中我看到了希望

小新来的前一天晚上，他爸爸给我打了一个很长的电话，主要是说为了辅导小新花很多钱请老师，成绩却没有提高。小新的英语辅导老师说他的记忆力特别差，爸爸听了很沮丧，于是想起儿子小时候有一次发高烧，会不会烧坏了呢？他爸爸反反复复问我，杨老师你觉得我儿子还有救吗？我让他第二天把小新带来了解一下情况再下判断。我能感受到电话那头爸爸的伤心和失落，同时也带着一丝丝的希望。

　　第二天，爸爸妈妈一起把孩子带来了，远远地看到我孩子就憨憨地笑着，这消除了我的一些紧张，原以为是一个不太开朗的孩子。我问他："小新，你愿意杨老师给你做一个非常简单的测试吗？"孩子很开朗地说："可以啊。"我问他："你听过速度公式吗？"他说："小学的时候好像听到过？"我大概了解到初中他可能确实没怎么听懂过课。我再问他："如果我现在跟你讲速度公式，讲公式运用的例题，你可以试着听吗？"孩子有点羞涩地点点头。我开始跟他讲 $v=s/t$，感觉到这些字母他还是认识的。

　　我对这孩子有些心疼，不知道他是否知道爸爸觉得他有可能被高烧烧坏了，但我有个信念，我想我可以陪这个孩子找回本该属于他的信心和尊严。可能孩子也感觉到了我的信念。接下来，我让他用公式计算从家里到学校所用的时间，孩子做得很漂亮，我和他都很欣喜，我对他爸爸妈妈说："孩子我收下了，只是你们也要有时间陪伴孩子一起成长，至少半个月要来一次，可以做到吗？"他爸爸说："只要我的儿子会好起来，要我们做什么都可以。"我又转过去问孩子："你觉得杨老师为什么要收下你呢？"他不太相信地看着我说："因为我爸爸是你同学？"我问他："还有吗？"他不好意思地轻轻地问："是因为我题目做得好吗？"我特别开心，告诉他："恭喜你，答对了。"孩子离开学校的时候，背是挺直的。

　　就这样，孩子来到了我们学校。为了增强孩子的存在感，我们请他做厨师长，帮助其他孩子统计中午订餐，餐送来后由他统一收费和发放。他还弄了一个表格，记录每个孩子订餐的种类。那个暑假都是他负责中午订餐，孩子们都非常亲切地称呼他"厨师长"，他也很自豪，这是那个暑假孩子中唯一一个"有头衔的领导"。他说这是他从小学开始第一次做领导，所以他特别珍惜。为了可以一直做这个领导，他还和我签订了在家玩游戏每天不超过一小时的"不平等条约"，一旦违约，就要取消担任厨师长一天。那个暑假，他一天都没有违约，我被孩子的守约感动了。我觉得孩子心中有一个梦，他想要证明他是可以和其他同学一样的，他是有价值的，孩子在为他的梦想努力，而我想为他的梦想护航。

　　每天晚上，孩子都会来我们学校自修，风雨无阻。我负责给孩子辅导科学，他确实非常容易遗忘,但他每次都像第一次听到一样非常好奇地听讲过好几次的概念和题目,他的好心态也让我备受鼓舞。过了一段时间,他竟然可以记住一些上节课的内容了,我们都非常欣喜,他的考试成绩达到70分左右了,我再次坚信这孩子是没有被烧坏了的。

后来孩子参加了演讲班,他的演讲情感非常饱满,经常把在场的人感动得热泪盈眶。他开始为自己的演讲能力惊讶,我们也非常惊喜。第二次参加演讲班的时候,他还和华东政法大学的优秀女生同台主持了毕业报告会。他爸爸激动地冲上舞台拥抱儿子,泪流满面地说:"爸爸今天才知道,原来我儿子这么厉害啊,爸爸太激动了。"儿子也在舞台上喊出了他的中考目标:"不是只有成绩好的同学才有梦想的,我也有梦想,我想上普高,可以上大学。"听到孩子的呐喊,我更坚定了我的信念,我又一次看到了一个在演讲台上站起来的孩子,我相信每个孩子都有他独特的绽放方式,而演讲台是特别容易让孩子感受自信的地方。

从那天起,孩子的学习热情更高涨了。可是后来的一天晚上,刚开完家长会,他爸爸脸色非常沉重地来到学校,手里拿着老师发的资料。他所在的学校,学生是评星级的,最高是五星级。小新是没有星级的学生。他爸爸看起来非常生气,开始训斥儿子学习不努力,有时候不做作业。我和小新的数学老师衡哥一直在边上陪同,我们觉得也同时被责备了。尽管我们知道小新的改变已经很神奇了,但似乎他爸爸有更大的期待。小新边听边哭,后来下课了,爸爸先走一步,我抱了抱满脸泪水的小新,问他:"是什么让你这么伤心呢?是觉得已经很努力了,而爸爸似乎没有看到吗?"孩子边抽泣边告诉我:"老师,是自责,你们这么看好我,而我还不够努力,让你们也被误解了。"听到小新的话,我眼泪夺眶而出,告诉他:"小新,你真的长大了,老师相信你。"

从那天起,孩子发愤学习,那年中考,他完成了心愿,考上了普高,可以去实现他要上大学的梦想了。而他爸爸似乎也忘掉了小新小时候得感冒发高烧的事情,再也没有提起这事。他开始说小新是他的骄傲,是整个家族的骄傲,因为小新是努力学习并有演讲能力的好儿子。

小新上高中后,我们演讲班邀请他回来给学弟学妹们讲故事。他去向班主任请假，班主任要求他在班上演讲10分钟，他自信地演讲了他自己的故事，可是班主任还是觉得他最好不要请假，孩子跟班主任说："我帮班级打扫一个月的卫生，你让我去吧。"终于感动了班主任。小新来到了演讲班，演讲了他的成长故事和这次请假的故事，现场的孩子们非常感动。

他最近参加校演讲比赛，得了二等奖，我说："你的情感饱满看来还是有优势的哦。"他牛气冲天地说："杨老师，我现在不仅情感饱满，而且条理清晰，境界很高啊。"

看到越来越自信的新，我就像在欣赏自己精雕细琢的艺术品，过去历历在目，感慨于孩子强大的生命能量，当他们在爱和信任的滋养中成长的时候，他们绽放的精彩是我们很难估量的。我心里在默默期待，期待下次再见新时，他又会带来怎样的惊喜呢。

我也默默感恩，感恩那次孩子边哭边表达他的内疚，让我看到了他对爱的回应，并让我坚定了这个孩子会越来越好的信念。新的表达让我打开了一扇对父母、老师曾经给过差评的孩子的强烈好奇的门，孩子比我们以为的要好一千倍，让我们带着爱的期待，陪伴他们走到花开的季节。

40 用爱心说诚实话

一天早上九点，木子妈妈带女儿准时来到了我的学校，我邀请木子先和我聊聊。木子在沙发上坐下，我微笑着问她："木子啊，妈妈说你不太想来见我，你能不能告诉我是什么原因呢？"木子弱弱地说："我从小就怕老师，我觉得见到老师就可能要被批评了。"

下午三点，我给惠惠上学习心态课，我感觉她有些紧张，我问她："你见到老师一般都比较紧张吗？"她尴尬地笑笑说："是的，小学好一点，上初中后，我不太喜欢我们班主任，她好像也特别不喜欢我。有一次，我被叫到办公室，老师讲了很多很多大道理，我头都要炸了。所以老师要和我谈话，我就会觉得又要被骂了，很紧张。"

我心里很明白，这两个孩子怕的不是我，他们怕的是"老师"，孩子们害怕被老师批评，所以试图躲避事实上最有可能可以帮助他们的人。也有可能孩子躲避的甚至不是老师，老师只是无意中符合了家里的权威的形象，如果家里爸爸或者妈妈特别严厉、挑剔，孩子就会把老师想象成父母，产生很大的压力。要让孩子敢于面对老师，或许要从和家里的父母改善关系开始。和父母的关系和谐了，孩子看到老师就没那么害怕了，他们就敢于去问老师问题，当老师再批评他们时，他们可能也能感受到老师的苦心了。

在前两天的周五演讲班上，有一个孩子在衡哥的鼓励下竞选团长，他说："我很想竞选团长，但我一直觉得我不配做团长，我觉得我是个坏学生，小学的班主任说我是害群之马，所以我想我即使有点能力也还是不行的，我会害了这个团队的。"

还有一个高高大大的同学也上来说："我曾经也非常不自信，看到老师就尽量逃开。上小学的时候，有一次上课了，我没听见，一个人在外面玩。我听到老师说，这种人不用管了，管也没有用的，我当时心里特别气愤，但我也不敢跟老师吵，从此我看到老师就心里怪怪的，也学会了敷衍老师。直到后来有一次犯错，老师把我叫到办公室，请我坐下来，好好和我谈，还发现我喜欢管东西，就让我专门管班里的卫生用具。我觉得老师很重视我，渐渐开始有点自信了。"

我想起女儿九年级那年转学到杭州，班主任看到女儿的成绩单，随意地说了一句："数学太差了，如果我是校长，我绝对不会让你们转进来的。数学不行的话，中考进前三所是几乎不可能的。"作为家长的我听到班主任的这个评价心里也是很沮丧和失落的，一方面为女儿的数学成绩揪心，另一方面也担心老师会怎么对这个刚转进来他并不看好的学生。当时，我和女儿的心态还是调整到了比较积极的状态，我们激励自己这只是开始，并不是结束。我们尽管也担心害怕，但还是觉得需要采取一些有效的方法来改变这个弱势。事实上，那年中考女儿的数学是112分，满分是120分，是超过优秀线的，并且也顺利地超过了前三所重高的分数线。但那一年，因为老师的差评，我们确实多了很多的压力和负担，让我们心里增加了很多的不安。好希望在我们初到班级的时候，老师可以给我们一些温暖的鼓励，让我们可以多一点信心去准备参加中考。

我做了20多年的教师，也做了20多年的家长。我可以充分地感受到老师对学生的评价可以击倒一个学生，也可以让一个学生重新站起来。正如水能载舟，亦能覆舟；就像医生的一句话可以让奄奄一息的病人重见天日，也可以让本来无碍的人觉得病入膏肓。

孩子的自我评价体系尚未完全建立，所以他们对自己的看法主要来自他们身边的老师和家长的评价，而在家长眼里，老师是教育专家，老师对学生的评估也会影响家长对孩子的看法。确立孩子的自我价值，老师责无旁贷啊。

我们曾经辅导过一个孩子，那个孩子和她妈妈多次亲口告诉我孩子的解难题能力是不行的。那一年，我们一次次带着这个孩子走向难题，鼓励她面向难题。一年后，孩子发现她解难题是非常有能力的，中考数学考了满分。进入高中，孩子的数学成绩也遥遥领先。打破孩子负向的执念，无疑对于孩子未来面对人生是非常有帮助的。

当孩子们犯错时，作为老师，我对自己的要求是爱和规则并行。当我内心怀着对孩子的爱和接纳时，我严厉但不会伤害到孩子的自尊。曾经有一个孩子这样表扬过我："在杨老师这里，即使我们犯了错，我们还是好孩子。"我很感谢这个孩子这么精准的分析和描述。

我想所有的老师都是爱学生的，都希望我们的学生现在好，将来也好，就像所有的医生都希望他们的病人康复，身体健康。当孩子们不小心犯错时，可能那个时候我们真的有点气愤，有点伤心，但我们在孩子心里是那么重要，我们随意的一句话可能会伤了孩子的自尊，甚至对他的一生都会有些负面影响，让他们不敢尝试，觉得自己不值得，失去很多可以重新起来的机会。

我非常喜欢我的老师曾经说过的一句话："老师就是用我的蜡烛点亮你的火柴，再用你的火柴点亮你自己的蜡烛。"感恩我们有机会身为人师，可以用爱去点亮孩子的自信,让他们因为我们的欣赏而感觉自己够好,因为我们的严格而明晰边界。

上天赋予我教师的职位,我经常问自己:"我要怎么做,才可以让我的孩子们更好,才可以让我配得上教师这一称号?"

我给自己的回答是:"用爱心说诚实话!"

倾听孩子病痛时的低语

在海蓝博士静修生的课上,我见到了一个身高一米七十多的阳光男孩,今年小学五年级,他妈妈讲述了儿子的案例。在儿子上小学的时候,妈妈尽了最大的努力让他进了浙江省非常知名的一所小学。儿子从小学一年级开始就得了胃病,刚开始就是隐隐地痛,后来发展到痛得抽搐、呕吐。妈妈带着儿子辗转浙江、上海、北京等各大医院,医生检查结果是浅表性胃炎。

三年中吃了很多药,没有任何好转,反而更加厉害了。经常在上课中间,老师打电话来说儿子痛得厉害,要妈妈接去医院看病。后来妈妈关注了海蓝博士的微博,看到海蓝博士既是医学博士又是心理学家,想来海蓝博士的家长课堂看看,能不能找到病因。

在一年前的家长课堂上,海蓝博士探知孩子特别害怕他的数学老师。而妈妈觉得这么好的学校,老师也肯定是好的,就没有关注儿子的情绪,只是觉得儿子有点无理取闹。儿子害怕委屈的情绪一直压抑在身体里,渐渐地就形成了胃痛。而一旦胃痛,他就可以在家养病,不用再去学校面对他觉得可怕的数学老师。在病痛和数学老师之间,孩子的潜意识选择了病痛,所以胃痛就成为了孩子的好朋友,可以帮助孩子躲避他害怕的情境。

所以,孩子心里并没有想要脱离病痛的愿望,名医们的药效当然也就打折扣了。当海蓝博士倾听并接纳了孩子的害怕情绪，孩子也开始接纳和认可自己，他的伤痛在爱的关注下开始自行疗愈。课程结束后，孩子第二天去学校胃竟然神奇地不痛了，并且可以勇敢地面对数学老师了，发现数学老师也因为自己的改变而变好了。一年多过去，儿子的胃再也没有痛过，有时候早上起来喝冷的饮料，妈妈提醒他喝了对胃不好的，他竟然调皮地说："我胃不好过吗？"

当孩子的负面情绪被接纳、疏导后，原来被大量情绪堆积的器官便开始重新感受到爱的能量，变得轻松自在，瞬间就恢复了它的正常功能。孩子身体内强大的生命能量被启动，就有动力去面对原来不敢面对的人和事，一切就开始欣然喜悦了。

三年前的时候，我也接触过这么一个孩子小枫。那年她上初二，来的时候她告诉我她是个差生，什么坏事都干的，打架、骂人、不读书，和老师吵，身体也不好，经常头痛欲裂，胃痛得抽筋。她还告诉我，妈妈带她去杭州看了心理学专家，一点用都没有。最后问我她是不是已经没救了。我一直默默地听她讲了半个多小时，看着她假装不在乎地调侃自己，我也读到了她受伤迷茫的心。

我问她："可以告诉杨老师从什么时候开始头会痛得要裂开来呢？"她突然震了一下，眼泪充盈了眼眶，开始慢慢地诉说："六年级的暑假，我一个人在家里翻相册，看到箱底有一张妈妈的照片，我出生那年的八月，我妈妈不是大肚子，而我是那年九月生的。看到照片的一刹那，我觉得天旋地转，原来我不是妈妈生的。小时候邻居也说过我是抱来的，我那时候就特别害怕这是真的。我不敢问妈妈，怕妈妈知道伤心。可是看到照片后，我整天胡思乱想，晚上也睡不着，总是做噩梦。从那时开始，就开始头痛胃痛，也不想读书，觉得活着没意思，觉得自己假假的，身边的人也都假假的，觉得自己特别不幸。"说完后，小枫坦然笑了一下，说："说出来轻松多了，原来也没那么可怕嘛。"

后来我在小枫的允许下把事情告诉了她妈妈，她妈妈说其实她也已经猜到可能是这件事。找了一个合适的时间，爸爸妈妈和女儿一起在咖啡厅聊了这件事，聊完一家人都觉得很轻松，不需要小心地守着一个秘密了。以前总担心有一天小枫会知道，并想象非常可怕的结果。当一起面对这件事情后，小枫说她心里对父母有很深很深的感谢，并且觉得父母对她比对他们亲生的哥哥还要疼爱，开始觉得自己很幸运。在此后的两年中，小枫的头痛胃痛也不治而愈了。

现在枫去美国求学了，她的梦想是可以学习经济管理，以后回来帮父母管理企业，她觉得自己比哥哥优秀勤快，她要帮父母管好企业，回报父母的养育之恩。

当孩子有害怕的情绪时，只要我们勇敢地接纳和面对，情绪便可以自然消散，身体的病痛也往往会随着情绪的舒缓而自愈。我想说的是，当孩子身体有病痛时，医院不一定是最佳的选择，或许妈妈们可以更细心地探究孩子病痛的源头。当我们愿意面对情绪，而不是对抗或者逃避时，孩子会因为感受到爱而开始勇敢地说出来，直面情绪。当我们听懂了情绪的低语，情绪便完成了它的使命，悄然退去了，孩子便可以从身体病痛中解脱出来，重新开始他蓬勃的生命旅程，昂然绽放他的生命活力。

42 遇见最真的自己

我曾经有两个朋友，都将近五十岁了，他们俩是同学。女同学说，她最喜欢的一句话是："活出最好的自己。"男同学说，他最喜欢的一句话是："活出最真的自己。"

女同学目光锐利清亮，男同学目光宽厚柔和。听到活出最好的自己，我感受到身体有点紧张，眼前有些光亮。听到活出最真的自己，身体觉得轻松自在，并有些许感动。

如果我问我妈妈，她希望我怎么活？我想妈妈会说："你开心就好。"从小，我就比较会乱丢东西，不能把自己的铅笔盒理得很整齐，妈妈没有一次骂过我，从来没有严厉地要求我改变，总是会帮我整好，找出我好久也找不到的东西，调侃地告诉我："我们家女儿是干大事的，小事干不好不要紧的。"而当我朗诵比赛获奖，妈妈便笑得满脸泛光，再次夸张地说："我们家女儿是干大事的。"

妈妈一直允许我做我喜欢做的事，并且认为我做的都是对的。小学毕业的时候，我自己和校长谈我要去学风比较好的初中。初中毕业的时候，我又去和教育局长理论，结果进了我想去但由于政策关系原来进不了的高中。高中毕业的时候，我说我要被保送去上师大，妈妈信了，这事竟然也成了。

工作后，我说我要做最好的老师，妈妈说我是有天赋的。十年后，我成为了当地的首届名教师。同年，我决定要辞职，要去一个零底薪的化妆品公司做销售，试试我除了可以做好老师，还能做什么。亲人朋友都竭力劝阻，妈妈说："喜欢就去做，我还有800块退休工资，我们俩够用了。"后来我听到妈妈和她的朋友说："我女儿学历比我高，能力比我强，我相信她的选择是对的。"

我说我要获得公司一辆粉红色轿车的奖励，妈妈说她研究了一下，公司里可以拿粉红色轿车的都不是名教师，所以我比她们都厉害，我肯定可以的。三年后，我拿到了。颁奖典礼上，妈妈像领袖一样从粉红色轿车天窗里探出头来挥手，让我看到她光彩四射的笑。后来，我说我要回教育领域了，我喜欢做老师，妈妈说："我知道你心里其实更喜欢做老师，回吧。"

最初我办了一个理科提高班，妈妈在风雨里陪我一起在学校门口发宣传单页，看到妈妈在告诉一个学生，这个不是普通的培训班，这是杨老师办的，杨老师是名教师。妈妈在用她全身的力量维护着女儿的喜好。

去年，我要去报名海蓝博士的静修生，学费几乎是一个中学教师一年的收入。我有些犹豫，妈妈说："我支持你一万元，以后你去世界各地讲课，顺便带我去旅游就可以了。"妈妈还告诉我："你可以青出于蓝而胜于蓝，因为你是搞教育出身，可以把幸福力引入教育，做最幸福的老师。"

现在我想把阳明的学生、家长、老师的教育生态系统逐步完善，做一个"传道、授业、解惑"的教育模板。妈妈说："我只要管好你的饭，让你身体健康就可以了，我想这样的事在全国也是不太有的，好好干吧，做教育你是有天分的，你是做大事的。"

因为一直在妈妈眼里够好，我便遇见最真的自己。

当遇见最真的自己，最好的自己便迎面走来。

43 和不完美的自己相遇

在沈明莹老师的萨提亚高阶工作坊，老师给我们布置了一个作业，就是去大自然找三样东西，代表我们心里想要放下的三个未完成的期待，要求是不可以破坏花草树木。我们出门的时候，天已经有点黑了，这是这几天学习中我第一次出宾馆的大门，和几个同学商量了一下，决定去附近的生态园看看。走了一段路后，有同学开始抱怨，说天这么黑，看也看不见，怎么找啊。我说借此机会出来走走，和大自然打个招呼，其实也挺不错的。我深深地呼吸着和草木连接的空气，看着暮色中的院子，感觉到它们渐渐进入睡眠模式。

不知不觉，我的注意力就进入了完成作业模式。我先捡到了一根枯树枝，不知道可以代表什么，先放着吧。走着走着，我又看到了一根掉在地上的藤，觉得藤比较特殊，我很喜爱，它可以代表一些相互缠绕的关系。又走了一段路，我捡到了一片羽状复叶，也不清楚可以代表什么，先收着吧。后来，我又看到一片很大的枯树叶，觉得它好像可以代表成就，可还不是特别满意。

又找了很久，在我快要失望的时候，有一大片硕大的叶子出现在眼前的地上，我兴奋地跑过去挑了一片比较完整的，拿起来一看，有我人那么高。尽管这样拿在手上，看起来非常滑稽，但我还是觉得这片大大的像芭蕉扇一样的叶子完全可以代表我心中对成就的感觉，所以我就把先前捡来的大的枯叶放下了。这片芭蕉扇叶子刚开始我是拿着的，后来拿不动了，就把它扛在肩膀上，有点重，但我确信这是我要的。行人不时投来不解的目光，我也不太在意，这是我要的，他们不清楚我要什么。

其实人生好像也是这样，寻寻觅觅的，拿起这样，放下那样，也会有些怀疑，这是我要的吗？只要我们一直在寻觅，终究会找到心里真正想要的，于是便有一份笃定，旁人的目光就不太重要了。

回来的路上，我也突然想到，是不是我过于专注作业，忽略了沿途的风景。当这个问题出现在我心里的时候，我意识到其实我内心对风景也是有渴望的，只是完成作业的过程中有些习惯性的焦虑，所以就不再顾及风景。

回望我过往的人生，也是一直聚焦于结果，特别在意一定要有所成就，过程中有害怕失败的恐惧，也有不安和焦虑，除了成功的喜悦，对身边的人和事物可能也会有些忽视。我甚至不太喜欢旅游，好像旅游的快乐还比不上工作的成就感带来的喜悦。但去年陪妈妈去夏威夷旅游，彻底改变了我对旅游的看法。

妈妈一上飞机就晕机了，脸色惨白，呕吐。我也是第一次坐十多小时的国际航班，一下手忙脚乱，特别担心，也觉得很无助。我把位置让给妈妈让她可以宽敞些，和我们同去的平时并没有很深交往的同学宏，她也很自然地把位置让给我妈妈，自己到最后面找了一个空位，这样妈妈就可以在飞机上躺卧着睡觉了。那一刻，我心里涌动着感激，我们的飞行时间长达11小时，我心里对宏饱含敬意，她为了我妈妈放弃了自己比较舒适的座位，坐到了后舱，她温暖到了我心底最柔软的地方。当空姐通知到达夏威夷上空时，妈妈一觉刚好睡醒，恢复了正常的状态。一路上我的担心焦虑一如云烟散尽，而我同学只是淡淡地上来问候了一下，我说不出任何感激的话，只是觉得人心真的很美。以前，我一直觉得宏看起来冷冷的，傲傲的，有点走不近的感觉，这一刻，我懂了，过往只是我戴着有色眼镜在看她，我看到的一直是被镜片折射后的她，而真实的她原来是这么美，美得我有些羞愧。

当我们降落在夏威夷机场，看到在机场服务的有一大半是头发花白或者全白的长者，他们忙碌而欢愉，有他们在接待，尽管在异国他乡，我依然有一种回家的亲切，因为有老人用亲切的皱纹在微笑。

每一个景点人都很少，几乎都不需要门票，经常可以看到美丽的公鸡母鸡在悠闲地散步，带着它们的鸡孩子们，它们和人类、和风景相处得那么和谐单纯，我能感受到它们平静安宁的喜悦。

还有太平洋海风的惬意，蓝宝石般清透的海水，坐在轮椅上在夕阳的余晖中看海的老人,妈妈像孩子般登到钻石山顶拿到证书时的欢天喜地。

我才猛然觉察,原来人生可以这么美好,而过去很长时间里,我几乎只觉得工作着是美好的。这次去夏威夷的初衷,只是想兑现多年前对妈妈的承诺,带她出国远行一次,而真的没有想到旅游可以这么美,可以让自己的灵魂也被人和风景震撼、温暖。原来我觉得旅游就是早上五点被导游叫醒坐车去景点排队,吃味同嚼蜡的团餐,到景点就被告知30分钟返回的急促。原来旅行可以很美,生命也可以很美。

萨提亚女士说:"我们向前的动力可以来自于爱,也可以来自于焦虑。"我回顾我近几年的人生,我工作的动力渐渐地从焦虑转化为爱了,所以生活也渐渐地从渴望激情澎湃到开始感受平静安宁,对自己对亲人也有更多的细微的感知了。

我突然对自己有一个好奇:如果没有了成功,我还有什么?

我发现,我还拥有生命,拥有健康,拥有爱的能力,拥有亲人、爱人和朋友,我也可以软弱,可以傻傻的,可以偷懒,可以愤怒,可以忧愁,可以成长,我可以做我喜爱的事和我喜欢的人一起。

每天都做我喜欢的事,和天使般的孩子们一起,过着过着,孩子们更懂得感恩,更热爱生活和学习了,可以更单纯可爱地笑了;妈妈们更自在,更温柔,更享受爱和付出了;老师们更懂孩子,更欢喜成长,更纯净快乐了……

这样想着,心里便充满了平安喜乐,原来人生可以这么简单,这么无忧。

允许自己遇见并不完美的自己,活出自己生命的光,和其他活出光亮的生命一起,温暖自己,照亮社会,让爱充盈。

我和我女儿的好老师们

记得我还在学校里做老师的时候,看到不交作业的孩子,一般有催作业三步曲：一是先把学生找到办公室询问情况，二是在班里点名批评，三是把家长找到学校。可是总有些孩子把三步都做完了还是不交，于是老师也就非常无奈了。

有一次，我突然意识到，平时我把不做作业的孩子找到办公室询问，通常是带着指责的语气的，孩子也基本上是低着头、无言以对的，我想那时候他们会觉得自己是犯错的，是不好的，所以他们也没有很强烈的愿望要改变现状。如果我把指责换成理解，从我自身找原因，情况是否会不一样呢？

第二天，我又遇到一个没有交作业的同学，我让他到办公室来一下，他过来后，我从座位上站起来，真诚地问他："昨天杨老师作业没有写清楚，所以你没有做是吗？"孩子轻轻地说："不是，杨老师你写清楚了。"我又问："那一定是昨天杨老师课堂上讲得不够透彻，你没听懂，所以你没有做是吗？"孩子羞红了脸说："杨老师，你的课我很喜欢听的，昨天我听懂的。"我继续问："那一定是杨老师对你不好，要不你怎么其他作业都做了，就杨老师的作业你没做呢。"孩子热泪盈眶了，他说："杨老师，是我错了，以后我再也不会不做科学作业了。"从那天起，一直到中考，那个孩子两年中再没有不交作业，我至今也不是很清楚，那天他不做作业的原因是什么，但我想在那一刻，孩子一定感觉到他在老师心里很重要，因为他重要，所以他要好好学习，符合他在老师心里的形象。当孩子内心真正想要做一件事情的时候，他一定是可以做好的。

很多孩子其实是输在了信念上。现在的父母大部分都对孩子过度照顾，在孩子碰到困难的时候，就让孩子躲在一边，自己挺身而出把难题解决了。就像曾经有一个小故事，有一个孩子看到蚕蛾在蚕茧里非常艰难地要破茧而出，孩子看它好可怜，就剪了个口子让它出来了。可是这个蛾因为没有经历破茧的历练，飞不起来。当父母帮孩子承担了太多压力时，孩子自己面对挑战的信心和勇气也就下降了。还有的父母在帮孩子承担的时候还要同时告诉孩子他是不行的，孩子的信心就更受打击了。大部分不能及时交作业的孩子都是觉得自己是不行的，是没有价值的，所以当他们被老师信任和理解时，他们就可以重新燃起对学习的激情，竭尽全力去维护他们的尊严。

在学校的时候，我一直觉得自己是个好老师，直到我见到我女儿杭高的老师们，我才真正感受到了差距。在女儿高一上的期中考试过后，我去开了一次家长会。教室前面的黑板上写了几个大字，"感谢孩子们可以笑着面对"。班主任说这个班大部分科目成绩都是倒数的，可是孩子们还是勇敢地、阳光地接受这个成绩，也请家长们不要太过担心。我很欣赏班主任的独特视角，觉得他很注重班级文化建设。可是总体气氛还是比较沉闷，家长们脸色也很沉重。

女儿的数学老师是杭城非常知名的小费老师，班主任说完后他进来了，说："家长们，非常抱歉，这次数学我们班成绩是非常不理想的，但你们不用太过担心，这不是孩子们的问题，是我没有调整好状态。我刚刚送走一届高三的优秀学生，还在上一届高考成功的惯性中，所以对高一的学生有点估计不足，我自己总结了一下，难度和节奏都没有把握好，所以我决定自废武功，安心耐心地和孩子们一起从现在出发，稳步前行，一定可以拿到优秀的数学成绩。我们这套班子都是从高三刚刚下来的，其他学科可能也有雷同，所以请家长们放心，我们一定会像对自己的孩子一样陪伴这个班级从低点出发去攀越高峰。"

听到小费老师这么说，我觉得心里又开始敞亮了，感受到一个好的老师是"行有不得，反求诸己"的，通过调整自己来带动学生，并且他们传递了非常积极的信念系统，让学生和家长可以面对低谷找到原因，重新看到希望。他们身体力行地培养了学生的抗挫力。

小费老师对学生的欣赏也让我觉得完全突破常规。有一次，女儿晚上自修的时候，我去看她，他们是在图书馆自修的。小费老师看到我，很亲切出来和我打招呼。我告诉他我是怡然妈妈，小费老师说："我们刚刚考完数学，你女儿这次是60多分，我觉得她少考了30多分。"我听到这个评价，心里觉得非常惊讶，我做老师十多年，从来不敢说少考了30多分，对低分做如此高的评估，让我这个做家长的叹为观止，觉得作为小费老师的学生，学到的绝对不只是数学，还有更珍贵的昂然向上的人生态度。

在小费老师的班里，学生交数学作业的时候，要把草稿一起交上去的，草稿如果不是A4，小费老师就会拒绝批改，他觉得只有尊重数学，才能学好数学，而班级的讲台里，一直都有小费老师用各种理由奖励给学生的Ａ４纸。

在高三刚开始的几天里，女儿每天都兴奋地告诉我小费老师色调鲜明的新衣服。有一天，女儿说："妈妈，我觉得小费老师在用他自己的新衣服来让我们的高三生活有点色彩。小费说这些新衣服是去美国夏令营的时候买的，每件都只有几美元，他去美国还想着我们的高考，太感动了。"当时听着女儿的这些感悟，我在电话这头感动得流泪了，感谢上天让女儿可以和这么用情的老师相伴。后来女儿说，他们的"女神"英语老师也是每天都穿得特别漂亮，让他们觉得原来高三可以这么风景独好。

高考前夕，很多学校的校园里挂满了备战高考的横幅，而杭高的校园在那些老树丫的树干上，高高地挂起来一条醒目的横幅"做善良、丰富、高贵的杭高人"，我不由得对杭高肃然起敬，这是一个真正育人的学校，它培养了学生高尚的情操，高贵的脊梁，善良丰富的生命品质。

在高考的那几天，作为考生家长，我心里也是很忐忑的。看到女儿的老师们穿着大红色的送考服站在杭高门口，女儿像小鸟一样扑向老师的怀抱，我激动得泪流满面，深深地感恩杭高的老师们——我和女儿心中的大树。

高考后，班里很多孩子都给小费老师写信了，信的题目都是"给小费的一封情书"。小费老师告诉我说，女儿的信他最起码读了50遍，做老师真的好享受啊。

女儿上大学后，小费老师被评为浙江省十大最美教师，孩子们从全国各地赶去为老师庆贺，女儿还专门为小费老师写了篇文章登在《浙江日报》上，题为"小费，我心中的大树"。

小费老师曾经对我说过，有人把教师当成工作，有人把教师当成事业，对他来说，是用情在教的，做老师是人生的享受。

对我来说，我也觉得我这辈子生而为人，就是来做老师的，当我看到孩子，我就两眼放光，满心欢喜。一辈子都可以和单纯、善良、阳光、可爱的孩子相伴，这是多大的福分哪。而老师只要做一件事，就是爱他们，成全他们。

45 当孩子被关注时，他的眼睛就亮了

男孩小森乖巧、羞涩，学习上不主动，也不偷懒，成绩不好也不坏。上个星期，我有一个机会和他进行一小时的交流。我有些小兴奋，可以和孩子多一些交流，多了解他一些了，平时和他的交流都是浅浅的，总觉得不太能帮助他成长。

孩子早到了十分钟，在心语室等我。我进去的时候问他一个人等了十分钟感觉还好吗，他说还行。我听到他说得最多的话就是："还行。"我说："那我们开始了，我们每人可以问对方三个问题，你先说还是我先说？"小森很惊讶，说："我也可以问你三个问题？"我问他："你为什么这么吃惊呢？"他说："因为一直都是老师问，学生回答。"我说："你是可以问我三个问题的，但最好不要问你几岁了，体重多少，这样的问题，另外都可以问。"他笑得很开心，但似乎还没想好问什么，要求我先问。

我问："你的梦想是什么？"小森想了一会儿，说："远的梦想还没有，近的梦想就是考上普高，这样爷爷就会比较高兴了。"我问："为什么是爷爷比较高兴呢？"他说："从小一直是爷爷陪我长大的，爷爷希望我读书好一点，我有时候考不好，爷爷有点伤心的，但爷爷从来不骂我。"说到这里，孩子眼圈有点红，这个孩子平时不太看到他动情的。我陪了他一会，等他抬起头来，我邀请他可以问我问题了。

他问："杨老师，平时我们自修的时候你在做什么呢？"我说："你为什么会问这个问题呢？"他说："我好奇你是不是也在不停地玩手机，因为我爸妈在家里就一直在玩手机。"我说："我一般在看书，或者找同学谈心。"说到这里，我突然怔住了，小森来我学校已经半年多了，可是我好像一次都没有和他在心语室好好聊过，所以孩子才会对我在心语室做什么很好奇。我几乎每天都会在晚自修的时

候找几个孩子聊聊生活和学习，也有不少孩子会在他们遇到难解的问题时主动找我，我和孩子们的心都很近，孩子们的个性特点我都能比较清晰地记在心里，可是小森我确实有点模糊。他入学半年了我都还没有认真和他谈过，连我自己也吓到了，是什么让我把这孩子忽视了呢？

我心里升起深深的自责，我对孩子说："我觉得我对你不够重视，半年了你都没有好好来和老师聊过，我有点忽视你了，现在觉得很愧疚，对不起。"孩子慌忙说："老师没关系的，我觉得你对我挺好的。"我说："老师能感受到你的善良和包容，谢谢你原谅老师的过错。"

当孩子收到我的道歉时，我觉得他的眼睛开始明亮了，被关注的孩子是美丽的。他说："老师我再问你一个问题好吗？"我很高兴他开始这么主动，我说："当然可以啊。"他皱了一下眉头，开始说了："我和妈妈沟通很困难，经常要吵架的。比方说去买衣服的时候，妈妈想让我买比较正规的衣服，我想要买比较潮的，然后就吵起来了。"

我问小森："我们来玩个游戏，试着来进行母子交流，你愿意扮演你妈妈吗？我扮演你，我们来看看会发生什么呢？"他很开心，有点不敢相信，说："我扮演我妈，你扮我啊？那我就是你妈了，这样太好玩了。"

调整了一下心情，我们就开始了。小森（我）说："妈妈，平时你比较喜欢我买正规的衣服，我想知道妈妈是怎么想的呢？我很好奇。"小森妈（小森）说："妈妈觉得你长得比较帅，看起来吊儿郎当的，穿正规点就比较有学生的味道，那些不正经的人就不会来找你了，你就可以好好学习了。"小森（我）说："妈妈这样说我就知道了，我也很理解妈妈的想法。可是我还是喜欢比较潮的衣服，能不能上课的时候穿正规的学生装，放假的时候让我穿自己喜欢的，比较有个性一点的衣服呢？"小森妈（小森）说："这样也是可以的。"

交流完，我问小森刚才演妈妈有什么感受呢，他说："觉得儿子很尊重我，所以我也要理解儿子一点。"我为他有这样的体验而欣慰。接下来我问他有没有信心演他自己和妈妈进行一次交流，由我扮演他妈妈，他说很期待，可以练练。

他说："妈妈，你可以告诉我因为什么你要我买正规的衣服呢？"我说："因为妈妈觉得你很帅，平时比较爱玩，所以妈妈想让你穿得比较像学生，这样那些爱玩的同学就不太会找你了，妈妈想让你可以更专注学习。"小森说："妈妈你说得对，那就按你说的做好了。"我很奇怪他怎么不说要买有个性的衣服了，他说："妈妈这样说我已经被说服了，我可以听妈妈的。"我也觉得很好玩，当孩子听到妈妈心里的声音时，他也觉得被尊重，他就更愿意接纳和理解妈妈的想法，并且觉得自己的想法也不太重要了。

小森的表情变得丰富起来，他欣喜地说："原来和大人还可以这样交流的，我从来也没有想到过。我以为大人的话就是听或者不听，听他们就很高兴，不听他们就很生气。但有时候，我就是不想听，但我也不喜欢他们很生气。今天我知道了可以去关心妈妈心里的想法，也可以把我的想法告诉妈妈，相互理解了，即使没有按照妈妈说的去做，可能妈妈也不会那么生气了。"

今天我听到小森说的话，比这半年中听到的话还多。感觉到孩子内心的泉眼被激发了，说话的声音也响了，内容也丰富了，特别是他的主动开朗让我有点诧异。

我欣赏着小森这份活泼的生命能量，内心有深深的感悟。作为老师，平时对于活泼的、淘气的、主动的孩子，我会自然地多一份关注，于是这些孩子就越来越向上，越来越主动。可是对于那些乖巧的、相对内向的孩子，因为他们不是主动跃入眼帘的，一不小心就忽略了，可是他们内心一定也是希望被关注，被欣赏的。当他们觉得在团队中不被重视，没有存在感时，他们就默默地退回到自己的世界，把内心的失落深深地埋在心底。他们无力也不敢去争取，因为他们觉得他们不值得被重视，他们是不够好的。

而当有一天，有老师温情的目光开始关注他们，他们就像一棵嫩嫩的小豆苗，开始悄悄地往上长，带着欣喜，带着感恩，开始发现他们的生命是有价值的，是可以和那些欢腾的生命一样勃勃地生长的。于是他们就不再那么羞涩了，开始盎然勃发，他们可能会对自己的状态很惊异，原来自己也可以这么活泼，这么可爱，小豆苗可以比大树长得更快。他们要的不多，他们可能并不需要雷鸣般的掌声，他们只需要老师可以看到他们，可以认可他们默默向上的精神，可以轻轻地有句问候,可以倾听他们心里的声音,他们便觉得值得,他们便会挺直了腰杆活出他们心中的盼望,他们的目光便会晶莹而透亮。

谢谢你告诉我你是怎么开始叛逆的

我已经有半年没有见小石了,他妈妈说这半年他过得不太开心,经常一个人在家里,不太愿意出去。这个男孩非常聪慧,对事物有深刻独特的见解,有些观点甚至有中年人的成熟,我很欣赏他,也很喜欢和他聊天,他总是能对问题做精准独到的分析。

记得上次和他一起聊天,我问小石是否可以请教他一个问题,他有点惊讶,还是微笑着说:"杨老师说说看。"我说:"最近有件事让我比较纠结,就是有一个杭州的朋友约我帮她的孩子做一次心态辅导,约的时间是这几天。我的朋友是一个很优秀也很善良的女性,可是她和女儿互相不欣赏,经常吵架,甚至要打架,她女儿最近还不要上学了。她说起女儿就觉得自己活得很失败,是另外一个朋友向她引荐我的,她想把女儿带来海宁见我,可是女儿不愿意出来,所以想邀请我去杭州帮她和女儿谈谈。可是这几天她又没打电话来,我有点为难,因为过了这几天,我要开始忙了。作为朋友我是可以主动打电话问问的,可是又觉得如果事情紧急,她应该更主动联系我的,所以我想不好该怎么办了?"他一直认真地在听,他问我:"杨老师,你觉得你可以帮到她女儿吗?"我说:"我相信我可以帮到她的。"他说:"杨老师,我觉得你和其他人不同的是,你可以简单地考虑问题,你一般是只要可以帮助到学生,你就会把这件事优先,另外就不重要了是吗?"我顿时清醒,我说:"谢谢你,我明白了。"

当天我就联系了杭州的朋友,她说她也正在为这件事犯愁,她觉得为了女儿专程让我去杭州特别不好意思,不知怎么开口。接到我的电话我能感觉她特别激动,第二天我就去见了她的孩子,和孩子一起吃了饭。聊完后,她妈妈说女儿以后还想再约杨老师聊聊,她说女儿一般不愿意见妈妈的朋友,这次主动提特别神奇。一个星期后,我的朋友打电话来说,女儿脾气比原来好多了,她们可以平和地交流了,并且想去上学了。我也觉得特别高兴,感恩这个男孩当时让我明确了我的想法,帮助我做了去杭州的决定,孩子是值得请教的,我庆幸我及时向他请教了这个问题。

有一天,我约小石一起吃晚饭,他很高兴地答应了,约了晚上六点吃饭,我让他先帮我点好饭。我到的时候,他已经帮我点好饭了,他自己点了份牛排套餐,帮我点了海鲜煲仔饭,好细心的男孩,这是我很喜欢吃的饭。牛排先上来,可是他一直等我的饭上来才开始吃,孩子非常有素养。

小石边吃边和我聊:"杨老师,我和你聊聊我是怎么开始叛逆的好吗?"这个过了生日就满19岁的男孩深沉地看着我,我颇有兴趣地听着。

没等我回答,他就继续开始说了:"我小学四五年级的时候,我们午睡醒来就可以吃一个蛋筒。可是老师有规定:睡着的孩子可以吃整个蛋筒,闭目养神的可以吃半个蛋筒,不睡觉说话就不能吃了。那时候,我已经有概念我是爸妈给我交了学费的,蛋筒是用我爸妈的钱买的,为什么不让我吃呢?我一般是闭目养神的,所以只能吃半个。老师评判的标准是说看到我眼睛闭着,但眼珠在动。杨老师你知道吃了半个蛋筒还要把剩下半个扔掉是多么难过吗?有的学生偷偷地把剩下半个也吃了,而我不会的,我觉得我就是一个实事求是的人。但是我去和老师讲道理了,我跟老师说,其实如果我没有睡着但我继续闭目养神,不影响其他同学是很有素养的,为什么要少吃半个蛋筒呢?但老师就说我和他吵架,根本不听我怎么说。以后我就悟到和大人讲道理没有用的,直接发脾气还更有用一点,所以渐渐地就开始越来越叛逆了。我觉得很多孩子的叛逆都是这样开始的。"

他停下来思考了一会儿,又开始了下一段分析:"我不知道其他同学是怎么想的,他们可能觉得老师说的都是对的,也可能和我想的一样但不敢像我一样和老师辩论,但杨老师你觉得我错了吗?我现在想起来依然觉得我是对的呢。"

这是我第一次听一个孩子自己剖析他是如何开始叛逆的,我特别欣赏他的真诚和细致敏锐的觉察力,我也觉得其实他的分析挺有道理的,睡着和闭目养神为什么会有一个蛋筒和半个蛋筒的差异,当孩子想到这个问题,并且来和老师谈论的时候,如果老师可以欣赏孩子善于思考的习惯,理解他吃半个蛋筒的不痛快,或许可以带着尊重告知孩子老师为什么这么做,可能孩子就不需要用发脾气作为武器来和老师抗争了。

而如果孩子和老师发生争执以后,他的爸妈愿意耐心地听孩子的心声,对孩子有一些理解和接纳,孩子也可能不必要用叛逆来赢得他想要的尊重了。

听着他平和安宁地说着过往,想着他这几年求学路上的磕磕绊绊,最近失眠越来越严重了,脸上皮肤也一直在过敏,我心里有很多心疼,很多不舍。也有老师认为这个孩子心理有问题,可是我觉得他是健康的,只是他看问题深刻并且独特,这样的孩子同龄人可能不一定可以理解他,但作为老师和家长是否可以多一份倾听,多一份欣赏,让孩子可以因为被接受而多一份存在感,他可能就不需要经历这么坎坷的求学之路了。

孩子处在青春期前后的时候,他们的独立意识渐渐养成,会尝试着发表他们经过观察和分析得出的见解。如果这时候可以遇到懂他们、欣赏他们的老师和家长,愿意倾听他们开始变得深刻的想法,他们就会比较平和地表达,并且颇有成就感,他们的意识就渐渐走向成熟,并且用他们得到的尊重还给长辈。如果他们的声音没有被听到,而被贸然否定,被斥责,他们就只能用叛逆还给老师和家人。

聊天结束的时候,我说我们给对方送个评语吧。我先说了:"我觉得你是一个有深度、智慧、冷静、成熟、善良的男孩。我有一个邀请,就是未来不管你经历什么,只要你想我们了,你就回来,我们会一直在这里等你回家。"他说:"我觉得杨老师是活得比较幸福的,我很佩服你一直还在学习中。"孩子的寥寥数语让我对自己的生活状态有了一个回顾,也很敬佩他的分析观察能力,和这个孩子聊天我经常可以有所收获。

我很自豪我一直把学习成长作为我人生的主旋律,也很庆幸我身边有一群愿意相伴成长的亲人、搭档、学生和家长,成长的路上我们并不孤独,我们望着同一个方向,一路欢喜,一路歌!

47 你的悟性让我好惊讶

第一次见到你的时候,觉得你爸爸脸色苍白,有些憔悴。你妈妈说自己学历太低,不知道怎么教育你。你说你小学五年级的时候成绩很好的,上初中不知道为什么就不好了。给我的感觉是三个人都比较迷茫,带着一丝希望,来到这里。

有一次晚自修你迟到了,爸爸说你白天上了体育课很累,来的时候嘴唇发紫,双手冰冷,全身都在瑟瑟发抖。我说你们还是回去休息吧,你爸爸说:"没关系,我小时候也是这样的,去医院看也没有用的,让他去好了。"我还是有点担心你,那天我让你在我心语室的沙发上躺了很久,不忍心这么虚弱的孩子去看书学习。后来你的手有点暖了,嘴唇也渐渐有血色了,我才安心让你回教室自修。

还有一次,晚自修下课,我找你聊了一会儿。后来走的时候我送你到电梯口,你说:"我走楼梯好了?"我有点不解,我问你:"你要健身吗?这么晚了从9楼走下去啊?"你不好意思地说:"我不敢一个人待在密闭的空间里,平时我都要有人一起才敢坐电梯的。"我说:"那杨老师送你下去吧。"陪着你一起坐电梯下去,对你又多了一份怜爱,碰到你的父母,我问他们知道你一个人不敢坐电梯吗,他们说这孩子从小就胆小,觉得父母对你少了一些心灵深处的关心,我顿时觉得有点冷。

这次有机会可以和你做一小时的深度沟通,我很珍惜这次机会。我问你怎么看待和爸爸的关系,你说:"我不想和爸爸说话,也不想改善和爸爸的关系,就这样互不干涉好了。"我问你:"那你现在和爸爸的关系是怎么样的呢?"你说:"爸爸平时非常忙,他开心的时候就像逗小动物一样和我说说话,如果他不开心了,就拿我出气,我觉得我完全没有尊严。"

我邀请你和我一起做了角色扮演。我扮演你爸爸,你演自己。在冲突中,爸爸对你有指责，而你一直在打岔。我问你有什么感受，你说："非常生气，非常非常生气。"我告诉你我扮演爸爸的感受是："我也很生气，很无助，不知道怎么办了。"扮演过程中，你一直不愿意和爸爸有眼神交流，你说很不习惯。

接下来，我们交换了角色。你演你爸爸，我演你。还是上演爸爸指责，儿子打岔的剧本。在角色中停留了一会儿，后来你分享说："我演爸爸，我觉得很伤心，很压抑。"我告诉你："我演儿子也觉得很压抑很伤心。"你还是一直在回避父子眼神交流。

我问你："你的梦想是什么？"你告诉我："我只要做个普通人就可以了，不要赚很多钱，因为我觉得我爸爸希望赚很多钱，但他已经被金钱捆绑了，我觉得他的灵魂是不自由的，他没有快乐。我不想太辛苦，我想开个书店，没有很多顾客，我可以在书店里安静地看书，赚钱只要可以刚好养活自己就够了。杨老师我觉得你们的生活还是比较理想的。"听到你比较认可我们的生活，我顺势跟你分享了最近写的一篇文章，里面有我小时候在书桌前努力学习的故事。

我又问了你最喜欢做的事是什么，你说："我曾经写了好几个剧本，并导演了一些小品。"这时候，你好像想起来一些什么，眼里有光，你侧着头微笑着说："在我五年级的时候，班主任让我导了几个戏，他好像特别喜欢我，每天晚上让我去他家接受辅导，那时候不知道怎么了，考个班级第二都好像犯了错误一样。"说完你调侃地笑笑。我听到了你内心的渴望，我说："下学期的演讲班你可以帮忙排你自己写的小品吗？"你说："好，有一个剧本我记得很清楚，内容是大灰狼本来是要吃小白兔的，后来小白兔问了大灰狼的梦想是什么，发现大灰狼和小白兔有很多相似的地方，于是它们成为了好朋友，在森林里快乐地生活着。"说着你又想起一件事："我小学六年级的时候，还写了一本诗集，到初一的时候看看觉得写得太烂了，就一把火烧了。"

你在我眼前的形象越来越清晰发亮，期待中考前你留在我们学校的半年可以让你找回那个写诗、写剧本，考第二都觉得差了的自信满满的你。

一小时的交流很快要结束了，我邀请你总结一下我们的交流。你说："我想改变和爸爸的关系了，我要对爸爸好一点。"我有点不敢相信，一开始你很肯定地说不想改善关系的，我好奇地问："是什么原因让你这样想呢？"你说："因为前面的角色扮演中，我发现我是生气的，爸爸也是生气的。我是伤心的，爸爸也是伤心的。那我是平静开心的，爸爸也就开心了呀。"我为你的改变有点激动。

我对你接下来的收获颇有兴趣，你说："我决定要竭尽全力学习了。"我再一次很诧异，问你为什么，因为你一直说不要很辛苦的。你说："刚刚听了杨老师小时候的故事，发现你小时候五点钟就起床给一家人烧早饭，看书，第一个到校，晚上经常看书到深夜，现在你已经拥有了这么美好的、自由快乐有价值的生活，我也要为我将来的生活做准备。"

我觉得我只是很自然地和你分享了我的故事，没想到无意中激励了你，我有点自豪呢。你思考了一下，又开始讲第三点："我要重新找回我以前的爱好，发现我最喜欢做和最擅长做的事，和杨老师一样长大了做自己喜欢做的事并可以赚钱。"

你的神情变得有点神秘，你说："杨老师，我还想象了我以后的女朋友，在一棵古老的大树下，几缕阳光透过树叶的缝隙斜斜地照进来，一个穿着素雅的女孩专注地在看书，长发安静地束在脑后。我只是远远地欣赏就可以了，不一定要拥有，舍不得破坏这么美好的画面。"

那天我和你的交流让你有这么深刻的领悟，我其实很惊讶，完全超乎我的期待。我对自己的总结是，当我放下一些期待，全然地沉浸并享受在和你的交流中，我想美好高频的能量在我们之间流淌，于是你重新燃起了对自己的信心和希望，你很负责任地为自己的成长找到了适合的方法和途径。

谢谢你让我再一次悟到：用我的烛光照亮你的蜡烛，你找到你自己的火柴，擦亮了，并点燃你自己的蜡烛。

你让我体验到，和孩子的交流中，只要去爱，去欣赏，去分享，去倾听，美丽的变化便会自然而至。

48 带着害怕前行

几年前我参加了一个拓展训练,内容是爬上一个30米的铁杆,然后跳到前面一米左右处抓住一个圆环,这样就挑战成功了。我前面的几个同学先开始了,他们有的爬到一半就不敢爬了,说腿发软,经过同学的鼓励,又开始爬了。也有的爬到顶上后,怎么也不敢往前跳,在杆顶上哭。

我们在爬上去之前要先换上可以扣保险绳的衣服和帽子,真没想到我在开始换衣服的时候就吓哭了,当时也顾不上丢脸,只好偷偷地擦眼泪。教练看到我这么可怜的样子,过来拥抱我说你可以的。我边哭边穿衣服,戴安全帽。到真的爬杆的时候,倒不太怕了,反正我不会逃走的,豁出去了,就开始爬了。我想比其他同学爬得更快点,于是忘掉了害怕,到杆顶的时候我是领先好几个同学的。可是到了杆顶,我往下一看,太可怕了!我紧张得开始惊叫,教练指导我不要往下看,盯紧目标往前跳。我深呼吸,累积了一些信心,跳的时候还是不放心用手拉了一下安全带,没有成功击中目标。

我又沮丧又开心,沮丧我没有成功抓住目标,开心我这么快爬上了铁杆,并且还勇敢地跳了出去。特别伤心的是拉保险绳的时候,我的手擦破皮了,钻心地痛。教练跑过来拥抱我,欢迎我从天上下来,我很不好意思,对教练说:"我是不是最差的呢,他们至少是开始爬了才哭,而我开始换衣服就哭了。"教练真诚地说:"我发现你有个特点,就是带着害怕依然前行。确实你是最早被吓哭的,但你边哭边往前走,而很多人哭了就停住了,或者往后退了。但凡世界上成功的人都是带着害怕前行的人,你是的。"当得到这样的鼓励后,我觉得我比那些挑战成功的同学还要有成就感,因为我是带着那么大恐惧依然前行的"将军"。

我非常感恩我的教练让我透过失败看到自己成功的特质,我想一个好老师除了传道授业解惑外，也要是一名好教练，支持学生看到自己独特的成功特质。

最近有一个叫恬的女生，在心语室告诉我一件上个学期让她非常烦心害怕的事。她说："我有一个和我关系特别好的女同学小玉，我们俩在一起玩特别开心，可是最近她下课的时候有几次会去和另外一个我们共同的朋友小思玩，我很害怕，怕小玉以后不和我玩了，我要失去我唯一的好朋友了。"我问："那你和小玉说过吗？"她说："没有，我不知道怎么说？"我说我们来玩个游戏，你来演小玉，我来演你，这样好吗？她好奇地答应了。

恬（我）说："我想和你聊一下，最近我一直很害怕，想和你说，又不知道怎么说，也有点不敢说。"小玉（恬）鼓励恬（我）说："没关系的，你说吧。"恬（我）接着说："最近下课的时候，你和小思玩得比较多，我害怕以后你就不喜欢和我玩了，我不想失去你这个好朋友。"小玉（恬）笑笑说："哦，那我以后不和小思玩就好了。"恬（我）说："那倒也不是，我就是希望你和她一起玩的时间少点就可以了。"

角色互换游戏结束后，我们一起总结了一下我们的体验和收获。我问恬："刚才我扮演你和小玉聊的时候，你作为小玉感觉怎样的，有不舒服吗？"恬说："没有不舒服，我（小玉）感觉到你（恬）很真诚，我（小玉）也觉得很高兴，因为我（小玉）对你（恬）来说很重要。"我说："我（恬）觉得害怕说出来就没有那么害怕了，并且觉得好朋友又回来了，很高兴。"

我又问她："我们可以交换一下角色吗？"她很有信心地说："可以的。"于是我们又交换演了一遍，她演自己，我演她的好朋友小玉。角色互换在和谐温暖的气氛中完成了。我问她体验是什么，她说："原来和小玉交流只要把心中真实的想法表达出来就可以了，没有我想象的那么难，我有信心和小玉交流了，谢谢杨老师。"我说："杨老师要谢谢你，我想你在我们角色扮演前是害怕的，而你愿意带着害怕来尝试，我们才会有这样的体会和成长。"接着我又跟她讲了我接受拓展训练的故事，我告诉她我和她一样是带着害怕前行的人，我们是有成功潜质的人，接下来的学习中，我们只要像今天这样，即使害怕，依然前行，必然一天天进步，越来越喜欢学习。

恬的小脸红扑扑的，双眼带光含泪。我理解她的学习成绩一直不太好，妈妈和老师都说她懒，孩子心里很委屈。这次她看到自己的潜能了，她为自己感动，我感受到她愿意前行的力量被启动，为孩子加油祝福。

在我心里，我认为没有一个孩子是懒的，如果他们呈现比较懒的状态，一定是有原因的，是可以改善的。在我们学生演讲班的毕业礼上，有一个孩子是这样说的："大年初一的时候，爸妈说好上午十点出去旅游的，可是爸爸一起床就出去打麻将了，妈妈到下午还起不来，我也就不起来了。后来每天基本上都这样，我对他们很失望。我想我以前上课每天都迟到可能他们对我也是这样失望的，所以以后我要争取上学不迟到了。"我感恩善良的孩子，她从对父母的感受反省自己，愿意从自己做起，让父母放心。可是平时孩子每天不愿意早起上学，早课迟到，和父母的慵懒态真的没有关联吗？很多家庭是没有梦想的，生活中懒散的父母造就了懒散的孩子，懒的能量在家的每个角落弥漫，为了孩子，很想跟家长说，醒醒好吗？

还有的孩子为了目标曾经努力过，可是他发现努力了没有结果，再努力还是没有结果，再努力依然没有结果，他们实在不知道该如何努力，于是只能沮丧地放弃了，选择漫无目标地活着。这样让自己麻木，不至于太伤心。可是他们内心的伤心失落又有谁能懂？

也有一些孩子，他们的成绩稳居中等，他们的性格中比较喜欢和谐安宁，在班级教育中，这样的孩子被称为"乖孩子"，他们是容易在班里没有存在感的，这种感觉又舒服又不舒服。不被关注，他们可以悄悄做自己是舒服的，可是又觉得被冷落，而他们又不敢主动找老师，所以带着纠结的心混着日子，家长们称他们没有上进心，可是他们真的没有上进心吗？又有谁给过他们机会呢？他们心里无数次想呐喊："请你们相信我，我需要你们相信我！我想要有存在感！"

我想被人认为懒的孩子可能是他们的学习的穴位被封住了，只要他们这个穴位重新被解开，他们又会如痴如醉地投入学习，欲罢不能。而那个解穴位的人可能是他们自己，也可能是他们的朋友、兄长、老师、父母，你愿意那个人是你吗?

在一次演讲班彩排的时候,一个孩子演讲的内容非常简单粗浅,讲完他很不自信地低下了头。我真诚地看着他说:"我觉得你很了不起,我想你是知道自己没有准备好的,你可以说没准备好暂时不说了,但你在害怕说不好的情况下,依然愿意尝试,愿意突破,愿意尊重团队的节奏,所以,老师很佩服你!"孩子的腰开始挺直了,脸色显得刚毅,我确定他的这次演讲让自己加分了,相信他会做更充分的准备参加毕业典礼。

可能现在孩子在害怕的状态中,可能他在懒的状态中,可能在纠结不前的状态中,让我们一起做那个帮他们找到穴位,解开穴位,陪伴他们前行的人,即使他们是带着害怕前行,只要在前行,就会超越昨天的自己,就有可能到达山顶,就值得我们感恩仰视!

49 那年,我是他们的班主任

我刚调到县城一中的时候,校长找我谈,说要我接一个九年级的班主任。校长说这个班已经有三个学生被处分过了,前任班主任也是很优秀的,可是还是被这群孩子弄得焦头烂额。我听了校长的介绍,有点慌乱有点惊喜。我知道校长这不是在征求我的意见,而是在给一个新调入的老师布置工作,最后,校长拍了我的肩膀说:"如果这个工作可以做好,那么学校的任何工作你都可以做好。"校长的这句话让我迸发出巨大的激情,并且我也深信我一定可以胜任,我好像觉得我具备一种特质,就是任务越艰难,斗志越昂扬,估计这也是从我妈妈那里传承过来的品质。

我认真地看了校长给我的班级档案,校长介绍的时候专门提了小汤的名字,他在班主任的记录里已经有两次校级警告处分了,我对这个孩子瞬间产生了好奇。在我的信念里，孩子都是好的，如果孩子表现不好，打架斗殴等，通常是孩子先觉得受伤了，并且感觉到非常无助，这时他只能举起他尚未非常有力的拳头去保护自己。他们不太会赞叹自己的勇敢善战，一般都会觉得孤立无援。学生打架一般都是两败俱伤，很少能感受到决战成功的喜悦，因为他们都深深明白，不管哪一方都无法逃脱被老师、家长痛斥的结局，然后就有不可预知的惩罚措施会接踵而至。孩子只能带着委屈，或许也有少许自责，乖乖听命。

我特别想见见这个孩子，于是打电话约他来学校办公室见面。此时正是暑假，办公室很安静，我期待见到他。过了十分钟，他就到了，一个看起来憨厚帅气的男孩子，额头上冒出一些汗，不知道是热还是紧张，打了招呼后，我问他："猜猜看为什么找你来？"他有点不好意思地笑了一下说："我表现太差，老师找我谈想让我表现好一点吧。"我说："你猜对一半，并且你比我想象中要帅一点。我刚从农村中学调过来，在原来的学校我表现还可以，这个学校我刚来，而你已经待了两年了，我想刚来可以表现好一点，校长让我接这个班的时候，我还是觉得压力很大的。可是我一个人觉得力量不够，我要请人帮我，我就想到你了，感觉你应该是很有正义感，比较有能力的。你愿意帮我吗？"

孩子用手擦了一下额头的汗，松了口气，说："我刚刚听我父母说来了一个新的女老师做班主任，很凶的，听你这样说，感觉没有传说中那么可怕。我当然愿意帮你啊，可是我是表现很差的学生，全校有名的，我怎么帮你啊？"我问他："你有哪些自己觉得比较自豪的项目呢？"他说："我跑步还可以，不过也不算最快的那种，我好像没有什么优点，缺点倒有很多，比如脾气暴躁，和同学吵架，和父母吵架，和以前的班主任也吵过几次，把他的桌子掀翻了，所以被处分过几次了，你肯定也看到了。"我说："谢谢你这么坦诚，我感觉和你交流很愉快，至少接下来一年我们可以同病相怜，因为我们的日子都不好过。据说我们班最差的是纪律，你觉得你可以做纪律委员吗？这样你自己需要管纪律你就不会带头违反了，而且你身材高大，比较威猛，这样你就像一个老虎一样帮我管纪律，那我只要温柔地对他们就可以了，这样是不是不错呢？不过你只要吓他们就可以了，真的打架了还是要我来处理的，那我又不能公开帮你，我就很为难，你就不是帮我，反而是给我拆台了。"他有点兴奋，说："我可以试试看，至少我自己不吵了，纪律就会好很多，管他们估计他们不会听的，因为我过去太吵了，形象不好。"我说："我作为班主任还是可以帮你说说话的，我会告诉全班请你做纪律委员是因为我请求你的帮助，所以你有权利帮助我管理班级纪律，尽管你以前表现不好，但你会从自己做起，让大家监督你，并服从管理，这样对改善你的形象会有帮助吗？"他说："杨老师这样说我就比较有信心了。"

接下来的日子里，他就成了我的潜伏小帮手，他和我一起出谋划策，通常由他执行，我们合作的时光很幸福，这个班还有一个善良厚重有灵气的班长，也经常护卫我。还有一个特别严谨持重的劳动委员，每天关注查卫生的老师来的脚步声，把门框窗框都重新用手再擦一遍，保证0.1分都不会扣。我感觉被他们宠爱着，好像他们生怕对我不够好，我就会像前任老师一样离开他们，可爱的孩子们。

不过，我总觉得一切都太过于平静，我时刻准备着暴风雨的来临。终于有一天，暴风雨真的来了。那是一个非常寒冷的冬天的夜晚，大约11点，我接到小汤妈妈电话，她边哭边说："杨老师，你来一下吧，这孩子只听你的话，现在儿子和爸爸在打，我怕出人命。"电话那头还传来乒乒乓乓的打斗声，我说了句好的，便马上穿衣起床，先生在边上不解地问："打架怎么不叫110，要叫你呢？"我说："可能他们只记得我的电话吧。"我骑了我的小自行车冲进了寂静的寒夜，我骑得飞快，希望他们可以手下留情。到了他们家，战争已经停息。我让一米七十多的大男孩坐在我的小自行车后座上，气喘吁吁地骑回了家。我让他坐在沙发上，帮他做了碗热稀饭，也没有多说什么，喝了稀饭，陪他坐了一会，孩子说："杨老师，让我爸爸来带我回家吧，其实没什么事，我和爸爸都脾气不好，害老师这么辛苦，对不起。"看到孩子这么懂事，其实我心里还有点高兴，觉得回报了这个学期他对我的好。

我和这个班的同学风雨同舟走到了中考，成绩也达成了我们的目标。在他们要毕业离校那天，我特别舍不得他们离开，泪流满面，班长过来抱抱我，轻轻地说："杨老师，我们会回来看你的，不哭噢。"一般孩子们毕业我都为他们高兴，可是这个班，我们一起经过风风雨雨，我心里好多不舍，也感受到真正用心用情做老师的内心喜悦。

后来，我又做了初一的班主任，小汤来看我，问我："杨老师，现在有没有像我当时那么吵的同学呢？我来帮你摆平。"听着这个大男孩稚气未脱的话，我觉得又好笑又暖暖的。

做老师的十多年中，我最喜欢做班主任的几年，学生叫班主任的声音和叫其他任课老师是不一样的，那种亲切温暖只有做过班主任的老师才有感觉。班主任是学校里特别辛苦也特别幸福的岗位，有机会做班主任的老师是有福的，可以和几十个纯净的心灵相伴多年，因为陪伴和同频，我们会更有良知美善。

50 希望别人怎么待你，也要怎样待别人

2004年的6月，我的朋友金虹老师来海宁上一堂美容课，在这堂美容课上，我听到了一句话，是她所在公司的黄金法则："你希望别人怎么待你，你也要怎样待别人。"金虹老师穿着一套纯白色的雅致职业套装，用她略带有杭州口音的普通话，温柔地讲着课："以前我是这样对人的，就是你敬我一尺，我敬你一丈，如果你对我好，我一定用加倍的好还给你，但如果你对我不好，那我为什么对你好呢。当我学到了黄金法则后，我开始按黄金法则做人了，就是我希望你对我好，首先我要对你好，如果你对我不够好，那我要对你更好一点，因为我希望你对我好。"我深深地被黄金法则吸引，孔子说"己所不欲，勿施于人"，而我觉得黄金法则比这句话更积极地引导我们如何为人处世。感恩我的朋友金虹老师，把这句话带给我。从那天开始，我也试着按照黄金法则来生活，发现生活中少了怨恨，多了爱和幸运。

第二次看到黄金法则是几年前一个朋友推荐我读《圣经》，读到"你愿意别人怎样待你，你也要怎样待别人。"在《圣经》上看到黄金法则的原话我觉得非常

亲切，更确信了这句话、这份态度是用来教育世人的，是被祝福的。

第三次看到是在郭念锋主编的《心理咨询师（基础知识）》这本书上，上面写着咨询师的黄金法则是"你希望别人怎么待你，你也要怎样待别人"。我不由得联想到，这也是教育的黄金法则、学习的黄金法则，几乎放之四海而皆准。

有一次，有几个孩子来做考前心态辅导。九年级女生冰慧和我分享了黄金法则在她和妈妈关系中的运用，她说："以前有时候我和妈妈闹别扭，闹完后大家都不开心，我会很久不说话，等着妈妈主动来问我要吃什么菜啊，早饭想吃什么啊，才会渐渐消气。现在我想到黄金法则，想我希望妈妈对我好，原谅我，那我要先原谅妈妈，要对她好。所以我就会先跟妈妈道歉，说我刚才没有控制好情绪，对妈妈不够礼貌，请求妈妈原谅。妈妈发现我的改变很开心，我和妈妈原来只能谈吃的、谈衣服，现在开始可以谈心里的小秘密了，我们的关系更亲密了，我学习也更有动力了，脾气也变得更好了。碰到不开心的事可以和妈妈分享，原来觉得特别郁闷的事，现在觉得天上飘下五个字：那都不是事。"

看到她开朗幽默也越来越白皙美丽的小脸，觉得她渐渐开悟了，也感受到她因为自己心态的调整带来母女关系的改变，也带给她平稳的情绪和学习上的持续成长。我问她："你觉得如果黄金法则运用到学习上，可以怎么用呢？"她想了想，笑眯眯地说："我的数学、科学这两门理科不太好，我想要这两门课对我好一点，让我有优秀的成绩，那我要首先对这两门课好一点，在听课的时候，要更专注地听。我原来都是先做文科作业，最后再做理科作业，有时候来不及了，就随便做点。现在我要改成先做理科，在头脑清醒的时候难题就可能做得出来的，再要做不出来的时候，也不轻易放弃。竭尽全力思考后，如果还做不出来，就问同学，问老师，一定要求甚解。下课的时候，也不随便谈八卦，多讨论讨论题目，这样和理科的感情好了，理科成绩才可能会提高。如果这样做了，成绩还是进步不大，我就要再对理科更好一点。"冰慧谈得眉飞色舞，我看到了一个孩子在学生时代就可以这么有智慧，真是冰雪聪慧，从心底里为孩子的成长欣喜。

我很欢喜地问她："你还会用在哪些方面呢？"她明显为自己的聪慧很激动，声调也越来越激扬了："我有一个男同学是年级前十的，平时成绩都很好，最近三模出来很沮丧，低落了好几天。我觉得我在低落的时候，很希望有人可以关心我，教我一些方法，所以我就教了他情绪管理ABC，把这次考差解读为心理和生理的低谷期，过了最低点中考就可以走到高峰了，果然他马上就高兴了。我也很自豪可以激励到学霸，这个学霸接下来也更愿意解答我问他的问题了。"

听到她这么活用黄金法则，我有点兴奋了，所以问她："还有吗？"她也越来越激动了，说："还有就是我们家的房子，原来妈妈上班很忙的时候，家里有点乱，我待着心情不太好。现在妈妈在家里陪我的时间多了，我和妈妈一起整理房间，家里变得很干净，也很舒适，在家里学习效率也高了。所以我希望家里的环境怎么对我，我也要怎么对环境。"

说完冰慧又补充了一下："还有身体，在中考前身体健康很重要，我希望身体对我好点，让我可以健康有激情进行复习和参加中考，那我就要对身体好，补充营养，尽量保证睡眠，不滥用空调，不让身体受凉。"

冰慧说完，我对黄金法则更加充满敬意，当孩子听到了黄金法则，她可以自动生成这么多考前的有效行为，我更领略到黄金法则的传奇了。

还有一个女孩子依娜，是专程从杭州赶来的，也觉得要中考了，心情特别焦虑。她说："杨老师，我觉得和爸爸的交流特别无语，爸爸几年前参加了教练技术的培训，他说的话特别难懂，特别是最近，他看我几次模拟考都不太理想，就说我的思维方式要调整，特别是思维模式，我完全不知道他在说什么。我说我们有代沟，他说只要有智商，代沟就可以没有，我也完全不同意他的观点，可是他觉得他是非常正确的，一定要用他的观点说服我，我感觉特别烦，都有点静不下心来学习。我知道爸爸很想帮助我，感觉到他也特别自信强大，可是他完全帮不到我。"

我非常理解依娜讲的故事，他爸爸教练技术的专业名词小女孩是听不懂的。我跟依娜讲了我和黄金法则的故事，她对黄金法则也表示出浓厚的兴趣，于是我问她："你是不是特别希望爸爸理解你呢？根据黄金法则，你可以怎么做呢？"她说："那我就先要理解爸爸，但爸爸的话我真的听不懂，不过我可以认真听，然后抱抱爸爸，或者再亲他一下，以前小时候这样做，他就会高兴好几天，其实爸爸高兴了，他就不太讲听不懂的道理了，我也就高兴了，我就解压了。"

黄金法则再一次发挥了神奇的自动调节的功效，感谢黄金法则。

你希望别人怎么待你，你也要怎样待别人。孩子们用他们的智慧把黄金法则应用到对父母，对同学，对学习，对老师，对环境……

感恩黄金法则让孩子们可以茅塞顿开，转换角度来对人对事，让他们可以生发智慧来走向考场，孩子们说为了让中考对他们好一点，他们会把每天的复习都当成中考，每天感恩，每天祝福。宝贝我们的孩子，祝福我们的孩子！

黄金法则又何止只是祝福孩子们的中考，它祝福的是孩子们整个的人生！感恩黄金法则带给孩子们生命的开悟！

51 考前的困惑，也是祝福

女生可可一见到我就开始哭，长长的睫毛被泪水沾成了茫茫的水帘，她抽搐着向我倾诉："我想去考一中的特长生，但是需要有西画小 B 级的证书。我前几天去考了小 B 级，我以为我一定会通过的，可是竟然没有通过，我特别伤心。如果可以考上特长生，提前加几十分，那我就不用担心中考了。可是没有考上，我觉得我成绩其实不太好，现在又来不及了，心里特别急，做题目也集中不起精神来，总是想着那个考试没有过，这个念头一直在心里飘来飘去。跟妈妈说，妈妈让我不要想，说考都考好了，想有什么用呢？可是我就是忍不住要去想这件事。"说到这里，她更伤心了，大滴的眼泪一颗颗往下掉。我问她这个伤心如果打分的话可以打几分呢？她说有9分。

我跟她说："我能感受到你的伤心，这段时间我也有一个很大的焦虑。我早三个月报名了一个理论考试，我想通过这个考试，但那些学习内容我不太喜欢。于是我一直没去复习，到还有三天的时候，觉得完全来不及了，开始复习了，发现有几千道题目还没有做，焦虑值有9分。那天，我问了我自己几个问题：是什么原因导致我的焦虑？从这次焦虑我学到了什么？现在我想要怎么做可以让自己更好？"

我看了一下可可，她已经擦干眼泪在专心地听我的故事了，她认为我是一个心态很好的老师，听到我也有焦虑，她很好奇。我接着说："我思考了一下，我焦虑的原因主要是没有好好复习，又想要考好，觉得考不好没面子。"可可听到这里，开始点头表示同意，露出同频的微笑，眉头开始有点舒展。我说："这次焦虑9分的事情发生的好处是让我看到对于结果想要，但过程不想要的事，我一般会有点逃避，缺少计划性，导致结果不能如愿。以前我用的方法一般都是把那些结果我想要的事情变成我喜欢的事，既享受过程，又享受结果，比如做老师，我又喜欢，又可以有很好的成果。事实上，我的一些学生就是成绩是想要的，而学习的过程他们不太喜欢，碰到这种情况我觉得我除了尽力让他们喜欢学习外，还可以让他们学着为了结果按计划学习，而我自己的这次经历可以是最好的例证。"

可可说："嗯，就像数学，我很想要考好，可是每次做数学作业我都觉得太难了，有点不想做，到考试的时候考不出来就有点后悔平时没有认真听课、做作业，可是数学就是喜欢不起来。"我说："我经历最近的这次考试让我对你们更多了一些理解，我是对自己的成长有要求的人，所以我决定要开始对那些结果我想要但过程不喜欢的事制订计划，并且实施执行。当晚我就订了第二天的复习计划，第二天就做了五百道题目。尽管还是没有达到考试目标，但我至少离目标近了一点。我对我考试前最后一天的复习是很满意的，所以我并没有失落很久，反而更自信了。考场一出来我就开始准备今年11月的考试了，如果说4月份的考试，我是所有学员中复习最晚的那个，那么对于11月份的考试，我是准备最早的，我计划至少做30份考前模拟卷，认真看书两遍。我为我可以从这件事学到并成长自豪。这次考试从分数看是失败的，但它对我的人生是有价值的，是为我的生命成长加分的。"

聪慧的可可听后，若有所思，她说："我从杨老师的考试故事听到杨老师问了自己三个问题，那我来试试看。第一个问题，小B级没有通过的原因是什么？其实我去年考过一次的，当时也没有考上，当时不太伤心的，觉得也没认真复习，考不上是应该的。可是这次我画得很认真，我以为一定会通过的，所以还没通过就特别伤心。"我问她："如果这个考试和考特长生没关系，不通过你还伤心吗？"她说："那就不太伤心了，原来我主要伤心的是特长生没有机会了。按照我的成绩，考一中是很危险的，所以我希望可以提前拿到附加分数，让我中考可以放松一些。"

我说："恭喜你深刻地看到让你伤心的其实是什么事。那第二个问题，这件事情让你这么伤心，但它一定也是有好处的，那它带来的好处是什么呢？老天不会白白安排一件事情让我们去遇到的，一定有它的美意。"

可可歪着她美丽的小脑袋，微微地笑着，说："如果这次我考上了，那我就可以用比较低的分数进一中，当时是挺开心的。但上高中以后还是要考试的，再考的时候，由于我其实入学成绩比同学们要低几十分，可能会考最后一名，那我就会失去信心，并且因为我基础要比他们差，要赶上去可能没有那么容易，如果我一直在班级年级的最后面，并且有长长的三年，我心情就会不好，会比较自卑。所以这次没有考上，我就可以凭自己实力去参加考试，如果考上了一中，我就会非常自信，然后更努力地去参加高中的学习，因为这次考上不容易，所以会非常珍惜。如果没有考上一中，考上稍微差一点的学校，我还是会更努力学习，因为初中到最后才好好学习，发现来不及了，所以要早点起步，争取在一个比较普通的学校可以领跑！"

可可说着说着，把自己感动了，她开始问自己第三个问题："那我现在要怎么做才可以更好呢？原来几天我做着做着试卷，就想到这次小B级没有考好，就没有心情做了，现在我已经不太伤心了，伤心分数只有1分了，所以我要用最后的一个星期刷30套模拟卷，让自己走过中考后不再为最后一个星期后悔。"

我站起来紧紧地拥抱了有点激动的可可，轻轻地在她耳边说："老师相信你，好孩子。"听到可可又在轻轻地哭了，我明白这是被信任后幸福的眼泪，我告诉她："宝贝，老师祝福你。"

可可迈着轻快坚定的步伐走向了教室，我为这个孩子的成长欣喜。当我们可以把生活中遇到的压力事件看成生命的祝福，我们便可以更坦然地面对，积极地解读。当时看来并不如意的事，往往是上天化了妆的祝福。它可以是绊脚石，也可以是垫脚石，当我们把它当成垫脚石，我们可以因此而看到更远、更广阔、更曼妙的风景。

凡事发生，必有其因，必有助于我。让我们和考娃们一起，善意解读心中还在困扰我们的事，品味并感恩事情的到来，让中考因此被提升，被福佑。

52 当我们亲近蝉鸣

周日清晨，早起的同学开始在初中同学微信群分享去百里钱塘徒步了。我在空调房看书，享受着偷来的清凉，看到同学发来的照片，青春飞扬，奔向自然的冲动从心底跃起。马上电话给我的搭档，邀请她中午11点去盐官吃饭，饭后去百里钱塘徒步，我可爱的搭档欢快地答应了，一场夏日正午骄阳下的徒步，说走就走！

我们美美地在春江大酒店饱餐一顿后涂上防晒霜，硬生生地闯进了三十八摄氏度的烈日下，准备进行一场抗挫大演练。

开始步行后，我竟有点不敢相信眼前所见，路上几乎全是树荫，阳光星星点点地从树叶间散落下来。走了一会儿，我和搭档都从心底里感恩路旁的那些老树，默默地伸展着枝丫，让我们被林荫庇护。走了一小时只碰到两个人在骑车，虽然不认识，但我们感恩遇见，就惊喜地彼此打招呼。我表扬了带女儿骑车的中年男子，夸他是好爸爸。保安大哥说，早上和晚上这里还是有不少人的，夏天中午就几乎没有人了，今天走路的只有我们俩。因为人少，所以感受到走进了自然，充分享受着天人合一的美好。

平日在空调房里，听到外面的蝉鸣，心里便觉得异常烦躁，不明白这么热，蝉为何还要这么的吵闹，全然忘却了它们曾给我的童年带来的欢快与美好。走着走着，身体有些微微的出汗，一阵凉风吹来，那是沁人心脾的舒爽，让心底的每一个角落都想欢歌。树丛中传来高高低低的蝉鸣声，犹如美妙的交响乐，声声入耳。我很诧异，同样是蝉鸣，为什么今天却是这么动听，我想是今天的蝉鸣和我的心没有距离，所以它就变成了生活的点缀，成了夏日里和谐的乐音。

有了这次勇敢而美好的徒步，我又对徒步路上碰到的双人骑行产生了浓厚的兴趣。想起有一段时间没有尽兴地陪妈妈聊天了，于是约妈妈周末骑行。感谢妈妈是吃苦耐劳的人，所以对于夏日骑行倒也不排斥，爽快地答应了。

早上八点去妈妈住的小区接她，然后开车前往盐官。路上两个人享受着周末闲暇的惬意，聊得兴致盎然。突然发现原来只需要半小时的路程，我开了一小时还没有到。妈妈有些自责，说只顾着跟我聊天，没有看好路要怎么走。我倒是很心宽，觉得开错了，在空调车里聊天，感觉也很美好，很享受。后来我们打开了GPS导航，又过了半小时，到达百里钱塘。

跟保安大叔租了一辆双人脚踏车，因为我和妈妈都喜欢拍照，所以请保安大叔给我们拍了多个造型，发到微信群，秀一秀神采奕奕的我们。开始骑行后，妈妈看到路两旁都是斜坡，并且一边还是小河，有点紧张，担心我们会掉下去。我劝她说，如果以前有人掉下去，保安大叔一定会告诉我们要小心掉下去，并且会把以前掉下去的故事讲给我们听。但妈妈还是担心，并且告诉我担心的理由：别人开半小时的路，你要开一个半小时，可见你比较没有方向感，所以比较危险。妈妈有理有据，我也无法反驳，只好更加小心地把龙头，卖力地骑车。

当经过一个弯道的时候，突然我发现骑不动了。这时，妈妈非常高兴地告诉我，她发现她这边也有刹车，这下安全了。妈妈正紧紧地抓住刹车，并且非常得意于她的发现。接下来，每骑一段，她都要试一下她的刹车灵不灵，于是我就常常会突然发现又骑不动了，被无辜地定住在马路上，无奈得很，但也只好默默配合她的安全行为。不过看着妈妈高兴得像孩子，我依然很高兴。

骑回来的时候，妈妈说想试试看一个人是不是也可以骑得动。她让我先停下来，只要她骑就好了。妈妈年轻的时候下过乡，所以一直力气比较大，我也就由着妈妈做实验。可是骑了一小会儿，妈妈就说太累了骑不动了，于是换我开始骑。我发现骑了比较长时间，也不太累，突然觉得妈妈没有原来强壮了，有点心酸。

我们又开始两个人骑了,我尽量用力点,让妈妈可以轻松一些,可以有机会多心疼妈妈一点是幸福的。

骑了将近两小时就回到了出发的地方,喝了很多水,享受着出汗的乐趣,觉得过着健康的生活。我惦记着我记忆中觉得很好吃的饭店,便开车来到了有美好回忆的春江大酒店。妈妈点了一个油炸小条鱼,吃的时候,妈妈发现牙齿不好,咬不动了,感觉很遗憾,不过她想到爸爸喜欢吃这个菜的,所以她说可以打包回去给爸爸吃。我帮妈妈又点了她咬得动的咸菜黑鱼片——这个店的镇店菜。菜上来的时候,饭店阿祖老板说:"听到你们说要打包给爸爸,我就多放了几片黑鱼给你们。"听了觉得心里特别暖,又有点不好意思,因为我们要打包的不是这个黑鱼片,但阿祖老板的情谊却让这个美味的饭店又多了一份美好的记忆。

开车回家的路上,又听到悠扬的蝉鸣声,默默地和它们别过,心里想着,下周我还会再来,带着妈妈,带着妹妹,一起来听小时候很熟悉的蝉鸣,让一起长大的回忆在心头荡漾,让妈妈再次感受有两个女儿深爱着的满足和喜悦……

53 我喜欢我是科学老师(一)

在我大学毕业的第三年,浙江省初中实行教育改革,开始启用一门叫做自然科学的学科,这是物理、化学、生物、自然地理等学科的大综合,我对这门学科产生了浓厚的兴趣。

在高中阶段的时候,我被高一物理老师的人格魅力所吸引,我的物理成绩让我非常自豪,好几次都考99分,还故意写深刻反思"为什么我不考100分"交给老师,意在让老师觉得我是一个既聪明又对自己非常严格的学生,试图构建我在老师心目中的美好形象。我的高一物理老师不只是我的物理老师,他也一直用他的欣赏来加固我的自信,也是几十年来一直在指导我成长的人生导师,也因为这些记忆让我觉得我的物理是学得不错的。

大学我学的是生物，但我们也学普通物理。我们生物系有将近一半的课是化学，因为生物和化学是紧密相关的。这些学科基础让我对科学这门理科综合学科产生了独特的情感，有一些非我莫属的归属感，于是我去向校长申请我要教科学。校长用不解的眼神看着我，那时候学校的教师中本科生并不多，所以一般本科毕业的都会优先考虑在高中部任教，那时候我已经教了两年高中生物了。我告诉校长说："我喜欢初中科学，我也觉得我的特质很适合教科学。还有高中生物每周只有两节课，学生都不太熟悉，初中科学每周有五节课，我可以做班主任，还可以和学生有更深的交流。这是一门新课，我刚从学校出来，更能适应新的学科。"校长感觉到我言之有理，就答应了。

从那一年开始，我的生命就和"科学"这门学科紧密相连。开始上科学课了，每天都可以和我的孩子们见面，给他们上课，批作业，订正作业，见得多了，和孩子们的感情也越来越好了。那一年我也是班主任，觉得孩子们叫班主任的声音都比叫其他任课老师更亲切些。那时我们所在的学校在一个江边的小镇上，学校的教学质量不是很好。但我告诉我的孩子们："我们的学校不是最好的，但你们的老师是最优秀、最勤奋的，你们也是最聪明、最刻苦的，所以我们可以成为全市最好的班级，我们一定可以做到！"我的话激励了孩子们，也激励了我自己，一个工作第三年的青年教师，也励志成为全市最勤奋、最优秀的教师，用我的努力来带动班级学生，让他们可以激发潜力，创造他们自己的最好。

在教科学最初的日子里，我也遇到了非常大的困难。因为科学是一门实验学科，所以对老师的实验能力是有较高要求的。在教氢气的性质时，要演示一个氢气爆炸实验。我从小就很怕巨大的声响，过年放炮仗时，我一般都躲在弄堂里不敢出来，紧紧地捂住耳朵，要等小伙伴们都确信炮仗已经放完时，才敢心有余悸地出来。对于要自己做氢气爆炸实验，而且要沉着镇定地做演示，对我来说太艰难了，我的恐惧值很高很高。我跟我的学生说："做氢气爆炸实验杨老师非常害怕，但不做又觉得自己不称职，对不起你们，你们觉得我可以怎么做呢？"可爱的孩子们非常同情和理解我，说："没关系的，杨老师你不要做好了，而且爆炸还很危险，不做也比较安全。"我很感激孩子们这么懂事，心疼宽慰老师，但我还是觉得他们内心是有些遗憾的，特别是我们上课的时候，刚好隔壁班也在上氢气，当孩子们听到传来响亮的爆炸声时，他们都非常激动，一双双小眼睛往窗外张望。

那天下课后，我内心还是升起一个决定，我不能让孩子们因为我而遗憾。我请隔壁班的科学老师陪我到实验室去练习氢气爆炸实验，他的沉稳熟练让我也有信心和勇气想去试试了。当我憋足气，带着为教育事业奉献青春的豪情，勇敢地点燃了氢气罐上的火柴时，马上习惯性地捂住耳朵，氢气果然砰的一声爆炸了，盒子也被弹了起来，我非常兴奋，为自己的勇敢点赞！但我又意识到，我如果逃到一边，并且捂住耳朵，班上胆小的孩子估计就更加害怕了。

我想起有一天打雷，我出生不久的小女儿被吓哭了，尽管我平时也怕打雷，但那一刻我不怕了，我抱紧女儿坚定地告诉她："宝贝，妈妈在，不怕！"做妈妈的我需要不怕打雷，做老师的我需要不怕爆炸声。我请辅导我做实验的老师先回去了，打算一个人破釜沉舟。我告诉自己："课本上设计的实验都是安全的，既然是安全的，就要大胆地展示，给孩子们做榜样！别的老师可以做到，我也可以做到！"我再一次开始准备实验器具，因为有经验了，这次比较沉着。当我镇定地等待氢气爆炸时，发现声音并不响，完全可以接受。这下把我自己彻底激发了，我又做了几次用来鼓励自己的大胆，这下竟然有点爱上爆炸了。我发现我比我以为的厉害多了。

当天科学课，我问孩子们："今天老师要送你们一个惊喜，你们知道是什么吗？"孩子们说："氢气爆炸实验。老师把仪器都带来了呢。"说完，好几个女生和胆小一些的男生就呈害怕状，开始捂耳朵了。我自己有点孩子装大人的感觉，表现得比平时更冷静些，当孩子们听到砰的爆炸声，看到腾空的氢气罐，他们发出欢呼声，不由自主地鼓掌，为他们可以亲历爆炸鼓掌，为他们老师的成长鼓掌。

那一年，我报名参加了嘉兴市大市级优质课的评比，我知道我缺乏经验，所以提前一个月做准备，请劳技老师帮我做我自己设计的教育模型，请电脑老师辅导我做PPT，请市科学教研员陪我一起分析教材，提前一周帮我试听，调整方案。我也为自己精心准备了参赛当天的服饰。我想我可能是参赛的老师中准备最早、最认真的,所以那次比赛我得了嘉兴市大市级一等奖。

这次得奖让我觉得科学是我的幸运学科,为我的人生带来了挑战和机遇,也奠定了作为一个好老师的最初的自信。经过几年的科学教学,我发现科学让我的理科素养有所提高。物理让我增强了逻辑思维能力,也更有创造性了,物理实验也让我提高了动手能力,对于电器的使用也多了些信心。化学让我更加严谨周密,对生活多了一些好奇。生物让我更喜欢用全面变化的眼光看世界,更加热爱生命,感受自然的奇妙。

发现这些变化,让我对于科学教育更加热爱了。我告诉我的孩子们:"如果学习科学对你来说很简单,很喜欢,那说明你有非常好的思维能力,很热爱生活,科学可以成为你的拳头学科,为你带来自信和机会。如果学科学对于你来说很困难,那你一定要努力学习,因为科学可以提升你的思维能力,让你更严谨,更热爱生活。"

今生有机会成为一名科学老师,我是幸福的!

孩子你在思考还是在发呆

——我喜欢我是科学老师(二)

天伦的妈妈很优秀,自己创办了一个皮革企业,并且还亲自设计款式,她对自己经营的企业也颇为满意,这个企业为她带来了价值感和满满的自信。这位妈妈还非常有公益心,有一次我的一个92岁的老爷爷朋友有一个心愿,想要举办一场市级门球赛,天伦妈妈听到这个消息,就委托我把一笔数目不小的资金送给市门球协会。比赛进行当天,门球协会想送一面感谢的锦旗给天伦妈妈时,她却笑着推辞了,她说她只是想帮助老人完成心愿,让老人们开心,真的不需要感谢。

提起儿子，天伦妈妈经常眉头紧锁，前几天又告诉我说，班主任打电话给她，在午自修的时候，别的孩子都在努力做作业，而天伦只做了一道数学题，一直在发呆。语文一个小测验满分60分，天伦只考了7分。天伦妈妈觉得非常无奈和失落，她既责怪儿子不懂事，又怪自己在儿子小的时候，只顾着创业，没有好好培养儿子的学习习惯，所以让儿子耽误了学习，觉得很愧对儿子。当天晚上遇到放学回家的儿子，妈妈满脸愤怒和忧愁，儿子很惶恐，他不知道发生了什么，猜测老师打电话给妈妈告状了，他也很羞愧。

那天他来晚自修的时候，我平静略带好奇地问他："听说你午自修的时候只做了一道题，一直在发呆，这是什么情况啊，可以告诉我吗？"孩子感觉到没有被责怪，也真诚地告诉我："我这道题做不出来，我又想做出来，所以一直在发呆。"我说："我能理解你的，题目做不出的时候，其实内心很懊恼、很沮丧的，又怪题目太难，又怪自己太笨，把公式忘掉了，又有些不甘心，索性神游，让自己可以好过一点，可是又被老师抓住了，并且还连累妈妈了，唉，太倒霉了！"他在一边笑眯眯，我又问："那语文7分你是怎么做到的呢？"他尴尬地笑笑说："这是老师布置的暑假阅读的书的测试题，我没有阅读，所以就完全不知道了。"我问："从这两件事你悟到什么吗？"他说："就是要提前做好准备，这样做题目和考试就不会很难堪了。"我欣慰于孩子开始形成思考和感悟的习惯。

我发现理科成绩比较弱的孩子，大部分是缺少一些思考问题的习惯，思维能力比较弱。思维在心理学上的定义是：人脑对客观事物的本质和事物之间的内在联系的认识。思维的智力操作过程包括分析、综合、抽象、概括。理科的学习可以培养思维能力，理科考试主要是对思维能力的测试。

天伦妈妈回忆在儿子的成长过程中，因为感觉儿子比较调皮不懂事，所以经常帮儿子做决定，也不太有时间和精力和儿子共同探讨一些生活中的问题，遇到问题的时候，一般都是父母和家里的老人帮忙解决了，所以儿子不太需要为生活去思考。他自己做出的思考结果也经常被否定，渐渐地，他就懒得思考了，遇到难题的时候，他也就等待而不积极思考，更多地依赖父母、老师、同学给现成的答案。学习习惯很大程度上是生活习惯的延伸。

我学校有一个七年级进来的时候和天伦的情况比较相似的孩子航,当时也是碰到难题就等待答案,理科经常是不及格的,现在可以考到80分左右了。我专门跟航请教了他的转变,他说:"我一到四年级的时候,妈妈管得特别严,没有什么时间是自由的,也没有玩的机会,总觉得自己不开心,也就懒得思考。五到六年级的时候,开始玩手机打发时间,也不太需要思考。所以我来阳明前,做数学难题是没有思路的,只能发呆,觉得自己天生比较笨。来阳明后,飞哥跟我讲题目很耐心,并且他不是讲整个题目的,一般都是给一些思路和头绪,让我自己接着思考,渐渐地,我就开始喜欢思考了,并且题目做出来就觉得很有成就感,人也开始自信了,走路都开始抬起头了。还有就是演讲班,经常有很多选择需要我们独立思考。并且每节课都会被问到很多问题,有什么感受啊,你怎么看这件事啊,你怎么看这个人啊,团歌的意义是什么啊,你有什么适合做团长的优势啊,你心中的团长是谁啊,并且每个问题都要发表演讲,这样就被迫思考,觉得自己的思维习惯就渐渐养成了,思维能力也渐渐增加了。"

还有一些理科比较强的孩子告诉我,他们小时候经常问为什么,父母总是很耐心地回答,所以他们喜欢问为什么,喜欢思考。渐渐长大了,他们就开始问自己问题,自己探索问题的答案。

还有一些孩子说,他们从小就被尊重,父母很在意他们自己的想法,思考对于他们来说就是常态,所以遇到理科的难题他们就觉得很自在,也很喜欢,做题目的时候心情很好,也很有成就感,他们的理科成绩也就比较漂亮了。

周日下午三点,我给天伦上科学辅导课。每次我去辅导教室的时候,天伦已经安静地坐在一个我们经常上课的座位上,等待着我给他上课,在他的眼睛里,我一直会读到一些不安,对这个孩子,我有些心疼。我的心愿是通过给他上科学辅导课,让孩子提高思考问题的兴趣,让他从思考中感受乐趣。陪伴他从喜欢科学,培养科学素养着手来提高科学成绩。我也想让他这么善良愿意付出和成长的妈妈可以减少一些因为儿子而引起的自责和焦虑,想要让好人可以有一些回报。

我告诉天伦:"杨老师已经给你上了四堂课,这几堂课下来,我感觉到你压力很大，因为杨老师擅长启发式教学，而你现在的学科基础还没有很扎实，所以有些问题启发不出来我会有些着急，你也有些乱。所以今天这节课我想调整一下教法，改成讲述式和启发式相结合，这样会不会好一些呢？"天伦脸上有些欣喜，马上表扬我说："我觉得杨老师很爱思考，为了我可以更有效地学习，会调整教法，并且会告诉我，我觉得很被尊重。我也想告诉杨老师一个好消息，今天我做作业的时候，用前几节课学到的方法，制订了作业规划，所以作业都是在规定时间内做完的，我觉得我进步了。"我不由得想起孔子的话："学而时习之，不亦说乎！"为孩子可以践行学到的好习惯高兴！

在课上，天伦思维比较活跃，他做每个题目，都会画出关键词，找出相关知识点，说出他的思考过程，经过思考还有困难的题目，他有权利邀请我讲述。两小时的辅导时间，就像理查德的一首舒缓流畅的钢琴曲，不知不觉地就结束了。孩子临走前，还不忘带走他喝了果汁剩下的空饮料杯和用过的餐巾纸，好有素养的孩子！给天伦上课是幸福的，培养孩子走上爱思考的路是很有价值的。

我喜欢我是科学老师！科学辅导让我有机会陪伴孩子走上提高科学素养的路，让孩子们更爱思考，让他们的人生因为多一些思考而多一些理性、多一些丰富、多一些自由！

55 孩子你敢说真话吗

看到五年级男孩小辉辉心情不是很好，我把他请过来和我聊天。看得出孩子神情有些紧张，他问我："杨老师，你找我啊？"感觉到这个孩子被老师找到办公室就有些紧张和防御。我说："我觉得你好像情绪有点低落，可以告诉我是什么原因吗？"小辉辉说："我被学校老师批评了，老师罚我做了好多作业。就是因为周六我们去做义工，我爸爸两次没有接老师电话，老师就罚我做作业，我觉得我好委屈啊，因为是我爸爸没接电话，老师竟然让我受罚。如果我听到电话，我肯定会接的。"听了他的描述，我能感受到他很委屈，我说："听到这件事我也有点难过，不知道怎么帮你，阳明外婆刚刚从雁荡山给我买来一些很好吃的鸭舌，我送你两个，让你心情稍微好一点吧。"小辉辉接过鸭舌，马上笑了。

他吃起了鸭舌，我继续和他聊天："我们阳明的孩子最可贵的是当事情发生的时候，总是愿意看到自己的问题，找到自己可以改进和成长的地方。你来阳明有两个月了，我觉得你也是具备这个优秀品质的。你可以分析一下在这次被批评的事情中，你做得不够好的是什么吗？"小辉辉想了想说："我不应该没有想好就直接报名，占了名额别人就报不了了，并且我还迟到，如果不迟到老师就不会再打电话给爸爸了，所以我要对自己更严格要求一些。"我听到孩子这样说，有些惊喜，我说："当你分析你自己的时候，你的心情怎么样啊？"孩子说："觉得轻松、自信，对自己严格要求。"孩子的小脸红红的，看起来是有点兴奋。平时这个孩子比较习惯看到别人做得不好的地方，所以他也比较容易不开心。

我又问他："小辉辉你平时比较愿意和别人说真话吗？"孩子摇摇头，我问："如果你说真话别人会怎么对你呢？"他说："同学们会羞辱我。"我说："我理解被羞辱的感觉是非常难过的，那你在不说真话的时候感觉怎么样呢？"孩子缓缓地说："很压抑。"我问："压抑的时候你想怎样呢？"孩子说："想玩，开小差，不能专心听课，作业经常漏做。"孩子好像有些顿悟："那我以后只要敢说真话，我就可以更专心学习，成绩就可以进步了是吗？"我说："非常有可能！"孩子开心地说："谢谢杨老师！"望着孩子轻松离去的背影，我心里还是略略有些心疼。

我想起了小凯，几个月前有一次我看到他的衣服有半件湿了，还没等我问他，他就激动地告诉我："杨老师，那个水龙头溅了我一身水。"我笑笑问他："那是谁开的水龙头呢？"凯说："是我把水龙头开太大了。"我问他："刚才你前后的两句话有什么不一样呢？"他说："后一句话找到了问题的原因，更有利于改正。"我特别喜欢和孩子聊天，他们是真诚透明，特别愿意成长的。

小凯比较会外归因和她妈妈以前的教育也有一定的关联。小凯妈妈自己经营企业，平时比较忙，陪小凯的时间不太多，小凯主要和爷爷奶奶一起生活，爷爷奶奶更多的是宠爱，缺少规则感。后来上学后，发现孩子非常淘气，妈妈经常被老师找到学校，妈妈在学校被老师批评后，回来就对孩子打骂责备，孩子对于老师反馈他在学校表现有很多痛苦的记忆，于是渐渐形成了保护自己的模式，就是在问题发生时，找外在的原因，这样在一定程度上可以减少惩罚的次数。但是孩子内心还是知道自己的问题的，当他把原因都归为别人时，他内心会有不安、焦虑，需要更多的玩乐来排解这些情绪，上课也就容易出现走神的情况。

小凯曾经和我聊起过，他在上课的时候，只要碰到比较难的内容，他的眼前就开始放"放电影"，就是老师说的发呆，时间在"放电影"中不知不觉地过去了，听课效率非常低。做作业的时候也就很困难了，只好继续"放电影"了，所以成绩也经常是班级排名后几位的，他自己也觉得很沮丧。

两个月前，小凯妈妈开始坚持来家长沙龙学习，妈妈开始学着管理自己的情绪，接纳孩子还有些不太自律的行为，不把焦虑叠加给孩子。小凯也在辅导老师更严谨的陪伴和管理中安静地面对当天的作业。两个月过去，小凯说觉得自己长大了，下课的时候，原来一起疯玩的同学来找他，他会非常礼貌地告诉他们他要先整理下听课内容再陪他们玩，那些同学也很惊讶，不知道他发生了什么变化，老师也开始表扬他了，成绩从不及格到几乎70分以上，社会还考到了92分的高分，数学也有80分了，走路腰板更坚挺了。

上星期小凯还跟我分享说："妈妈昨天听了杨老师说的培养抗挫力的方法后，晚上一定要拉住我跟我说要怎么怎么做，可是我白天上了一天课真的很累了，所以我听得有点烦了，估计妈妈也感觉到了。今天早上送我上学前，妈妈跟我说：'昨天妈妈没有顾及你当时有点累只顾到自己很激动，要安排你做事，对不起。'我觉得非常被尊重，我马上跟妈妈说，妈妈我理解你的，你也是为我好才这么着急要找我说的。我觉得和妈妈之间的关系和谐了，我就没有原来那么压抑了，上课的时候也不太需要'放电影'来打发时间了，现在觉得自己越来越有希望了。"

我问凯："现在你敢和妈妈说真话了吗？"小凯说："有一次估计老师又电话告诉妈妈我在学校里的事情了，妈妈不是像以前一样非常粗暴不耐烦地说话，她平静地说了老师反映的情况，让我也说了我对这件事情的理解，我想要如何调整。我觉得妈妈真的可以冷静地看问题了,所以我也敢把真话告诉妈妈了。以前他们经常说我吹牛,说大话,现在我觉得我更多的是说真话,觉得说真话的时候心里很踏实,不用担心被看穿了我在说谎之类的。"

孩子的心性是善良真诚的,如果孩子不敢说真话,只是孩子幼小的心灵有曾经受伤的体验,所以他们学会了说一些话去保护自己,但孩子的内心是有良知的,他们会不认可自己,很担心被发现,很压抑,在学习上表现为开小差,专注度低。

作为老师和家长,如果我们可以对孩子多一些接纳,少一些指责,孩子便可以有勇气说真话,回到孩子的天性,认可自己的品格,安心做自己。他们就不需要经常用打岔来排解压抑的心情,专注就回来了。可以专注学习的孩子,是可以感受到学习的乐趣的,会渐渐爱上学习,从学习中感受自信和成就。

你的孩子敢说真话吗?如果不敢说,是因为什么呢?

Part 3

我想在普通人中脱颖而出

顺从内心的召唤,你就是宇宙中最伟大的天才。

——爱默生

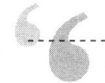渴望成长,渴望自我实现,渴望在普通人中脱颖而出,这是我们每个人都有的本性。但是,我们在成长的道路上,都会遇到挫折与失败。我们会迷茫,会彷徨,甚至还有可能自我否定,以至于放弃了最初的梦想。

其实,放弃,在很大程度上源于我们没有更好地去理解什么才是"成功"。关于成功的定义,不应该仅仅来自社会的约定俗成,而更应该来自每个生命个体的内在本性。我们都有独特的禀赋,顺从我们的内心,便是顺从了"道",顺从了造物主的恩赐。

让我们活得像一棵自由生长的大树,傲然挺立于这苍茫的天地之间。让我们独特的个性成为大树的根须,尽情地吸收爱的养分,最终结出智慧的果实。这一切既不矫揉造作,也不委曲求全。这一切都是真性情的流露,是灵魂最为真实的绽放。

56 妈妈，请你不要绑架我的生活

一日，一位医生妈妈带着她的儿子来到我的会所，儿子阴沉着脸坐在沙发上，妈妈满脸愁容中带着一丝欣喜，说："杨老师，我去年在学校听过你讲的'家长学校'，当时我非常激动，觉得自己有救了，我想找你，可是我不知道怎么才能找到你。我想问儿子的班主任，可是我不敢问，因为他们班主任一直说我有问题，说我管得太多，所以我不敢问他，怕他说我。这次听我同事分享你的教育理念，说她女儿在杨老师这里有非常大的成长，说她自己来参加家长沙龙学习，非常有感悟，我问了名字，知道是你，就迫不及待地来了。杨老师，我也不知道为什么，我的儿子原来成绩还好的，可是八年级开始，就迷上了电脑，整天玩游戏，一回家就关上房门，也不跟我说话，玩到凌晨一两点，白天人没精打采的。他爸爸在外地工作，一两个星期回来一次，也不怎么管儿子。我除了工作，全部的心思都在管儿子。我也看了很多家庭教育的书，可是还是不知道怎么做，老师每次也都说我有问题，可是我不知道我有什么问题，我只要我儿子开心就好了，可是他整天玩电脑，看他也很不开心，我觉得他心理可能有问题。"妈妈还在絮絮叨叨地说，儿子开始用手抱着头，在沙发里越陷越深。他前面的头发很长，遮住了他的脸，让人可以感受到他的无奈和无助，忍受着被妈妈揭开痛处的尴尬。

妈妈说完后，我问妈妈："我可以和您儿子聊一会吗？"妈妈慌乱的眼神里闪出一丝亮光，说："好的好的，杨老师，你帮我跟孩子聊聊。"我俯身问男孩："我可以跟你单独聊聊吗？"男孩轻声羞涩地说："好的。"

他开始把手从脸上拿下来，转向我。我问他："妈妈说你过得不开心，你自己觉得呢？"他说："有点，不过还好。"我问："妈妈要怎么做，你才能更开心呢？"男孩脸上开始有一丝笑容，说："其实她已经做得很好啦，她只要自己开心就好了。"

孩子的话质朴而简单,我想他应该不止一次向妈妈表达过,妈妈你只要自己开心就好了。可是妈妈执拗地认为,我儿子开心我才能开心,我最大的愿望就是我儿子开心。上周,我见过一个也为儿子问题非常焦虑的爸爸,他经营着一个不大不小的公司。因为他的儿子在学校经常会惹事,被学校警告,学校劝其转校,所以爸爸停下工作,专门在家里陪孩子。我问那位爸爸:"你的梦想是什么?"爸爸非常沉重地告诉我:"我现在唯一的梦想是把我的儿子带好啊。"当我听到这些话的时候,我能感受到父爱、母爱的伟大,同时我也深深地忧虑,当孩子成为父母唯一的希望和乐趣的时候,孩子的生活其实就已经被父母绑架了。似乎因为父母付出很多,孩子就必须要怎样怎样。可是孩子也有很多不开心的事,这时出现在他们面前的是和他同频低能的爸妈,他们多希望当他回家的时候,可以看到爸妈的笑脸,高能地和他们分享爸妈自己的生活,自己的成长和喜悦。于是学校的那些不快,考试成绩不理想的低落,同学间的纠纷,老师的批评在爸妈的笑脸和欢声中渐渐淡去,他们会觉得生活依然美好,云淡风轻。

我真正想说的是,如果你真的想让孩子开心,请你听到孩子心里的话,"妈妈,你只要自己开心就好了",你活好自己,你开心了,孩子就开心了。我曾经有一个讲了十多年《论语》的朋友说过一句话,"一个家庭的定海神针,就是家里妈妈的那张脸"。为了孩子,请你让自己开心,不要让孩子成为你生活的全部,找到你滋养能量的乐趣,还孩子一张笑脸!

57 我想在普通人中脱颖而出

女孩很漂亮,大眼睛非常有灵气,齐耳的短发。记得第一次见到她的时候,她笑眯眯地向我鞠了一躬,甜甜地说:"杨老师好。"我惊喜地跟她打了招呼,她重新坐回沙发，安静地看龙应台的书，这小女孩，让人不由自主心生怜爱。

有一次，她跟我说："杨老师，我想跟你说个秘密。"我好奇地转向她，说："好，你说吧。"她说："我很苦恼，我在爸爸家的时候，总是想妈妈，我在妈妈家的时候，又会想爸爸，可是我又知道他们永远不会再住在一起了，经常很伤心，不知道怎么办了。"我说："那你有想过办法吗？"她笑笑说："也是想过办法的，我在妈妈家的时候，就想爸爸的不好，在爸爸家的时候，就想妈妈的不好，这样我就会好过一些。不过我现在已经比他们刚分开的时候好一些了，我想等再过段时间适应了，估计就好了。"女孩说完，就好像开心了一些，又懂事地补了一句："杨老师，这些话不要告诉我妈妈好吗，她知道了会伤心的。"

不久，女孩开始上初中了，在当地一个非常有名的中学的重点班，每次看到她总觉得她很疲惫，笑得也很勉强，坐在沙发上总是像一条毛毛虫一样地趴着，成绩经常在20到30名徘徊，美丽的大眼睛也蒙上了一层迷雾。有一次她来看我，脚上戴了一条银色的脚链，见到我，弱弱地问我："杨老师，你觉得脚链好看吗？"没等我回答，她妈妈已经黑着脸开始数落："这不是小姑娘戴的东西，感觉好低端啊，前几天还有男生往家里送巧克力，唉，不知道为什么会变成今天这样。"

我问孩子："在班里学习你觉得开心吗？"她说："不开心，老师总是故意找茬，那些成绩好的同学，干什么都是好的，像我成绩不好，做什么都是不好的，作业都怀疑我是抄的。"我又问："你喜欢在一个优秀的人群中奋力追赶，还是在一个比较普通的人群中领跑。"她眨了眨大眼睛说："原来我以为我可以在一个优秀的人群中拼搏，但现在我发现不是这样的，我觉得我现在一点自信也没有了，一点也不开心，我想在普通的人群中脱颖而出，重获自信。"

后来，我和她妈妈商量，把她转入了一个环境优美的普通中学，女孩开始确立年级前10的目标，为了实现目标，她把手机也交给了妈妈，说因为自己自制力不强，怕玩手机耽误学习。女孩平时在爸爸家里住的时间多一些，妈妈经常在电话里感谢她爸爸为女儿的付出，妈妈的真心感恩孩子是收得到的，女儿一天天恢复了清脆的笑声，在期末考中，成绩也名列年级前10。

前几天，她说想我了，要来看看我，见到我就说："杨老师，现在我坐在沙发上不再像一条虫了，你让我倒下我也不会了。现在我正在备战提优考，通过了就可以被提前保送重高了。等我被保送了，我就去帮助我们班那些成绩差的同学，让他们也好起来，像我一样有所转变。"我看着孩子，笑从心底里升起，我可爱的小天使回来了。

我更加深刻地意识到，孩子在团队中被认可、被关注的巨大作用。看到这个孩子从小清新走向萎靡，又从萎靡重新找回自信，我非常感谢女孩的父母在八年级的时候，真正从孩子的需求出发，为孩子创设适合她成长的环境；特别感谢女孩的妈妈，为了可以给孩子做榜样，坚持每周参加家长沙龙的学习，从自己的感恩开始做起。现在终于看到孩子自信的花朵开在了感恩的枝头。

孩子还告诉我，今天她要和妈妈一起在家里布置生日party，邀请同学来参加明天晚上的晚会，还告诉我："我很感动，我的好朋友今天还特地来我家帮忙布置场地，太感谢我的好朋友了。"孩子的感恩中带着美美的幸福。

看到像花一样绽放的孩子，我不由得感慨，孩子的开心比父母的面子重要多了，如果当时父母一定要让孩子留在名校重点班，或许孩子就没有这么欢欣地笑了。

会爱才是真爱，真爱需要学习。当我们感觉到孩子不太开心，没有动力学习时，不妨和孩子成为一条战壕的战友，理解他的难处，共商调整方案，当孩子开始感觉环境风调雨顺时，他自然会重新确立目标，调整行动方案，信心满满地再出发。

没有一个孩子是不爱学习的，没有一个孩子是不愿意为自己的目标去奋力拼搏的。没有学不好的孩子，只有不愿意用自己成长带给孩子转机的父母。为了孩子，我们要有所改变，孩子心中希望的种子可以破土而出，让阳光再次照亮孩子的生命。

58 我是自由的,因为我给自由设定了底线

在第8期演讲班上,我们对自由进行了探讨,参加讨论的孩子一共有十三个,有十一个孩子说他们是自由的,有两个孩子说他们没有自由。

第一个觉得拥有自由的孩子说:"我觉得自由是有规则的自由,比如当我遵守了学校的纪律,那我就是自由的,我喜欢做的事就可以自由地去做了。"我问:"那你的规则感是怎么形成的呢?是家长还是学校培养的,还是你生来就会的?"他说:"绝对是我妈妈,从小她就告诉我有些损害他人的事情是不可以做的。"说完,孩子笑得很灿烂,很自信。

第二个觉得自己是自由的孩子说:"我觉得自由的前提是自我管理,当我安排好我的学习时间后,我其他的时间就是自由的,我可以唱歌,和同学一起玩,打篮球,甚至打打游戏都是可以的,因为大人对我都比较放心。"我问:"你的自我管理能力是怎么养成的呢?"孩子说:"我妈妈一直很重视培养我良好的习惯。"说完后,孩子问了我一句:"老师我把话筒传给下一个了,可以吗?"我感受到了孩子良好家教下培养出来的对人的尊重,我也深深地点了下头,回他一份尊重。

第三个感受自由的孩子的观点是:"我觉得自由是自己去努力争取的,因为我学习比较勤奋,成绩也还可以,老师平时也不会管我,我有时候上课说话老师也不批评,他以为我在问问题。家长也不太管我,他们认为我很自觉。"我问:"所以你好像很自由是吗?"他说:"我其实是很自由的,我要去玩,和谁一起玩,或者要买什么东西,父母一般都是同意的,他们也经常和别人说,我家儿子是很乖的,他从来不乱花钱,他的朋友也都是品格好,成绩好的,所以我就觉得我干好我最主要的事情——学习,我就赢得了自由。"我可以听到他的自信和自豪。

其他几个觉得自由的学生所说的理由基本可以归入以上三类。

我开始采访觉得特别不自由的孩子。

第一个孩子说:"我没有任何的自由,我也不知道什么是自由,反正我做什么都是错的,整天被关在家里,所以我只能让我父母给我买名牌的东西,反正他们有钱。"我问:"那你如果买了一双一千块的鞋子,你可以开心多久呢?"他说:"一小时不到。"我又问:"你比较长时间的开心有吗?"孩子说:"来参加演讲班,因为这里让我感觉很放松,很真实,也很温暖。"我接着问:"那妈妈给你的感觉是什么?"他说:"因为我是爷爷奶奶带大的,所以觉得父母很陌生,他们还要经常管我,所以我觉得很痛苦,完全没有自由。"我说:"刚才听了觉得自由的同学的观点,有底线的自由,你有什么感觉呢?"孩子说:"我觉得很有道理,但我真的不知道要怎么做。"我特别期待这个孩子的父母可以改变一些想法和做法,通过有爱的陪伴,帮助孩子建立规则,让孩子可以感受自由。

第二个觉得没有自由的孩子是这么说的:"我觉得自由就是想做什么就做什么,可是我完全没有自由,在家被家长管着,在学校被老师管着,真是烦死了。"我问:"你听了那些觉得自由的同学的话,对你有触动吗?"他说:"我还是觉得自由是想做什么,就做什么。可是就像今天,妈妈一定要让我去上补习班,我不想去,被她抓去了。"我看到孩子的小脸是非常阴沉的,我问:"你怎么看待规则呢?"他说:"我眼里是没有规则的。"我接触他父母的过程中,觉察到他父母对于培养孩子规则的意识是非常模糊的,并且家里的规则是经常可以突破的,所以孩子在学校里也经常突破学校的规则,孩子也被学校停学过几次。幸好他的父母已经开始重视规则的重要性,从家规着手培养孩子的规则感,我也看到了一线希望。

父母和孩子的关系就像章和印的关系,父母是章,而孩子是父母盖出来的那个印,印的问题终究可以从章上找到答案。所以我特别想说的是,如果印很漂亮,是这个章曾经精雕细琢。如果印有些瑕疵,也请回到章本身做些调整,这样印才会从根本上有所改变。

如果我们看到一个非常爱抱怨的孩子,顺藤摸瓜一般都能找到一个怨气满天的妈妈,于是孩子就无辜地成为了负能量的载体,根本就没有能量专心学习。

所以父母是孩子能量的源头。

看到这些活在自由中的孩子,我特别想感谢他们的父母,是父母有规则的爱成就了孩子的自由。我也想邀请规则尚未养成的孩子的家长们,青春期是孩子成长的第二个黄金时段,只要我们开始觉察,且行且悟,开始爱和规则并行,我们的孩子也必将在他们的人生中获得自由。

加油吧,和青春期的孩子们一起重新出发的家长们,老师会一路陪伴你们,在前行的路上,老师愿做你们的扶梯,陪你们安全到达。

59 孩子的专注力去哪儿了

几年前,我去附近一个有马场的农庄开会,吃早饭时看到的一个场景,至今让我记忆犹新。坐在我对面的是一个两三岁的小孩,边上是他的奶奶和妈妈,妈妈在享受早餐,边吃边说着诸如"宝宝乖,好好吃饭"之类的话。

奶奶要给孩子喂早饭,孩子非常专注地在剥鸡蛋。孩子手中的蛋已经剥了一半,看来很有成就感,没有张嘴吃奶奶喂的稀饭。奶奶等了一会儿,又用调羹碰了碰孩子的小嘴,孩子还是专注在剥鸡蛋上,但他好像碰到困难了,眉头皱了起来。奶奶这时等不及了,干脆把他的鸡蛋夺了,说先吃稀饭,奶奶帮你剥,孩子无奈地开始吃稀饭了。孩子的专注被稀饭打扰了。

当时我突然有些明白,很多孩子在专注地做事时,经常被好心的家人不小心打断,渐渐地,他们的专注力就下降了。于是,学校老师便告诉家长说:"你们家孩子其实挺聪明的,就是上课不专心,所以成绩这么差。"于是,家长开始每天训孩子:"上课的时候一定要专心听老师讲,另外什么都不要想,一定要好好做笔记,不懂的地方要问。"

家长每次都觉得自己讲得很有道理,觉得自己很负责任。孩子听完这一番话开始做作业，妈妈就开始削苹果，给孩子送苹果吃。孩子接过苹果吃，吃完又开始做作业了。随后，妈妈一会儿送水，一会儿送夜宵，一刻不停歇，觉得自己是世界上最有爱心、最负责任的好妈妈。

如果你对以上画面倍感亲切，那你大概就有点明白，孩子的专注力去哪儿了。

我曾经让3个学生在两小时内完成一份练习，并从旁观察。他们的成绩刚好处于高中低三个水平。在两小时中，成绩最优秀的孩子几乎没有抬起头来，除了移动试卷，几乎没有改变姿势，一直高效专注地在解题。成绩中等的孩子，开始20分钟是专注的，20分钟后开始转笔，看看边上成绩优秀的同学在认真做题，他又开始往下做了，这样的过程后来又循环了一遍。成绩最低的孩子则在倒水、借橡皮、上厕所中度过了两小时。他的试卷只完成了三分之二，但他已经做好下课的准备了。

两小时观察下来，我特别有感触，孩子学习成绩的好坏很大程度上与其专注力有关，不只是智商。我曾经听到这样一个事例，杭州市高级中学天文社社长在参加全国生物竞赛辅导时，从上午七点到晚上九点，一直目不转睛地在听课，后来这个孩子被新加坡国立大学提前录取了。我想这个孩子在剥鸡蛋时大概是不曾被打扰的，她的妈妈或许也没有在她做作业的过程中勤快地送苹果和夜宵。

我特别想说的是，几乎所有成绩比较低的同学都有一个共同的特点：专注力比较差。我觉得孩子们或许曾经都专注过，是我们不小心像前面的奶奶和妈妈那样移走了孩子的专注。

现在还来得及，让我们和孩子约定：为了找回曾经丢失的专注，在孩子学习的时间里，我们愿意放下手中的微信，关掉热播的连续剧，用专注的学习态度陪同孩子，让我们的全心陪伴帮助孩子找回当年曾经拥有的那份专注。

专注学习的孩子是快乐的，他们可以感受到专注带来的成功的喜悦。未来他们也可以专注地去工作，去生活，专注地奔向他们的梦想，践行人生的使命。

我曾经问一个高考复习中的孩子："星期天你除了做作业还做什么？"她说："看书。"我又问："那你除了看书还做什么？"她说："做作业。"我弱弱地问："那这样不是很枯燥吗？"孩子说："你不认为那是纯粹的快乐吗？"我心里升起对这个孩子深深的敬爱……

60 孝顺的孩子长大会有福

在我五六岁的时候，外婆经常笑眯眯地表扬我说："我这个外孙女是很有良心的，别人给她一颗花生，她要拿回来分给我半颗，这个孩子长大会有福的。"从那时起，我就知道原来我是一个孝顺的孩子，孝顺的孩子长大会有福的。

在我女儿上小小班的时候，有一次接她回家，孩子非常开心地从口袋里拿出用皱皱的小手帕包着的一团东西。她用小手不利落地打开，里面是一个碎了的咸鸭蛋，我好奇地问她："宝贝，你这是做什么呀？"女儿说："妈妈，这是你最喜欢吃的。"我心疼地问她："宝贝那你中午吃什么呢？"她得意地告诉我："妈妈，有汤。"我心里特别感动，又问了一句："宝贝，你为什么这么做啊？"女儿仰起小脸，看着我说："妈妈你也是这样对外婆的呀。"我突然意识到，这些美好的品格已经在孩子幼小的心灵里生根，我想这个孩子长大会有福的。

女儿九年级的时候，我去帮她办转校手续，她的班主任对我说："这个孩子转校我很舍不得，每次她下课来问问题，不像其他孩子一样直接提问，而是先帮老师倒杯水，然后笑眯眯地问，老师你累了，我问个题目可以吗。喝着她倒的水，老师的累就没有了。这样的孩子要转校，我心里真的有点舍不得啊。"说着，我看到这个年轻男老师的眼角有一点点泪花，我深深感恩她的班主任告诉我这些，我想这个孩子在学校学习的日子是开心的。

九年级到杭州后，女儿的入学成绩排名全年级120名，中考目标是杭州市排名前三的高中，至少排名年级前50。经过一个学期的努力，九年级上学期的期末考试女儿的名次是年级140名，当时我特别心疼她，我知道她是非常懂事、刻苦学习的孩子，我对她说："宝贝你已经这么努力了，这个成绩应该是个意外，估计试卷难度不适合你，即使不是意外，我们也没有什么好遗憾的，因为我们已经尽力了，或许老天就是安排一个跌停，让我们从下学期开始进入牛市。"女儿自己也没有很紧张，因为她知道以前考不好的时候，妈妈也都是坦然接受的，而且妈妈好像真的没有什么不开心。并且很神奇的是，接下来总会有一些好事发生，比如突然英语考了全年级第一之类的，这时候我们通常都要好好庆贺一番，好像中了一个特等奖一样。

在下学期开学初的第一次月考中，果然又非常符合我们总结的经验，她竟然考了年级前30名，获得巨大进步奖，需要我们家长去发表进步演讲。那几天我刚好要去给我们地区的科技中心做一个家长报告会，所以这么光荣的机会就留给她爸爸了。爸爸和女儿开玩笑，问她可不可以这样说："女儿原来看《相约星期六》的时候，只有广告时间会去做一下作业，现在勤奋了，直接把纠错本拿到电视机前，边看边做，所以成绩就进步了。"女儿气得一定要让我取消讲座，不让她爸爸去，直到她爸爸认真写好讲稿，让她过目才行。那天，她爸爸发表完人生中第一次进步演讲后，给我发了一个短信，"掌声雷动啊"。我能感受到她一直低调的爸爸也被激励了。

当年中考的时候，作为妈妈我依然非常紧张，和以前作为老师送考的感觉完全不一样。作为老师我是有经验的，作为妈妈送女儿进考场是人生第一次，并且是唯一的一次。杭州的中考特别有气氛，家长们都在考场门外焦虑候场，各种招生机构都在发招生单页。考语文前，女儿告诉我说："妈妈，考语文我好紧张啊，我觉得语文是我的弱项。"听到女儿这么说，我觉得我说什么都是无力的。这时，女儿的语文老师像天使一样地跑了过来，她是一部热播电视剧的作者，女儿和我都非常崇拜她，她过来紧紧地抱了一下我的孩子，还把手上的一串佛珠摘下来戴在女儿手上，说："这是老师刚从灵隐寺求来的，老师把好运送给你。"我在边上看着这一幕，感动得热泪盈眶，多好的老师啊，我的孩子多有福。

查到中考分数的时候，我心里非常欢喜并且也有几分宁静，我相信孝顺的孩子是有福的。她考了年级第10名，这是从未有过的高分，顺利进入了她心心念念的杭高。

我再次想起我的外婆曾经说过的话，孝顺的孩子长大会有福的。

61 长大后我要找一个不嫌弃我妈妈的女朋友

记得四个月前,忆妈妈带着儿子来到我们学校,高高大大的儿子闷闷地坐在沙发上,妈妈站在儿子对面。可能来到老师办公室有点习惯性拘谨,几次邀请忆妈妈坐下,她还是满脸愁容地站着。忆妈妈五官长得很漂亮,但此刻已经被她的忧郁焦虑遮盖了。忆妈妈开始指着儿子说话了:"杨老师,我这个儿子从小成绩就不好,我给他请了很多老师,自己现在也不做工作,全力管他。可是他自己好像不要学习,我着急也没有什么用。朋友介绍说孩子来了你这里以后都会很喜欢学习,今天我把儿子带来请杨老师帮忙看看,你看我这个儿子还有没有用?从小学一年级起,我就一直求老师不要放弃我的儿子……"忆妈妈说着就开始掉眼泪了,无助和失落写在脸上,可以感受到这些年她一定很不容易。

忆妈妈说话的时候,儿子面无表情地听着,我转过来问他:"妈妈这样说的时候,你难过吗?"忆有点惊讶地看了我一眼,不安地笑了笑说:"还好,我习惯了。"我对忆有些心疼,想听听他心里的声音,我问他:"你觉得自己对成绩最满意的时候是哪个年段呢?"忆身体动了动,感觉他有些激动了:"其实我小学五六年级的时候成绩还是可以的,那时候我的班主任特别严格,经常叫我去办公室问题目,订正作业,我这个人是不太自觉的,老师严格一点,我就会抓紧一点,成绩就会好一点。"开心在忆的脸上荡漾,表情开始生动起来。我又问:"后来呢?"他的开心又悄然地走了,有点尴尬地说:"后来上初中了,老师看我成绩差,就不大管我,我上课听不懂,作业也做不出,就越来越不想学了,成绩也完全不行了。"

我对孩子说的情况很理解,同时也有点好奇:"那妈妈专门放弃工作在家里管你,妈妈严格吗?"他偷偷看了下妈妈,有点害怕,积聚了一下勇气,提高了点声音告诉我:"妈妈是很凶的,还要打我,可是好像也没有用,她打我我也不怕她，越打我就越不想学习，而且听到她说话就很烦，不想理她，她在边上的时候，我心里就特别烦躁，根本不想做作业。"我想探求下孩子是否愿意改变现状，问他："那如果有一个和谐安静的学习环境，并且有老师可以耐心地讲课，要求也比较严格，这样你估计你会愿意重新好好学习吗？"他眼里开始有点欣喜的光，说："我愿意的，如果我可以通过努力学习，在老师帮助下让成绩好起来，妈妈就不会那么凶了，老师也不会不理我了，别人犯的错老师也不会冤枉到我头上了。"我可以想象孩子心里有不少委屈。为了确认他的信念，我继续问他："如果你决定了，至少要用一年的时间，而且真的很辛苦，还不能因为同学过生日这些理由请假，因为只有学习优先，专注学习，才可以帮助你达成目标。所以你回家再考虑考虑，不后悔的话明天再给老师回话好了。"忆坚定地说："老师，我决定了，我是不怕苦的，我经常在爸爸厂里帮忙加班的。"我被孩子的诚意感动，我跟忆妈妈说："自己愿意变好的孩子是不会好不起来的，我们愿意全力陪伴他走向中考。"妈妈脸上的愁云移开了一些，语重心长地跟儿子说："这么好的机会，你一定要珍惜啊。"儿子乖巧地点点头，说了声："噢。"

忆妈妈也答应陪伴孩子一起成长。在第一次家长沙龙上，我发现忆妈妈能量很低，对自己和儿子都有很多不满，几乎没有感恩和欣赏。我想忆妈妈活得不太开心，自我价值感严重不足。当妈妈带着抱怨的能量想要靠近孩子时，孩子通常会出于自我保护而选择逃离。

当天，我给忆妈妈布置的作业是做一些自己喜欢做的事。忆妈妈是一个信守承诺的人，晚上十点她就在我们家长沙龙微信群里发了她自己写的一幅书法的照片。她说她已经将近十年没有写了，重新拿笔，感觉依然很熟悉，很亲切，她说这份平静安宁的感觉太美好了。当晚被沙龙的妈妈们一番轰炸性表扬后，她说她还有一个绝技，就是打毛衣，于是发了几件毛衣的照片，马上被群里热情妈妈们的赞美淹没了。于是她接了好多订单，并且都是免费赠送的。可以感受到这是一个很少被欣赏和认可的女人，相信那个晚上，忆妈妈有微醺的感觉。

后一天，她私信我说，太感动了，几年前，因为操劳过度，她的一个耳朵失去了听觉，晚上睡觉总是觉得嗡嗡作响，经常失眠，可是昨天晚上她竟然没有失眠，睡得很安宁，可能是欣赏认可的能量帮助她安然入睡的吧。

为了维护她比较自信的状态，她每天晚上都会把对儿子的欣赏微信发给我，已经坚持20天了。前几天，她告诉我儿子让她帮我打一件毛衣，并且儿子亲自去挑了他认为杨老师可能会喜欢的颜色。忆妈妈说当她想象着毛衣穿在杨老师身上暖暖美美的样子时，每一针都是情啊，我也感觉到自己被忆妈妈像孩子一样心疼着。

在最近的一次家长沙龙上，看到忆妈妈一脸的平静安宁，祥和柔美的光从身上发散出来，其他的妈妈也不由地离她更近些，可以被柔光照进心门。忆妈妈缓缓地开始分享，微笑从她白皙的皮肤里渗透出来："原来我想陪儿子做作业，他不要我陪的，这段时间每天晚上主动让我陪他默单词，我读错了，他就笑得特别开心，我有时候就故意读错让开心在我们中间流淌。昨天还特意走到我面前，盯着我看了一会儿，说：'我妈妈怎么长得这么漂亮呢。'晚上睡觉前，他还让我在他床边打毛衣陪他。睡着前，他突然坐起来很认真地告诉我说：'妈妈，我长大后要找一个不会嫌弃妈妈耳朵聋的女朋友。'"妈妈一脸幸福地说着，听的妈妈们满眼羡慕的仰望着。

我的眼前呈现出忆妈妈描绘的一幅幅画面，我在心里问自己：如果忆是我的儿子，当母子关系是这样的和谐甜美时，学习成绩真的还会那么让我揪心吗？有这么善良可心的儿子，我是否可以足够感谢上天的恩赐了呢？

62 爸爸，其实你的心情女儿懂

两年没有看到小雨了，她爸爸经常在和我联系，所以还是会有小雨的消息，爸爸的言语中不时透出焦虑和担心。前几天，小雨爸爸给我打电话说："小雨想来看你，她说杨老师说过的，如果我们过得很好，阳明可以去也可以不去，如果我们碰到困难了,我们要记得回去,老师们会在阳明等我们回家。现在高三了,女儿觉得压力特别大,想回去取取暖。"听到小雨爸爸告诉我这些话,我心里也暖暖的,幸好星期天下午还有空,我就把时间留出来等小雨的到来。

孩子没有很多变化,依然是安静、灵性、聪慧。见到我,孩子眼里有一抹欣喜。我问她:"怎么想到回来看看呢?"小雨认真地告诉我:"中考前的时候,来阳明半年的时间,觉得有很多神奇的事情发生。特别是和杨老师谈了一次,觉得自己特别有能量,心里很温暖,中考也考得很顺利。上高中两年多了,成绩一直处于中下,感觉能量好像要用完了,也快高考了,想着要来再见见杨老师,让高考也神奇一点。"我有点被孩子逗乐了,我想是孩子在中考前更多地懂得了感恩,所以幸运的能量祝福了她的中考。

我问小雨:"心里有压力的时候,你可以和谁聊呢?"小雨低声地说:"好像没有人可以说,妈妈平时陪我比较多,我和妈妈交流也很顺畅,可是总觉得不能在很深入的层面上交流。爸爸是我非常喜欢的,我想他也是可以懂我的,可是他好像不太愿意和我交流,我和他都似乎在回避点什么,我好希望可以和爸爸说说我心里的话,可以减轻点学习的压力,也希望爸爸可以陪我学习,不需要教我做题目,他只要在边上看书就可以了,我会觉得很安心。"我特别欣赏小雨可以把心情描述得这么精准。我想她和父母的交流习惯可以做一些调整和改变。

我给小雨倒了一杯功夫茶,她喝了一小口,还是那个可爱精致的女孩。我也边喝茶,边轻轻地和她聊天:"小雨啊,人与人之间就好像隔了一条护城河,当我们要交流的时候,可以先把吊桥放下来,这样就可以从这头到那头或者从那头到这头自由行走了。而平时我们的沟通通常是在没有桥的情况下隔空对话的,大家都说得很辛苦,听得也很辛苦,但结果是心与心依然隔着护心河,双方都觉得怅然若失。这个桥就是感受对方的心情,如果我们可以从理解对方的心情开始,就相当于在心与心之间架起了一座桥,双方就可以通过桥自由往来,交流的结果就可以让我们的心走近,灵魂的温度因此而提升,幸福的感觉也就如期而至了。"

为了让小雨学着从理解爸爸的心情开始切入,我邀请小雨和我进行一次模拟交流,来增强体验。我扮演她的爸爸,她扮演她自己。她想了一会,勇敢地答应了。

我让自己准备了一下，适应了一下小雨爸爸的角色，然后告诉她可以开始了。她沉默了一阵，我想她也在准备心情，可能这样的交流对她来说比较陌生。又过了一会，她缓缓地开始了："爸爸，我上高中的这两年，我想你心里肯定也很累的。我的成绩一直不太好，你可能背着我给任课老师打了很多电话，请他们多帮帮我，也可能请教了很多像杨老师这样的朋友，想让我好起来。可是我一直不领情，还和你争吵，每次和你吵过后，我看你都是一个人在书房抽烟，很久也不出来……"

我收到女儿的理解，眼泪开始止不住了，小雨也拿餐巾纸擦眼泪，"爸爸，这两年我压力好大，我也想让成绩好起来，可是班里成绩好的同学太多了，老师可能也是见过的优秀学生太多了，我觉得他们都很高冷，所以我总是提不起劲来学习。看到爸爸经常紧锁的眉头，我心里也很自责，我想爸爸为了我，很少出去玩，几乎每天都在家。你为我付出那么多，可我真的很让你失望，也让爸爸有点没面子。我现在高三了，还有一年在家里的时间，爸爸我想让你多陪陪我可以吗？你一个人在书房抽烟下棋，我还是觉得心里好冷，我想爸爸可以在我的房间看书陪我，我在做作业，有爸爸在边上，我会觉得有力量，没有那么大的压力了。"

我不由自主地伸手抱住这么懂事无助的女儿，告诉她："雨儿，爸爸以前没有做好，爸爸答应你，这一年一定好好陪你。"女儿流着眼泪，轻轻地告诉我："爸爸，其实你的心情女儿懂。"

我们在这份深深的感动中又待了一会儿，然后从角色中出来，分享我们从这次模拟交流中的所学。小雨说："这样的交流对我来说是第一次，比较陌生，但当我开始去理解爸爸时，我心里就特别感动，平时对爸爸的不满意好像都变成了感谢，心里觉得很柔软，现在觉得眼前都变亮了。"我也告诉小雨："听着女儿这么善解人意的话，爸爸觉得成绩原来没有那么重要了，对女儿特别心疼，就觉得要好好鼓励你，支持陪伴你。这一年只要女儿开心我就知足了。"小雨脸上开始有了很舒心的笑，好美。

我心里想说的是，最美好的考前辅导是孩子和父母心与心的交流，当孩子收到父母发自内心的接纳、支持和祝福时，他们就可以轻压上阵了，家庭合力往前是挡不住的能量,是孩子上考场前最嘹亮有力的军号,是孩子生命中最灿烂的阳光。

当父母因为没有经验而无所适从时,孩子的一句话:"爸爸,你的心情女儿懂。"则可以让父母打开情感的阀门,让心疼替代焦虑,相信大于担心,让爱的能量在心底流淌,让交流成为隽永优美的乐章。

63 亲爱的孩子,是感恩成就了今天的你

四年前,玲来阳明的那天,玲妈妈和玲都笑得很勉强。玲妈妈简单说了家里的一些状况:两年前玲爸爸负气从家里离开,两年中玲妈妈独自带着两个女儿生活、工作。玲妈妈边说边流泪。

之后,我和玲在心语室聊了足足四十五分钟,玲一直在说她爸爸多不好,不负责任,说得非常气愤,中间还流泪好几次。玲的语言非常成人化,我想这个孩子平时可能很多时候都身处于家人的哀怨氛围中,所以也学会了用怨的眼光看事物。玲也聊到了她所在的班级是实验班,班上优秀同学很多,她觉得自己太笨,完全跟不上其他同学。她觉得在班里没有地位,没有朋友,活得很不开心。

玲当时在班里的成绩排在后五名,年级名次在380名,年级共500人左右。当孩子用抱怨的心态来面对学习和生活时,通常会觉得自己很可怜,觉得老师同学不重视她,也为自己成绩不好找了借口。我觉得这个孩子首先要做能量的转化,让她的关注点从抱怨转向感恩,并且让她有些成功的体验,学着去面对和挑战人生。

我轻轻抚着玲瘦弱的肩膀,对她说:"老师能感受到你的伤心,我想你为学习做了很多的努力,但成绩还是不理想,所以你很迷惘和无助,是吗?"玲重重地点点头说:"是的,我觉得我已经很努力了,但就是好不起来,我心里很着急,我太想

让成绩好起来了，这样妈妈就会开心一点。我妈妈也太可怜了，经常一个人偷偷地哭。"看着小女孩这么懂事，我也很心酸。我问她："现在有一个办法可以让你好起来，你愿意试试吗？"玲眼里闪过一丝光亮："老师，我愿意的。"我说："从现在开始，我们不再说爸爸不好，开始感恩爸爸，这样我们就会有力气学习了，弱的科目请老师辅导一下，你的成绩就会有希望了。"玲又把头低下去了，轻轻地说："杨老师，感恩爸爸太难了，我觉得没有什么好感谢的。"我说："老师能理解这对你来说不容易，但至少爸爸给了你生命，如果没有爸爸，你就连坐在这里和老师说话都不可能了。还有爸爸一定有他的苦衷，可能我们不清楚是什么，但我可以想象的是要离开你这么可爱的女儿，对爸爸来说一定也是很痛苦的，他一定不是故意不负责任。"玲慢慢抬起头来，说："杨老师，我可以感谢爸爸给了我生命。"我从孩子的眼光中读到些许释然，也看到了孩子愿意改变的真诚和勇敢。

我邀请玲参加了演讲班，第一次上台演讲的时候，她的脚在地上画圈，什么都没说就下去了，说想好了再讲。后来又上来了一次，还是画圈。第三次上来的时候，终于开始说了，孩子流着眼泪说："我特别感恩我妈妈，因为妈妈又要上班，又要带我和妹妹，特别辛苦。我也感恩我爸爸，感谢爸爸给了我生命……"我从孩子颤抖的声音中听到了她内心的转变，孩子视角的改变必然带来生命的成长。在当期演讲班的毕业礼上，玲面对一百多个家长完成了三分钟的脱稿演讲，讲完后，妈妈上台去拥抱了孩子。我想孩子在台上的演讲让妈妈看到了希望。

玲第二次参加演讲班的时候，挑战自己，参与了主持人竞选。因为她是从学期初开始准备的，所以大家心里早就认可了她的决心，她成功了。第三期演讲班的时候，她竞选团长，也成功了。她的笑容越来越自信，也考到了让我们非常惊讶的成绩。来阳明一年后，玲的成绩从年级380名，跳跃到了年级23名，学校老师觉得非常不可思议。记得那次知道成绩后，玲打电话说要来看我们，那天天很热，她到的时候，衣服都已经汗湿了，手里捧了一束很大的鲜花。孩子激动得有点语无伦次，说："杨老师，没有你们我就没有这个成绩，我现在才真正明白你当时让我感恩爸爸的意义，我明白了，我终于明白了。"我拥抱着被汗水湿透了的玲，被孩子感动了，刚知道成绩就跑来感谢老师，孩子的感恩已深深地进入她的生命模式，我为孩子欣喜。

感谢孩子给了我们一份惊喜，坚定了我们践行前人传下来的教育"传道，授业，解惑"。把"传道"放在首位，从爱和感恩开始，让孩子因为拥有正向的能量从而可以更专注地学习，创造他们自己生命的奇迹。

当年的中考，玲拿到了696的高分，考入了当地的重点高中，我们特别欣慰的是，懂得感恩的孩子是有足够的动力去面对新的环境，新的挑战的。

我想告诉玲："亲爱的孩子，是你的感恩成就了你！成就了现在的你，也必将成就未来的你！我们会一直在身边默默陪伴你……"

 15 岁男生的第一次洗碗

如果有人问你，你家孩子在家里会洗碗吗？可能大部分家长会怔一下，然后稍有失落地说，大部分时候不会。我们都想把孩子培养成有责任心的人，那么我们是怎么做的呢？在每天都要面对的烧饭、洗碗、洗衣服、拖地这些小事上，孩子的责任该如何体现呢？在吃饭的这件事上，孩子除了好好吃饭以外，他还可以承担的责任又是什么呢？如果平时他都是没有机会承担的，那么什么时候开始，孩子的责任心会突然就萌生了呢？

我想起几年前一个冬天的晚上，在6点10分左右，孩子们就陆陆续续地到了。原定6点30分的晚自修，孩子们都喜欢提前到和我们聊聊学校里的事，放松一下心情然后开始自修。晚自修的时候，我们陪孩子们一起看书，在轻音乐的背景下，孩子们在安静专注的氛围中非常高效地学习着。有几个孩子那天来的时候就说晚饭没吃好，所以我想去给他们弄点点心让孩子们下课的时候暖暖胃。想起楼下四季春苑的酒酿圆子，量足味道好，于是打电话订了一份，五分钟老板娘就送上来一大碗，热气腾腾的。刚好孩子们下课，我赶紧招呼他们过来吃圆子。

吃圆子前，孩子们进行了劳动分工，他们推荐女孩子媛帮大家分圆子，并通过玩黑白配来选出洗碗工晖和洗碗助手轶。孩子们说说笑笑马上就吃完了，他们把碗放到了水槽边，晖站在一堆碗边上，左看右看，无从下手。我好奇地问他："晖你以前洗过碗吗？"他不好意思地笑笑，说："从来没有哦。"

我有点惊讶，15岁的男孩今天第一次洗碗，那他平时在家里有什么需要他承担的事情呢？所以平时在学习中，碰到稍微困难一点的题目，他就停住了，瞪着一双无助的眼睛问我，杨老师不做了可以吗？因为生活中，他几乎不需要负任何责任，所以他在学习上也不知道如何负责任。

我从惊呆中醒来，问他今天愿意尝试洗碗吗？他点点头，把碗拿到水龙头下开始冲洗，动作有点奇怪。几个小碗冲好后，剩下一个大碗，可能他觉得更难以下手，邀请助手轶帮他洗。轶说他以前帮妈妈洗过的，他比较熟练地拿起抹布开始洗那个大碗。晖恍然大悟说："哦，原来这块抹布是可以用来洗碗的啊。"轶洗完后，晖非常主动地说："我用抹布再洗一遍，难怪我觉得刚才洗得不太干净呢，还有黏黏的东西粘在上面。"晖很认真地用抹布又开始洗碗了，洗好后，他很激动地说："杨老师，我洗好了，很干净的，你检查一下。"我能感受到晖为他的第一次洗碗试验很欣喜，我大大赞美了他洗碗成功，也感谢他帮同学们洗碗，为团队付出。

我问他从中学到了什么，他说："原来以为洗碗是很难的，只有大人才会洗。今天发现原来并不难，洗洗就会了。不过今天水很冷，我洗一次手就很冷了，觉得妈妈每天洗几次是很辛苦的，以后要多给妈妈帮忙。做题目可能也是这样的，觉得不会做的题目，以前我就直接放弃了。今天我学到了可以先试着做做看，可能也没有我以为的那么难，坚持一下就会了。"

孩子的话让我很欣喜，其实从生活中学习是孩子们生命成长的重要渠道。平时家长们几乎包揽了所有家务，剥夺了孩子们从实践中感悟的机会，反而让孩子们增长了惰性，也会影响他们对学科学习钻研和探索的精神，让他们更容易知难而退。

家中的小事有时候还可以让孩子们觉察生活的乐趣。记得女儿小时候，有一次自己吃了冰淇淋去洗碗，洗好后笑得非常开心，前仰后翻的，我问她洗个碗怎么这么开心啊，她说："妈妈这个碗洗起来太爽了，只要冲几下就干净了，太容易了。"孩子的快乐好简单啊。

还有一次，孩子在做作业，我在房间里看书，突然，女儿跑进房间来，非常惊喜地说："妈妈，你快来看啊，我们家变仙境了。"我被她拖到了洗手间，发现原来水沸腾了，她没有及时拔掉，水蒸气弥漫了整个空间，烟雾缭绕的。本想普及一下安全意识，看她那么高兴，我也被感染了，舍不得说她了。这孩子这么会发现生活的乐趣，想必她也会比较容易开心，我也很欣慰。

我想轻轻地和勤快的妈妈们说，省下点碗让孩子洗洗，小事中有大乐趣、大智慧，有禅，有情感。让孩子们的生活可以接地气，让他们感受来自家中小事的实实在在的营养。让孩子们因为生活的滋养而更乐观、通达、阳光、健康。

65 规则是因为拥有

近日和朋友聊天，说起规则，她说以前只觉得束缚，但最近有些新的感受。她说有一次，去一个陌生的城市生活了半年，在那里举目无亲，刚开始觉得很自由，觉得自己什么都可以做，因为谁都不认识，不需要避讳什么。但没几天，就开始有深深的失落，没有亲人，没有朋友，不需要遵守什么约定和规则了，但发现自己突然也很没有安全感，就像失联了一样。她说她突然悟到：规则是基于拥有。她说她没有汽车的时候，她不需要遵守机动车辆的交通规则，现在她需要遵守，是因为她先拥有了汽车。

当我们拥有父母，我们就需要遵守父母定下的规则，比如"出必告，返必面"。我们遵守家规，也是因为我们心里对父母的尊重和珍惜。当我们拥有学校，成为一个学校的学生，我们就同时需要去遵守这个学校的校规。我有一个学生真年，当他在一所重点中学上学时，他觉得这个学校规则太多了，经常挑战规则，班主任经常有无力感，于是联系父母求助。父母接到老师电话通常会非常焦虑，除了打骂孩子也没有别的办法。后来在九年级的时候，他尝试换了一所学校。

几个月后，真年回来很气愤地告诉我说："没想到农村中学竟然也有这么多的规矩，我又开始很不舒服了。"我说："很开心你有这样的发现，那你现在想要怎么做呢？"孩子有点羞涩地笑着说："我现在不和老师争吵了，因为我知道我父母帮我转校也很不容易的，而且我的成绩也在前10了，所以我要珍惜这次机会。"很欣喜这次的转校让孩子对遵守规则有了新的理解，开始为珍惜拥有而正视规则。

当我和他说起"规则是因为拥有时"，真年表示他非常理解这句话。他说："原来我，考试总是很紧张。当我参加了几次演讲班，不断地经历各种挑战，我发现我的心态越来越好了，考试也不太紧张了，就能发挥得比较好了。但是演讲班是有规则的，就是'团队是一，我是团队'，需要我们和团队在一起。有时候，我来参加之前和父母刚刚有过一些争执，所以情绪不太好，不想融入一个非常积极的团队，可是因为我拥有演讲班同学，他们一直很接纳我，帮助我，支持我，所以我要遵守规则，我就要放下情绪，快速融入。"他对这句话的解读让我非常欣赏，再一次让我意识到高手在民间啊。

真年感受到我崇拜的眼神就更加眉飞色舞了，说："七年级的时候，我去美国参加了夏令营，看到了自由女神像，她一手拿着象征自由的火炬，一手拿着象征规则的法典。这其实也预示着规则是基于拥有，有规则的自由才是真正的自由。"我马上拿笔记下孩子这么生动并富有哲理的话。

想起真年爸爸以前经常给他讲很多道理。他爸爸很喜欢研读哲学，所以会从人生观、世界观的角度对问题进行辩证分析，也可能会相对比较抽象。平时孩子觉得爸爸讲得太深奥，听不懂，但潜意识可能已经输入了一些信息。所以在真年情绪高昂的时候，就可以流淌出来了。一个有思想的爸爸和孩子交流，可能孩子当时不能完全接受爸爸的理念，但这些思维其实就像种子深深地埋在了孩子的头脑里，当条件渐渐成熟的时候，它就开始破土而出了。孩子在他未来的人生中，经历一次次的生命故事，他就会悟到爸爸的话并且深深明白其中的道理了，对爸爸的敬仰之情也就逐年增长，庆幸有这么智慧的父亲为自己的人生导航。

当我们拥有朋友，我们需要诚信，懂得付出，善解人意，这些是交朋友的规则。当我们拥有健康，我们需要关注营养，锻炼身体，心情愉悦，这是健康的规则。当我们拥有幸福，我们需要修身养性，练达智慧，感恩慈悲，这是幸福的规则。

当我们深深明白，规则是基于拥有，我们便对规则多了一份别样的情感。珍惜拥有是我们内心真切的渴望，遵守规则则是我们对自己深深的期待。

66 恩重如山的父亲

听小侣说着她爸爸的故事，我简直有些不敢相信这个世界上真的有这么伟大的父亲，如山的父爱。好多次我听着潸然泪下，也为小侣背后站着这么一位坚强伟岸的父亲欣慰，由此想到天下的父亲，想必他们都有深沉动人的故事。

小侣的亲生父亲在她6岁的时候因病去世了，留下6岁的她和4岁的妹妹。小侣妈妈很坚强，独自撑起了这个没有爸爸的家，正常工作之余起早贪黑地打零工贴补家用，有时候都没有钱买米，但小侣妈妈从不拖欠学校的学费，说欠学费孩子会被人瞧不起。但只有妈妈的家，没有了爸爸的保护，两个女孩都非常胆小，怕黑，晚上也很怕小偷。夏天打雷的时候，妈妈很害怕，两个女孩更是无助地蜷缩在一起。小侣妈妈尽管愿意一个人把家撑下去，但也希望有个爸爸来让这个家可以有阳光和力量，可以被护佑。

小侣说她现在的爸爸来她们家的时候，她在读小学五年级，爸爸没有结过婚，比她妈妈小8岁。她爸爸性格很开朗，晚上经常一家人唱歌，猜谜语，成语接龙，有了爸爸的家开始有了歌声和欢笑声。

有一次，小侣听到妈妈在问爸爸要不要生一个自己的孩子，她听到爸爸说：

"现在我们的收入养不起三个孩子，况且如果我有自己的孩子了，我不知道我能不能做到公平对待三个孩子。把她们姐妹俩养大成人，我就已经知足了。"小侣听到后特别感动，她和妹妹都决定长大后一定要孝顺爸爸。

早上天还没亮，爸爸妈妈带领小侣姐妹去操场跑步，一家四口跑步的脚步声和着爸爸的歌声构成美妙的晨曲。在爸爸的带领下，小侣姐妹不仅成绩好，体育也都很好，爸爸说身体好才有力气学习。

为了陪伴小侣姐妹学习，她爸爸凭初中的学历，硬是报了大学自学考试，陪她们读书的八年间，她爸爸自学拿到了三张自考的文凭，家里经常是三个人看书做作业的景象，妈妈为充满希望的一家人做家务，鼓劲。小侣说爸爸从来没有批评过她们姐妹俩，他一直把自己作为榜样让姐妹俩看到他是如何努力学习的。

她爸爸非常喜欢写文章，好像是《浙江日报》的特约通讯员。他总是把稿费集起来，为母女三人买礼物。小侣记得她小时候最喜欢的玩具爬娃就是她爸爸送的。在那时的岁月里，这个爬娃的价格是很高的，一般的家庭都不太会给孩子买，可是在她过生日的时候，她爸爸特别去县城帮她买来送给她，让那时的她觉得自己是非常值得被疼爱的，提起这个爬娃小侣一脸幸福。

小侣爸爸看到冬天小侣妈妈洗衣服手很冷，就用他积攒了一年的稿费在妈妈生日的时候，帮她买了一个洗衣机。她妈妈当时激动得话也说不出来，爸爸在一旁傻傻地笑，小侣爸爸心里好像没有他自己，她们姐妹开心，小侣妈妈开心，他就开心了。

小侣说当时学校离家很近，走五分钟就到了。可是在她参加中考的那几天，爸爸每天骑自行车带着她去学校，在校门口下车的时候，她爸爸就说："去吧，爸爸把运气送给你。"听到爸爸这么说，小侣心里的压力就没有那么大了，那年小侣超过重高分数线50多分。小侣说她爸爸好像是天生的心理学家，那句话是特别好的心理辅导。

小侣和妹妹先后考上了重点高中，她爸爸每个双休日都骑自行车轮流送她们上学，往返需要两个多小时。爸爸说这样可以省下很多路费，并且一路上可以一起交流学习和生活。每个星期有这样一段一对一的交流，姐妹俩和爸爸妈妈的心都离得很近，这是非常有质量的陪伴。

小侣妹妹平时成绩非常好，在班里都是前三名的，可是高考没有发挥好，非常伤心。爸爸专门带妹妹去县城看电影吃饭，还用自己不舍得用的稿费给妹妹买了一套套装，说奖励妹妹这一年的努力，也祝福明年的高考可以幸运。我觉得小侣爸爸是很多父母的榜样啊，在二十多年前，就已经懂得款待高考失利的女儿，让女儿感受到高考失败了，可是亲人的爱没有丝毫的影响，让她可以有勇气面对失败，从头再来。

小侣大学毕业后，成了一位人民教师。小侣是一个非常好强的女孩，刚开始做老师的时候，因为经验不足，她教的班级考得不好。小侣回家向爸爸妈妈倾诉她的学生考差了，她很伤心。她爸爸微笑着听小侣说着她如何如何努力，可是还是教得很差。听完，爸爸拍拍小侣的肩膀，说："你再大也是我们的孩子，以后的日子如果好着，你可以不经常回家，如果受委屈了，一定记得回来，爸爸妈妈在家里等你们回家。"小侣说听到爸爸这样说，就觉得那些委屈没有那么重要了。二十多年过去了，在小侣人生的风风雨雨中，一直是这句话让小侣觉得她是有爸爸妈妈疼爱的孩子，是够好的，是值得人生会越过越好的。

小侣说，现在她和妹妹的女儿也都已经很大了。可是爸爸的脾气变得有些奇怪，特别是在她们给爸爸买礼物的时候，爸爸经常会非常生气，百般挑剔。小侣非常不解，不知道发生了什么。有一次在吃饭的时候，爸爸终于透露了原因，他说："你们给我买的礼物，我是特别珍惜的，可是如果我不小心掉了，就会特别心疼，非常难过，所以我不希望你们给我礼物，我向你们发脾气就是用这样的方式告诉你们我不要礼物，你们只要健康平安就是给我礼物了。而且你们又生了两个这么可爱聪明的女儿，给我的生活增添了无穷的乐趣，这就是你们给我最好的礼物了。"

小侣说，她听着听着眼圈就红了，她爸爸一直在为这个家付出，可是他从来没有要过任何一点点回报，即使她们送一点礼物，爸爸也就这样拒绝了，她真的不知道这辈子如何回报恩重如山的爸爸。

两个小外孙女小时候一放学回来就要先去看看外公，外公看着她们总是如获至宝，三个人玩成一团，笑成一窝。外公经常自豪地告诉别人说："我的两个女儿又生了两个女儿，她们都是我今生的宝贝。"

小侣说，她和妹妹的两个女儿现在都上大学了，可是过年的时候，小侣爸爸会给家里的五个女人每人一个大红包。她爸爸说感谢小侣妈妈一年辛苦做家务，而对两个女儿和两个孙女，他说怎么疼爱都不嫌过，女儿再大都是女儿。

听到小侣说她爸爸的真人故事，我心里对小侣爸爸升起无尽的敬佩，很难想象生活中真的有这么神奇、智慧、高尚的爸爸，我想很多亲生的爸爸也会自叹不如，所以我想说小侣她们姐妹俩是幸运的，因为她们的爸爸是上天恩赐的，值得用一生来感恩和敬爱。

67 我已经爱上我了

快过年的一个下午比较空，我邀请我很喜欢的女孩去银泰吃满记甜品，我很惦记满记的西米椰果。女孩问我说："杨老师你现在饱吗？"我说："我不太饱，是不是你有些饱吃不下呢？"她说："那倒不是，要不等我下次考试考好了你再请我去吧。"我知道她是为了下午我可以请她吃甜品专门从家里过来的，不过这次考试发挥有点失常，她对自己比较失望，我辅导她科学，她心里有点内疚，所以我想她是觉得不好意思接受我的邀请。

我拿起包，动作较为夸张地从沙发上站起来，招呼她说："走吧，我女儿以前和我说过，人是有两个胃的，一个是吃饭的，一个是吃甜品的。"我知道这样说不太科学，但至少可以让女孩减少一些不自在。

我们走进银泰，因为要过年了，里面人比较多。我和她边走边聊，我说："你看这些妈妈都自己在玩手机，孩子们自己在玩具边和柜台边摸来摸去，我觉得妈妈们没有很好地享受和孩子们一起玩的乐趣，也没有真正地在陪孩子呢，好可惜的。"女孩说："是啊，当孩子长大了，妈妈想和孩子说话的时候，孩子就开始自己玩手机了。"女孩一直古怪精灵，她的话简单却颇有些哲理和韵味。

满记里面已经没有座位了，我们点了三份西米椰果，我们每人一份，给女孩妈妈也打包一份回去。因为要等20分钟，里面没有座位，所以我们就出来逛逛。

一个小水池里面养了很多小金鱼，我们被吸引了过去，一个阿姨来招呼我们说："要钓鱼吗？20块钱钓10分钟，很好玩的。"我们笑着对视了一下，我说："如果我和你妈妈一起来，那个阿姨一定不会让我们玩钓鱼的，看来你还在适龄人群中。"她看看边上的那些小小孩，很开心地笑了。可是我们都觉得把小金鱼用鱼钩钓起来有点残忍，所以忍住没玩。

又看到一个大型活动丛林探险，我问女孩想玩吗？她说以前到北京舅舅家去做客，当时看到的时候挺想玩的，可是小表妹太小了，舅舅说等小表妹长大就可以一起玩了。她说现在小表妹可以玩了，可是我已经太大了，不能玩了。女孩的话很有画面感，我听到一份隐隐的失落。

转了一圈回来的时候，靠窗的一个位子空出来了，我们便欣然坐下，等待甜品。她往窗外看了一会，就转过身来跟我说话了："杨老师，我经常对别人有很多要求，如果他们不能满足我的期待我就会很不开心，很生气，你觉得我要怎么办呢？"她的问题总是很富有情感，也很有深度。我说："给我举个例子好吗？"她说："我有一个最好的朋友，是个女生，我们共有一个关系稍微不好一点的女同学，下课的时候，如果这个最好的朋友来找我玩，我就很开心。可是如果她去找那个女生玩，我就会很不开心。然后我就假装做作业，其实心情很不好，作业一点也做不出来的。"

她接着说："可是我也很心疼我那个最好的朋友，因为她发现我不开心了，就要来哄我开心，要哄很久，我才能开心的，她有我这样的朋友，真是太累了。"我很喜欢女孩可以这么细腻精准地描述她的心路历程，也感觉到做她妈妈其实也不容易，可能一不小心，她就受伤了。

我问她："那你自己有想过怎么让自己变开心吗？"她说："我就告诉自己，她去找别人玩才好呢，这样我就可以抓紧时间做作业。"我说："这样想有用吗？"她说："感觉没有用，说服不了自己。"

我问她："那时你的期待是什么？"她说："我的好朋友看到我伤心了，可以理解我，安慰我。"我说："你可以尝试着用你期待好朋友对待你的方式对自己吗？"她说："就是告诉自己，我理解我有点小气，我有点受伤，我接受我自己，是这样吗？"

听着女孩柔柔甜甜的声音，感慨这么美丽的女孩又这么灵性智慧，又心疼又欣赏。说完她总结了一下说："就是觉察自己，心疼自己，花时间精力陪伴自己，这个方法太好了。以前我不开心的时候经常要看小说，或者画数字油画，这些事情很费时间的，等心情好些了，再做作业就很晚了。这个调节心情的新方法好像不用花很多时间，而且可以随时用，谢谢杨老师，今天太开心了。"

我们经常会听到要爱自己，可是我们也很迷茫怎样才是爱自己。这时我们可以闭眼回到自己，我们可以轻轻地问自己，如果有一个人很爱我，我希望他怎么对我呢？比如当我们受委屈时，我们希望有人可以安静地陪伴我们，帮我们温柔地递上纸巾，帮我们倒一杯热茶，听我们好好地倾诉，然后把手放在我们肩膀上，告诉我们我很理解你，我也很心疼你，这时我们会觉得委屈减少了一半，觉得这个世界上至少还有人重视我，我是有价值的。

可是真的不是所有时候，我们的亲人朋友都刚好有时间精力可以陪伴我们，这时候，我们便可以用上面的方法温柔地对自己。这时候，你就可以发现，这个世界上至少有一个人是随时准备好来爱你，安慰你，陪伴你的，那个人就是我们自己。

我去参加美国职业临床心理咨询师琳达·卢卡斯老师的萨提亚专业课，老师的一句话让我觉得非常有意思，"我已经爱上我了"。

以前我们会一直去梦想听到这句话"我已经爱上你了"，或者我们会告诉别人"我已经爱上你了"，于是我们会觉得很幸福，很陶醉。可是这句话是需要有别人来和我们合作的，有些人等了一生都没有等到机会，还有些人说过或者听到了这句话，可是渐渐也失效了。

当我们学会说"我已经爱上我了"，用希望别人爱我们的方式先爱自己，我们可以随时感受被爱，幸福便随心而至。

68 听她们讲那过去的事情

琳说弟弟是个非常优秀的男孩子，优秀得超群，每年过年的时候，爸爸就表扬弟弟，拿弟弟的成绩单和奖状给亲戚朋友们看，边看边笑。为了对比，爸爸还让琳也拿出成绩单和弟弟比较。琳说这时候，她心里觉得很羞愧，很屈辱，可是脸上是笑的，装作开心的样子。所以她就形成了当心情不好的时候，假装笑得很开心的习惯。因为只有笑着，才能让爸爸满足贬低琳炫耀弟弟的愿望，才不会因为自己的不开心不配合引来一顿骂。

琳也非常爱弟弟。弟弟五年级的时候，有一次给女同学写了一封情书，老师说他肯定是抄的，于是向琳爸爸告状。弟弟一直是爸爸的骄傲，被老师告状这么小写情书，爸爸气急了，就让弟弟跪在地上往死里打。琳舍不得弟弟，就扑到弟弟身上保护他，承认是自己没有管好弟弟，以后一定会严格要求他，再出现这类事情就让爸爸打自己，这样才把弟弟从爸爸的暴怒中抢救出来。

琳说她从小就承担了家里的很多农活和家务，记得四岁的时候，天还没亮就被妈妈叫醒，和妈妈一起去地里喷农药。因为小，没有力气，喷得不稳，妈妈就会骂她，她当时觉得很伤心，但是不敢哭。因为她有一次听到大人说，家里有一个男孩就够了，想把她送给大伯家，所以她是不敢哭的，唯恐哭了，家里人就更不喜欢她了，她就要被送掉了。

所以琳一直觉得她只有不断地干活，并且很乖，不发脾气，她才能留在家里，和弟弟在一起。她很爱弟弟，经常在妈妈骂弟弟的时候，默默地陪着弟弟。妈妈是一个很漂亮，很聪明的女人，因为家境不好，中途辍学，所以心里有很多怨恨，经常在他们姐弟不太乖的时候，把怨气倾倒在他们身上，所以姐弟俩经常有相依为命的感觉。

琳和我是多年的朋友，她很善良，很隐忍，很大气。但她经常觉得自己是不好的，是不可爱的，不优秀的，她工作非常勤奋，但她依然觉得自己是不配得到表扬和感谢的。

最近有一次，琳遇到一件很伤心的事，她边说边流泪，却还不时地苦着脸笑笑。当时我很不能适应，完全不明白为什么有这么奇怪的表情，她到底想笑还是想哭呢，我心里也有点懊恼，有点理解不了。

我参加美国执业临床心理咨询师琳达·卢卡斯的萨提亚专业课时，也碰到了这样一个同学，边哭边笑，比小琳还要夸张。我问老师这是什么情况，老师说："通常是小的时候情绪比较压抑，不允许直接表达悲伤、委屈等，所以他们通过笑的方式保护自己，让自己好过一些。"

听到老师这样的解释，我再联想小琳的故事，对小琳更多了一份理解和心疼，同时也觉得自己对他人还是需要多一份好奇，少一份评价，这样就可以接触到更真、更明亮的人性。

在萨提亚的课上，还有一个热情美丽的女同学莉，每一次她讲话的时候都会耸肩摊手，做出很多动作，让我觉得很做作，很夸张，感觉有一道小小的屏障堵在我和她之间。在一次小组讨论的时候，另外一个勇敢的女同学向莉表示她这样夸张的姿势让我们觉得不舒服。莉温柔地感谢了这个女同学的坦率，还跟我们讲了她的故事。莉的弟弟是个聋哑人，莉需要在说话的时候配合手语弟弟才能听得明白，每次都要这样说话，莉也觉得压力很大，身心疲惫。所以当她和我们交流的时候，当她觉得有压力的时候，就不自觉地会启动一些身体动作。去年她妈妈因为抑郁自杀了，所以莉的压力更大了，说话的时候身体的有些动作会让她平复些情绪。她边说边流泪，我也悄悄地擦泪，很心疼她。再看到她说话时同样的动作，我就像看到一个可爱的孩子在边说边做动作，怜爱疼惜。

还有一位年龄比较小的女同学，她经常一分享就哭，到下课时间了，她还要继续分享，我觉得她幼稚，不太能为同学着想。在我们画家庭图时，我和她是一组的，说到她从小到大的家庭，她还没画就哭了。她说她出生两个月妈妈就离开了她和爸爸，后来她被送到亲戚家。再后来爸爸找了一个很凶狠偏心的继母，她就回到了爸爸和继母家中，现在爸爸已去世。妈妈在两年前找到了，妈妈结了四次婚，她都不知道妈妈的真名叫什么。所以在她成长的过程中，有很多很多的委屈，一不小心，委屈就跟随泪水漫出来了。因为她的委屈太多了，也就顾不上大家的需求了。这一刻，这个女孩在我心里就像我妹妹一样值得疼爱了，我再也不会责怪她幼稚，只觉得要对她更好些，让她觉得被爱，被重视。

最近这些事这些人，让我看到每一种看似怪异、负面的行为背后，都有一个充满伤痛的童年故事。孩子在幼小的时候，为了让自己在夹缝中生存，发展出一些保护自己的模式，长大后就不知不觉延续下来了。

和人接触的时候，如果看到一些暂时不能理解和接纳的行为或表情，可以带着一份期待和关怀去走近。放下自己的评判，就可以遇见他人的生命故事，连接他人的生命能量，美好就可以在连接中发生。

当一个孩子在安全、和谐、欢乐的家庭中成长时，她就可以真实地展现自己，她的自我价值感就会比较高，她会感觉到自己是可爱的，有价值的，她的内在和表现就可以很一致。他们在面对压力时，也就更有力量和信念可以接受挑战。

和谐的、充满爱的家庭中出来的孩子，他们的身上是有光的。

69 妈妈，我身后的大树

昏黄的灯光下
妈妈用报纸
卷起一堆硬币
妈妈说
零钱没有关系
不拖交就行

妈妈用边角布料
帮我拼成彩色书包
在亲戚邻居送的旧衣服上
缝上一个小黄鸭
妈妈说
旧点没有关系
干净就行

学期结束
我拿给妈妈三好学生的奖状
妈妈的笑容飞上了天
妈妈说
累点没有关系
女儿争气就行

后来
我上了大学
妹妹也考上了大学

后来
我做了老师
妈妈说
收入少点没有关系
学生认可就行

后来
我辞职了

做了几乎所有人都不看好的工作

妈妈说

冒点风险没有关系

自己喜欢就行

后来

我又回来做老师了

我想把学生捧在手心里

让家长学习成长自己

妈妈说

没有先例没有关系

你觉得踏实有信心就行

我说

妈妈是我身后的大树

是我前行的灯

妈妈说

女儿是我一生的宝

其实妈妈觉得

你是否成功没有关系

你开心健康就行

70 过年回来的孩子们

寒假上来的第一个晚自修,我问了孩子们一个问题,你们的寒假过得开心吗?孩子们举手做了选择,将近30个孩子中有3个是开心的,有5个是特别不开心的,其他都说过得很平常,无所谓开心或者不开心。孩子们一个个上来分享了他们的寒假生活。

小天说:"我的寒假是不开心的。今年我去奶奶家过年,爷爷奶奶年纪很大了,还经常争吵。平时我们很少回家,想必他们过得很不开心,以后我要和爸爸妈妈一起多关心爷爷奶奶。还有过年的时候大人们都在打牌,有的甚至还赌钱,而且赌注还很大。我看到他们的孩子好奇地看着爸爸妈妈打牌,当时我心里是很担忧的,他们的父母一定没有顾及他们是在给孩子树立一个不好的榜样。我已经在演讲班这么长时间了,我觉得我要去劝劝那些大人,不能再这么任性了,为了孩子,请管好自己的言行。"听着小天的分享,我的心情像心电图一样起伏,让我惊喜的是孩子看到了一些让他难过的画面后,开始思考他可以做些什么来改变现状,甚至还会着眼于教育,着眼于未来,我的心里满是欣赏,欣慰于孩子比父母更成熟,更会思考,更有社会责任感,感觉到我们的社会会因为这代人而在精神上更饱满丰盛。

觉得过得比较开心的孩子,分享中有一个共同的特点是寒假开始的时候制订了计划,在过年的节奏中,依然可以按照计划玩乐和学习,所以他们玩得比较舒心,作业也提前完成了。特别是听到开学前几天同学们还有成堆的作业没有完成,都说要连夜赶作业时,他们更加认可最后几天的自在感。小贤说他在寒假看了一部电影很受启发,他说:"影片中描述了一个外星球的生活,他们是彻底信息化了的,连妈妈做好了饭,要让孩子出来吃饭都要发邮件,几乎所有的时间都是在电脑前度过的，人和人之间都是通过机器联系的。我感受到他们的世界很冷漠，人与人之间没有感情，没有幸福感。所以我这个寒假和家人一起的时候，都放下了手机，陪父母和爷爷奶奶聊聊天，我感受到和玩游戏不一样的温暖。"小贤刚来的时候，是一个非常聪明但看别人都不太顺眼的孩子，听到他从电影中的冷漠联想到感受人情的温暖，我心里也暖暖的。

过得不太开心的孩子，在分享中都提到寒假前制订了计划，但没有按计划执行，过年几乎都在疯狂地玩游戏，和大人一起出去吃饭，无聊就玩手机，大半个寒假过去了，作业堆积如山，最后几天只好通宵抄作业，感觉自己年过得很糜烂，很堕落。也有同学说和父母出去玩了，但玩比在家里还要无聊，因为大人们都在玩手机，或者说着他们的过去，小孩子都耷拉着脑袋在边上听那些他们不感兴趣的话题。

我问他们，如果要寒假过得开心点的话，要怎么过呢？孩子们大部分都回答说，他们想要寒假可以学习和玩兼顾，而不是疯玩忘了学习，感觉到自己很没有自制力，荒废时间，也特别希望可以至少有一天和同学一起玩。我问他们有没有和父母表达过他们的心愿。大部分同学说没有。我在想，是什么让孩子们不愿意和父母分享心愿呢？如果父母提前听到了孩子们的心声，会有什么感受呢？他们会不会很惊讶，看来整天只知道玩的孩子原来也有自知，原来他们希望自己是节制的，为了支持我们的孩子养成他们自己想要的品格，我们可以做些什么成全他们的意愿呢？

迅一如既往的害羞，开始说了，倒也很流畅。他说："我的寒假有开心，也有不开心，我先说开心的吧。我们一大家子出去旅游，坐了两趟火车。第一次只有半小时，我看到一个老奶奶站在我身边，想起来让座。我走过去问了一下我爸爸可不可以让座，爸爸说可以的，我就让了。"我好奇地问："你让座为什么要问爸爸？"他说："我不是很羞涩嘛，问一下就好一点。"可爱的孩子，他接着说："第二趟坐火车是两个多小时的，我心里想会不会又碰到一个老奶奶呢，果然又碰到了一个，这个看起来有八十多岁了，我正想让的时候，爸爸先站起来让座了，我为爸爸自豪。后来我们去了一个很大的商场，我看到一个募捐箱，把钱包里的钱都投了进去，但我有点害怕，爸爸会不会责怪我捐太多了。出商场的时候，弟弟要买个小玩具，爸爸让我给他买，我只好艰难地告诉爸爸我刚才把钱都捐了，爸爸竟然没有怪我，我想爸爸也是支持我这么做的。我做了帮助人的事，心里很高兴。"听着这个孩子的诉说，我眼前浮现的是平时迅妈妈热心帮助其他孩子和妈妈们的场景，我想她已经在孩子心里播下了善的种子，这样的孩子会把他人、把社会放在自己心里，有福的好孩子，用心播善的好妈妈。

迅在台上停了一段时间，他很纠结，他说："这几天我一直很愧疚，我是这期演讲班的团长，可是在这几天毕业典礼的时候，我没有如期赶到，听说团里有人在最后一天的时候因为没有写好讲稿临时脱逃了，我想这和我这个团长没有到是有关系的，我觉得对不起团队。"我问："你有努力过吗？"他说："我们买机票的时候少了一张，所以就晚了两天，我请求爸爸让我一个人先飞回来，但爸爸没有同意，说不安全。"我问："所以其实你是尽力了的是吗？"他说："是的。但我还是很愧疚。"我让他思考一下，他还可以做些什么让自己减轻些愧疚，我把问题留给了他，没有留答案，我相信他会有答案的。

在这一期的家长沙龙上，我也问了一下家长，这个年过得开心吗？二十个家长有一个说她过得是开心的。我在想，这个比例和孩子们的比例有什么关联呢？家长想要的开心的过年又是怎样的呢？从我们自己和孩子们过年的回顾中，我们有哪些收获呢？

71 考试考砸了要告诉父母吗

上辩论课的时候，我给了孩子们一个主题，考试考砸了要告诉父母吗？孩子们举手表示他们自然生成的想法，20个孩子中，赞成告诉父母的有12个，8个表示不想告诉父母。

后来我们正反方组成了四比四的辩论阵容。正方一辩的第一个观点是孩子考试考差了可以培养家长的心态。听到这个观点，我们的辩论老师，华东政法大学的辩论社社长表示非常疑惑。课程结束后，他专门来问我这是什么情况呢，孩子考砸了为什么可以培养家长心态呢？

我眼前浮现出以前孩子考砸时她妈妈的神情。两年前，当这个孩子考试考差了的时候，她妈妈就开始非常严厉地清点最近这段时间她的过错：作业没做完就开始玩手机；看韩剧超过规定时间，边看边傻笑；总是挑那些看起来不太正规的很潮的衣服穿，连校裤也要改小了再穿，心思根本没有放在学习上。当妈妈这样数落她的时候，她也经常尖着嗓门跟妈妈吵，说妈妈平时一心在工作上，对学生很好很关心，对女儿总是没时间，并且很粗暴，边说边哭。我想她妈妈说的都是事实，所以孩子自觉理亏，又觉得当面被批评特别没有面子，所以像刺猬一样跟妈妈杠上了。结果一般是孩子哭得很伤心，妈妈双眼含泪，满脸愁容，不断哀叹。

几乎每次周末，我都会看到孩子和她妈妈的争执。她妈妈经常无力地向我求救："杨老师，你帮我和女儿谈一谈吧，她特别崇拜你，非常喜欢和你谈心，每次你和她聊过她都很开心，觉得被理解，说学习也更专心了。"其实她妈妈经过家长沙龙将近两年的学习，完全有能力自己面对孩子了，只是她以为她还不行。所以有一次，我就狠心拒绝她，相信她自己可以交流好。

她也懂我的好意。妈妈开始和孩子分享自己的困惑，向孩子请教妈妈可以如何面对困惑，当孩子用清晰精准的思路帮妈妈分析时，妈妈有些惊呆了，她发现孩子的回答远远超出她的想象，并且孩子还循循善诱，直到妈妈明白。她妈妈终于发现孩子有多厉害了，简直具备心理专家的潜质。并且妈妈羞愧地发现，当自己面对失落和压力时，孩子特别温柔、善解人意，根本没有像妈妈平时对她那样数落妈妈，孩子平时一定也是看到妈妈的一些问题的，但那一刻，孩子舍不得说妈妈不好，因为她觉察到妈妈的揪心，难过，她只想好好地陪陪妈妈。一周不见了，此刻，她对妈妈只有心疼，只有宽慰。她也尽力用她聪慧的头脑给妈妈一些建议，相信妈妈有能力调整自己。

在那次的沟通后，妈妈开始理解孩子考砸后的心情了。这个孩子是一个阳光积极向上的孩子，一周的学习很辛苦，周末回家来，想要放松一下的心情完全可以理解。如果考试考砸了，就像妈妈面对一件失落的事情一样，那一刻的孩子需要的不是有人指出她的很多错误，而是妈妈的一句我理解，一块孩子喜欢吃的新鲜的芝士蛋糕，这些或许更能抚平孩子的伤口，让她可以带着暖暖的爱再出发。

幸运的是妈妈开始有所察觉，并不断成长。上学期期末考，孩子考得很不理想。当她妈妈告诉我成绩时，我能感受到她的平静，她说："如果这次考得好，就可以保送重高，会让中考轻松些，但孩子会缺少竭尽全力迎考的体验。这次没有考好，知道的时候稍有低落，但我想孩子自己一定更伤心，所以就静静地陪了她一会，我不怪她的时候，她的情绪调节能力还是挺强的，擦干眼泪就开始做科学了，说这次考试一定是对她的考验，看她是否能从困境中崛起，让她可以更努力学习，赢取中考的漂亮成绩。"

妈妈发现，原来教育这么简单，只要心中有爱，顺势而为。从那次考砸起，妈妈更温柔了，和孩子的交流也更通畅了，看到孩子更多的时候不是叹气而是满心欢喜，而孩子也为妈妈心态的进步而欢喜。她总结为是她考砸了妈妈才成长的，可爱可心的好孩子！

在这次辩论中，我还发现赞成考砸了要告诉父母的孩子大都脸上洋溢着阳光，自在开朗。他们的观点是如果告诉父母，父母可以理解他们，可以鼓励支持他们，一起去寻找考不好的原因，并相信他们可以重新鼓起勇气认真学习，父母的爱可以让他们有力量和信心前行。我猜想这样的观点大多是来自生活中真实的体验。

反方的同学总体气质比较沉静，忧郁。孩子们说，如果考砸了告诉父母，父母一般都会打骂，而考砸本身已经够让人伤心了，老师可能已经骂过了，回来再挨父母打骂实在太惨不忍睹了，而且反方大部分同学表示小时候有考砸了被打的经历，有一个孩子说现在想起来还很痛。还有一个孩子说，如果考砸了告诉父母，父母会因为他考砸了而降低他在父母心中的地位，孩子说的时候，一脸气愤。我联想到这个孩子和父母平时很少说话，只用点头摇头来表示他的想法，来演讲班几个星期的时间，他开始在同学们的接纳鼓励下，从轻声含糊地表达观点，到清晰明朗地分享收获和体验。感觉到孩子因为自信走路腰也挺直了，他妈妈说他开学考也考到了前所未有的高分,班级第三。当孩子可以跟团队坦言他的压抑时,他的情绪会因为这份承认而有很大的疗愈。

他的妈妈也是学校的老师,是班主任,我能理解作为老师白天面对学生成绩已经有很大的压力了,晚上回家面对自己的孩子就会很不耐烦,会用简单粗暴的方法来面对孩子。但是对孩子来说,也真的很不公平,别的孩子在学校里面对的是老师,回家来面对温暖柔情的妈妈,而老师的孩子在学校面对的是老师,在家里还是面对严厉的老师,孩子的情绪可以在哪里得以宣泄呢,他们的妈妈在哪里呢?

我想对做老师的妈妈们说,千万不要以为我们是好老师我们就一定是好妈妈,这是不同的领域,好老师要成为好妈妈,或许和其他的职业相比并没有多大优势。在我女儿上幼儿园的时候,她的老师来家访,说:"你们对女儿的要求太高了吧,我感觉你在拿你初中的大孩子和幼儿园女儿比高低啊。"女儿老师的话点醒了我,从那时起,我开始经常反省自己,及时做回妈妈。我也感谢我从女儿幼儿园起的觉醒,才让我现在拥有一份我和女儿都非常喜欢的自在的母女关系。

辩论结束时,我问我已经上大学的女儿:"女儿,你那时考砸了会告诉妈妈吗?"女儿笑笑说:"当然告诉啊,因为没有一次考砸了,你听到的时候很难过啊。"

亲爱的妈妈们,你的孩子考砸的时候会告诉你吗?你希望他告诉你吗?他告诉你的时候你心情怎样呢?你当时说的话心口如一吗?

72 孩子说,我靠这些想法活着

在我们的辩论课上,九年级的孩子渊反复强调一个观点:"我觉得人都是自私的,包括我的父母,父母爱我们是因为他们想爱我们,所以他们的爱是为他们自己的,所以我觉得父母是自私的。"演讲班其他孩子听到这个观点有两种态度,一种觉得父母无私的爱被曲解,很愤慨,强烈地对这种观点进行抨击。还有几个觉得这个观点很新鲜，但也不知道他究竟在讲什么。渊的观点非常鲜明，并且思路也很清晰，伶牙俐齿，他发言后对方辩友经常找不到靶心，无言以对，所以那次辩论赛上，渊被评为最佳辩手。我对渊的观点很好奇，想找机会探究一下他这些想法的由来。

周一的晚自修，我邀请渊来和我交流一下。我问他："在辩论课上你用的'自私'这个词是中性的还是贬义的？我很好奇，所以想问问。"他说："我说的'自私'是中性的，我觉得父母爱我们，不完全是因为我们，一部分原因是因为他们有爱我们的意愿，他们为了完成自己的心愿，所以爱我们。"这和我对他的观点的猜测比较吻合，我也觉得这个孩子思考问题的角度比较独特。我说："我能理解你的想法。那天在辩论课上，大部分学生对'自私'的理解是自私自利，损人利己，所以他们对你的观点就会很不认同，平时也经常见你和其他同学争得面红耳赤，有没有可能你既保留你自己的观点，在和同学交流的时候，也尽量用大家理解的概念来和大家交流呢？"

我在说这些话的时候，觉察到孩子的头越来越低，身体也开始蜷缩起来。我问他："你现在心情怎样呢？"他说："感觉很压抑，我觉得你们都想说服我接受你们的观点，我的父母、老师、同学、好朋友，但我心里完全不能接受。"我知道他没有完全理解我的话，可能他平时也经常听到身边的人质疑他的观点，就习惯性地进入抗拒，在焦虑失望的情绪中，他的耳朵也就开始拒绝声波了。

这时候，我自己也有点受伤，觉得被他误解了。我不认为他是错的，只是期待他看到事实，或许可以更在意些其他人的理解，能和身边的人相处得更好一些。我调整了一下心情，问他："这样的想法主要是你从书上学来的，还是自发产生的呢？"他说："我在很痛苦的时候，为了避免从痛苦中拔不出来，就发明了这一套想法。这些想法尽管让我不太幸福，也可以让我不太痛苦。可是父母总是不理解我，他们说不过我就开始骂我。"我此刻非常理解作为他父母的不容易，父母作为普通人，确实很难接受这些看起来有点深刻，也无法辩驳，但让人很抓狂的想法。

我想再多听听，可以对他更多一些理解，所以我问他："你可以说说和父母的交流吗？"他说："有一次，妈妈对我说她对我的爱比对爸爸更多一点。我就跟她说你这样想不对，因为如果爸爸死了，你一定不会再嫁人，而如果我死了，你一定会再生一个孩子的。我觉得我说得很有道理啊，可是我说完，妈妈很生气地骂了我。我真的不知道为什么。"孩子说完，真的十分伤心，还拿餐巾纸擦眼泪。可是我此刻完全不能像往常一样和孩子同频，我站到了他妈妈的立场上，深感他妈妈的不易。我只能换个角度问他："你这些这么独特的想法对你的好处是什么呢？"他说："是这些想法帮助我活命的。"那晚聊了一小时，我觉得我对渊还是不太能理解，相信灵敏的孩子也觉察到了，他离开心语室的时候，小脸白白的，没有什么表情。我也觉得很低落，我不太接受这样的交流结果。

当晚，我和我的搭档探讨了我和渊的这次谈话。我问他对于"是这些想法让我活命的"是怎么看的。他说他小时候觉得外婆过于严厉，而父母又不在身边时，就会想人反正要死的，现在难过点其实也没什么关系，现在再开心以后也还是会死的，这样想，自己就不会太痛苦了。估计渊生活中也会有些让他觉得很痛苦的事，所以他就会躲起来一个人思考，想出来一些让当时好过一些的想法。我问他："那你后来是怎么变得更积极的呢？"他说当他大学毕业后，有幸遇到了一些人，这些人让他觉得他无条件地被爱被接纳，然后那些逃避痛苦的理论就不太需要用了，渐渐地就被更积极的想法取代了。他说他不是被人说服的，是被爱滋养后，阳光的心态就慢慢出来了。

听到搭档的自我剖析，我豁然开朗，决定用爱和接纳来对待内心有不少伤痛的渊，不再试图改变他的想法。我相信被爱的孩子内心的冰山会被融化，幽幽的蓝会被暖暖的阳光浸润。

听渊妈妈说，在渊小的时候，妈妈听了一个教育台的讲课，说应该让孩子独立成长。所以孩子摔倒了，妈妈就让他自己起来，忍心看他哭也不会搀扶他。如果去超市，就让他一个人拿着东西，重也不帮他，要锻炼他独立。晚上父母忙就经常让他一个人在黑暗的房间里，因为需要他独立。我听了她妈妈的话，觉得很冷，我猜孩子小时候也经常被冷落。这是一个非常聪慧敏感的孩子，我想他小时候可能经常会怀疑父母是否真的爱他，而幼小的他很绝望，他就只能想出些自己说服自己的理论，让他可以平复一下受伤的心。我对孩子多了些理解。

第二天见到孩子，我很真诚地向他道歉了，承认我当时确实心里有点不理解，没有站在他的角度考虑问题。孩子马上释然了，说："杨老师，有一次，我爸爸哭了，我妈妈马上去安慰他，我竟然有点嫉妒我爸爸。因为我哭的时候，他们总是骂我。所以我只能一个人躲起来悄悄地哭。我经常觉得非常孤独、无助。"我感谢孩子马上恢复了对我的信任，我说："谢谢你信任我，告诉我你心里的想法。你希望爸爸妈妈可以更多地理解你，陪陪你，是吗？"他说："我是不是很自私。"我说："反正自私是中性的啦。"

他笑了，我们都懂。

我体验到接纳在交流中的魅力，可能我不能完全理解对方在说什么，可能我们当下的价值观不完全一致。但可以先像篮筐收下投来的篮球一样先收下对方的话，让对方感受被尊重，交流就可以有效地进行下去。

当孩子感受到足够的接纳、尊重和爱，他对人和事物的理解会自动排序，支持他活下去的想法会自动升级。所以我想说，孩子，老师和父母会好好接纳你、爱你，你会发现当光照进来，黑暗便悄然隐退了。

73 我想在中考前充满激情

晶有些无奈地看着我说："杨老师，离中考还有一个多月，但我觉得心里很乱，学习静不下心来，不知道怎么办了，想让杨老师帮我理理思路。"晶是我很喜欢的女生，平时很文气，说话也很有条理，去年阳明春晚的时候，他们排了一个小品《奥特曼打小怪兽》，她扮演小怪兽，又可爱又凶猛，让我看到她活泼淘气的一面。每次看到她，我都忍不住要抚摸一下她白皙清透的小脸，今天她来找我，我心里还是有些高兴的，预感到和她聊天的过程会是一个美好的旅程。

我身体向她这边靠了靠,离她近些,疼爱地看着她,说:"谢谢你在情绪低落的时候可以想到杨老师,我很愿意可以陪你一起看看怎么样可以调整状态。你有没有状态特别好的时候呢?"晶说:"有的,就是在去年参加演讲班的时候,我觉得精神状态特别好,学习成绩也一下子进步了100多名。我在七年级的时候成绩比较好,考过年级前70名,可是到八年级就不行了,那时候爸妈一定要我参加美术、弹琴这些兴趣班,我不想参加,所以很不开心,心里也很乱,成绩退到了200多名。后来妈妈就带我来阳明,参加了演讲班,觉得学习又有动力了,效率也高了。"我问她:"那你觉得参加演讲班那段时光是什么不一样了,所以你就开心了,学习也有动力了呢?"她说:"主要是正能量爆棚,都是感恩、欣赏、阳光向上的心态,每个星期都参加一次,就一直可以很有激情。"我问她:"如果给那时候的激情打个分的话是几分呢?现在有几分呢?"晶抬起头回忆了一下说:"那时候激情有9.5分,现在只有七八分了,不太稳定。"我问:"那你觉得在现在没有参加演讲班的情况下,有可能也可以让激情升到9.5分吗?"她说:"不可能,没有办法了。"

我能感受到她这一刻真的很无奈。我说:"我一般在心情不太好的时候,会找朋友聊天,而我心里知道,这个朋友很欣赏我,和这个朋友聊什么都可以被理解,被接受,可能他还会给出点好的建议,聊完我就会觉得好多了,又可以开心地生活了。这样的朋友你有吗?"晶听完就有点兴奋了,说:"这样的朋友我也有的,有好几个呢,对哦,这个办法其实我经常用的呢,我还可以和杨老师聊天。"明显感觉到孩子开心起来了。

我又问她:"你有喜欢听和唱的歌吗?我原来只有在开心的时候唱歌,上星期我和一个很优秀的同学佳宁聊天,她说她不开心的时候一般都会唱歌,她还给我唱了一首《失落沙洲》,我被她投入的歌唱打动,也开始尝试在低落的时候唱歌,发现真的很有效唉。"她马上接上来说:"我也有,我特别喜欢《光与信仰》,唱唱就会很有力量了,也觉得很有希望。"说完她就从我的手机上找到了这首歌,开始哼唱,我很享受地听,这首歌明朗欢快,是小女孩的节拍。听完我也给她唱了一首我喜欢的英文歌 *Be here*,她有些惊讶,可能以前不太听到老师唱歌,她表扬我唱得特别好，我心里美美的。

我说："我还喜欢骑自行车，特别是骑车去鹃湖，看到这么平静安宁的湖泊，觉得心里的乱就可以放下了。"晶有点迫不及待地说："是的是的，我喜欢打羽毛球，打完就很爽了。我也有我喜欢的地方，我们家边上有一条小河，河边上有一棵我自己小时候种的果树，看到它就很亲切，很安静，还可以摘果子吃。"她开始主动思考还有什么方法可以让自己开心起来，她说："我还可以在不开心的时候做数学题，因为数学有点难，所以就可以集中精力，那些破事就忘掉了。还有就是吃点好东西，也会很开心。"

我和晶一起扳手指算了一下，我们已经想出来了六种办法，我们觉得还有更多方法的。我说："嗯，你提醒我了，我一般会在不太有激情的时候，喝杯咖啡，闻到咖啡的醇香，慢慢地品味它的苦涩醇厚，温馨舒适便随之而来了。我还特别喜欢吃榴莲，这个东西有人特别喜欢，有人特别不喜欢。这让我想到我女儿在高考二模考完给我打电话，说她有一个特别的坏消息要告诉我，我问她是什么，说来听听，女儿说她的作文只拿了一半的分数，而她前一篇作文老师给了满分。我告诉女儿我听到的时候其实有点高兴。因为我觉得作文其实和吃的东西一样，如果有人特别喜欢，就可能会有人特别不喜欢，就像榴莲一样。而水，味道淡淡的，就不太有人特别喜欢或者不喜欢。女儿的文风很特别，就可能会有老师特别不喜欢，这样如果在高考的时候，遇到特别不喜欢她的作文的老师就可能会得低分了。这次提前得了低分，我们就可以重视这个问题，做些调整，高考就不太会出现同样的问题了。"

晶说："杨老师，就是在模拟考中，如果出现问题，我们可以用感悟的心态去总结和改变，这样就不会太低落了是吗？"我不得不再次欣赏这么灵动聪慧的小女孩。

晶说："阳明的中考学哥学姐们都说会唱着《欢乐颂》，读着《我们的阳明》进考场，他们说这样会开心、幸运。"我提议我们一起来唱《欢乐颂》，我说："我们抬起头，目光看着天空，仿佛看到一个挥着翅膀的天使，慢慢地、欢快地唱《欢乐颂》。"我和她一起唱，唱得满脸圣光。

我问她："我们有几种方法了？"她说："有九种了，还有一种就是可以和妈妈拥抱，这样妈妈也会很开心。"我说："你现在激情有多少了？估计这些方法用起来的话，学习激情会有多少分呢？"晶的小脸红扑扑的，说："现在又有9.5分了，有这么多方法的话，平时也可以有9.5分了。这样我就更有信心去迎接中考了。"

在中考即将来临的时候，孩子们大多会进入比较焦虑的状态，也有一部分孩子会怀疑自己是否紧张过度，是否有心理问题。只要孩子还可以正常地吃饭睡觉，一般都是迎考前的正常压力，不属于心理问题。

家有考生，家长需要把自己的心态调整到平静安宁的状态，为孩子照顾好生活的同时，用欣赏理解的心陪伴孩子走向考场。家长也可以回忆自己在面对压力的时候是如何面对的，和孩子做些分享，这样可以让孩子有些借鉴，同时也觉得被理解。

特别建议家长在临近中考的时候，多抱抱孩子，用身体传递爱和支持的信息，成为孩子温暖、坚定、有力的战友。

我在我女儿高考前的迎考卡片上写的一句话是："即便高考，也要一路欢笑，一路歌，我心怡然。"

74 有一种紧张，是妈妈觉得我紧张

祯第一次来见我的时候，是那年暑假，中考刚结束，因为同学介绍他想来报名演讲夏令营，他妈妈陪他过来的。祯在填写入学登记表时，我先在心语室和祯妈妈聊。他妈妈坐下来就滔滔不绝地告诉我儿子的故事，故事的主要内容是儿子很内向，很胆小，沟通不主动。妈妈讲了将近半小时，故事才接近尾声。我笑笑说："我感觉正在听一段激情的演讲，听完我只需要为你鼓掌就可以了。中间有几次其实我想和你聊几句的，可是好像一点缝隙也没有，插不进话来，等你讲好的

时候，我前面的思绪已经飘走了，不想说了。我猜儿子平时和你的交流可能也和我们的交流差不多，只要听你说就可以了，所以他也就渐渐发展出只听不说，或者只听少说的应对模式了。也就是你刚才说的内向、不主动了。"祯妈妈非常惊讶地看着我，说："好像是这样的，平时我讲完的时候，问儿子有什么看法，他一般都说没有什么看法，我急了就再多讲点，然后他就转身回房间了。现在回想起来我讲到中间的时候可能他是有想法的，我讲太多了，他就没有什么要讲了。"

儿子在入学登记表上，在给父母的建议栏上，填写的是希望妈妈能多听听自己的想法，多理解自己。征得祯的同意后，妈妈看了儿子在建议栏上的内容，又忍不住说了一句，那为什么每次妈妈问你的时候你都说随便呢，儿子刚刚露出来的一点笑容又隐退了，头比刚才更低了。后来祯参加了演讲夏令营，他说他小的时候是演讲过的，只是上初中后再也没有机会了，在演讲班他终于可以找回曾经自信的自己，他的勇气也回来了。他的演讲风格是条理清晰，并且也富有情感，讲到和爸爸的几次沟通，爸爸对他考试没有考好的时候的包容接纳，祯的眼角闪着泪光。

在他妈妈不在的演讲场合，他演讲得自在洒脱。

现在祯高一了，他跟妈妈说挺想念在演讲班的日子的。会考前他妈妈给我打电话说，儿子的基础应该还好的，可是感觉很紧张，邀约我给祯做一下心理辅导。见到祯，他还是一如既往的平静。我问他："妈妈说你要会考了，心里很紧张，是这样吗？"祯说："其实我还好的，是妈妈觉得我紧张，然后妈妈紧张了，我也就感觉有点无力和心神不宁。"我觉得这个说法很有意思，我问他："那妈妈觉得你紧张，你觉得她的依据是什么呢？"他说："就像小时候，妈妈带我出去玩，到了亲戚朋友家里，我喜欢先坐着观察一段时间，看那些人在做什么，根据他们的表情推断一下他们的心情，我觉得这样很有意思。妈妈本身比较开朗，她喜欢到了就和大家聊天，她发现我一个人坐着不说话，就让我叫叔叔阿姨，还说我胆小、没礼貌，每当这些时候，我都觉得很紧迫急促，她就更断定我很紧张了。这次要会考了，妈妈要我出去散步、吃饭、买东西，我不想去，喜欢一个人安静地在家里看书，或者上一会儿网，或者听听音乐，这样我觉得很放松。妈妈就觉得我不愿意出去一定是很紧张，紧张就会考砸，所以她特别紧张，想出很多办法来让我高兴，可是我不是她，我和她喜欢的生活方式是不一样的。杨老师你是不是可以和妈妈聊聊，让妈妈可以尊重我喜欢的方式。"

我特别能理解祯说的他有他自己喜欢的生活方式。就像我和我女儿，我非常喜欢和亲人朋友在一起，喜欢有人陪伴，一个人的时候，我会觉得有点孤独，所以有时候女儿一个人在家里，我就会觉得她很可怜。有一次，女儿告诉我，其实她很喜欢一个人在家里的，可以看书，听音乐，看电影，吃东西，什么都可以做，什么都可以不做，她说的时候，神情也挺陶醉的。那一刻，我特别有感受，尽管她是我的孩子，她竟然和我有这么大的差异。从那次后，我就非常好奇地观察、询问、发现，珍惜我和女儿的不同，赞叹生命因差异而丰富。

每次当我参加比赛的时候，我都特别想争第一，心情会比较紧张，而女儿经常会更多地关注她的同伴有没有得奖，同伴得奖了她好像比自己得奖还高兴。我问她为什么她没有妒忌同伴呢？她说因为他们是好朋友啊，他们高兴她就很高兴啊。所以她开心的时间就会比一般人更多些，我也很欣喜女儿有这样的好心态。从那以后，我就不太担心女儿紧张了，因为通常是妈妈觉得女儿应该紧张，而她其实有她自己调节心情的方式。她比我以为的要好多了。

期中考后，小凯妈妈联系我说，儿子考得不好，班主任告状说他数学作业也没有好好订正，英语单词默写也不认真，小凯妈妈说要崩溃了。晚自习开始的时候，我让同学帮我请小凯来一趟心语室，小凯推开门，露出半个头，惊慌地说："杨老师你找我啊。"我被他的神情惹笑了，我说："你干坏事了吗？"他进来坐在沙发上，尴尬地笑笑说："期中考试考砸了。"我说："考砸了，所以你预计老师会骂你吗？"他摸了摸圆圆的小脑袋说："今天妈妈已经骂过了，尽管以前杨老师没有骂过我，但我还是觉得可能会很可怕。"我笑笑说："我努力让自己不要太可怕好吗？那面对自己没有考好，你心情怎么样呢？"他说："我和妈妈一样觉得一切都没有希望了，我也知道这样不好，我希望我还是可以从低谷爬起来。"我可以感受到小凯的沮丧，我问他："那你觉得妈妈的态度对你有多少影响呢？"小凯说："有80％的影响，每次我考不好或者老师打电话说我在学校不乖，妈妈就非常紧张，很绝望，妈妈的心情不好，我心里就很乱，在上课的时候心思经常飘出去，做作业和考试的时候也经常静不下心来，所以考试也经常考不好，然后妈妈就更紧张了，然后我就更乱了，这样恶性循环。"小凯分析得很透彻，我也很理解他的话，因为小凯平时和妈妈挺亲密的，小凯的情感也很敏感细腻，所以他受妈妈情绪的影响会比较大。当晚我们训练了当妈妈有情绪时，小凯努力用自己的平静安宁理解的状态去面对妈妈，让妈妈因为小凯状态的调整而有所改变，懂事的孩子愿意从自己做起，应对考试的失利，得到妈妈的理解和支持从而继续前行。

　　还有一个女生恩恩在临近中考时，说她经常遇到大考就会发挥失常。她说她伤心的时候没有人可以倾诉，因为妈妈平时工作压力很大，每天都很不开心，她一般都说些开心的事让妈妈心情好一点。有一次她把心里不开心的事情告诉妈妈了，妈妈接连三天都是到早上三四点还在担心女儿睡不着觉，从此她就只能报喜不报忧了。而当她要跟心态比较好的爸爸说说话时，爸爸就说："来听我聊股票。"所以恩恩觉得很压抑，心态课上，恩恩一直在倾诉，一直在流泪。说完，小脸就开始发光，腰也坐直了。我心里还是默默期待恩恩的妈妈可以和女儿一起建立有效的沟通模式，让彼此成为心意相通的小伙伴，可以互相滋养灵魂。

　　有一种冷，是妈妈觉得我冷；有一种紧张，是妈妈觉得我紧张。当孩子渐渐走入青春期，妈妈们是否可以找找曾经自信美丽的自己，找到那首曾经让你心醉的歌，那些有些模糊了的梦想，让我们用温暖的眼神，欢愉的身姿，轻快的歌声，发光的梦想去陪伴我们在青葱岁月的孩子，收起妈妈觉得的紧张，还孩子一份自在，让孩子们可以放下妈妈的紧张，徜徉在他们自己的青春旅程中。

75 小赢靠智,大赢靠德

男孩诚一直比较郁闷,他的好朋友远介绍他来我这里的时候,说诚表面看起来好像很阳光,其实他特别阴暗。我当时被他的介绍词逗乐了,很少有好朋友用这样的词黑他的伙伴,不过远是一个思想深刻的孩子,所以他说的"阴暗"倒让我心生几分好奇。对诚的第一印象是胖胖的,很开朗,思维很活跃,很聪明,他说对自己的成绩很不满意,来我这里的目的是想让自己可以开心一点,学会做公众演讲,学习也希望可以好一点。

昨天下午,诚说想找我聊天,我也很期待和他有一次更深入的交流,探究下他的"阴暗"。他有些不安地坐在沙发上,感觉他憋了好多好多话想跟我倾诉。诚是个有素养的孩子,他问了我一句:"杨老师我可以开始说了吗?"我笑了笑说:"我准备好了,你开始吧。"他说:"前几天,我特别敬爱的一个老师来我们学校做了一场中考励志演讲,我听着他的演讲内心澎湃,觉得自己非常幸运,可以跟着这么优秀的老师一起学习,我的激情被激发了。可是在第二天的语文课上,我们的语文老师说我的演讲老师的观点'一切都是最好的安排'是错的,还举例说,如果有同学作业不做,被老师叫到办公室批评,同学和老师都不开心,这难道也是最好的安排吗?我当时听到语文老师这样评论我心中的男神老师,特别愤怒。不过我觉得我还是成长了,如果在以前,估计我已经和老师吵了。而那天,我只是举手说,老师我可不可以出去一下,等你这一段说完再进来呢?当时语文老师答应了,可是我内心的怒火在熊熊燃烧,我觉得我敬爱的老师被践踏了。"

诚边说边拿起餐巾纸擦眼泪,可以感受到他的情绪非常强烈。我说:"谢谢你这么爱你心中的男神,欣赏你是爱憎分明的男孩子。你告诉我这件事是想听听我的想法是吗?"诚觉得被理解了,情绪也平稳下来,说:"我想知道如果杨老师是我，你会怎么做呢？"我说："我们曾经学过情绪管理ABC，A是事件本身，B是我们对事件的解读，C是我们对这件事的情绪反应。今天我们一起来分析一下这件事可以有哪些解读，你先说好吗？"

他说："当时我很生气是觉得我的语文老师要故意贬低我的'男神'，我觉得他这样做是错的，所以我就爆了，这是第一种。第二种是语文老师对文字是比较敏感的，当他听到'一切都是最好的安排'的时候，可能他觉得这个观点不够辩证，作为一个语言文字的研究者，他有责任要来纠正错误。"我对他观点转变的速度之快有点不太适应，只好暗暗感叹孩子比我们以为的要厉害多了。我问："当你这样想的时候，你的心情怎样呢？"他说："比较平静，觉得没必要生气，让我们更客观地看一句话是语文老师的职责。"

我问他："还可以怎么看呢？"他好像不需要思考，马上又接着说："我的'男神'很有魅力，他演讲完同学们都很激动，好多女生都感动得哭了，老师担心我们盲目崇拜，把'一切都是最好的安排'用错地方，导致一些不良事件出现。因为我们在青春期，自控力比较差，所以语文老师要及时提醒我们，以防我们在中考还有20多天的时候找借口不好好学习。这样想想，觉得我们语文老师有点像我们的家长，杨老师，现在我完全不生气了，还有点觉得对不起老师，我误解老师了。"

看到孩子内心这么明显的转变，我对他的智慧和善良很赞赏。突然他眼神非常明亮地看着我，说："杨老师，你知道我最崇拜的人是谁吗？一共有两个，一个是于谦，他是浙江钱塘人，著名的政治家、军事家，汉族，明朝名臣。他是永乐年间进士。于谦少年时十分仰慕文天祥，除了习读八股制艺，还努力研讨古今治乱兴衰的道理，'慨然有天下己任之志'。我敬仰于谦高尚的气节。杨老师你知道于谦吗？"我说："我也很敬佩于谦，他的性格很刚强，遇到不痛快的事，总是拍着胸脯感叹说：这一腔热血不知会洒在哪里。"

诚听到我也很敬爱于谦便笑意盈盈了，接着说："还有一个就是王守仁，王阳明，想必杨老师也喜欢王守仁，所以我们学校叫阳明。阳明心学是近五百年来，中国人血脉相传的神奇智慧。王阳明小的时候，他爸爸问他，你长大要做什么，他说将军，爸爸打了他一耳光。第二天，他爸爸问他你长大要做什么，他说要做圣贤。王阳明一生都在为天下人身心安宁而努力，真正践行了知行合一。我觉得我和王守仁很像的，我从小就特别愿意为他人着想，我觉得为自己而努力，对我来说总是动力不足，但当我想到班级，想到年级，想到学校，甚至所有同学，我就信心百倍。以前这样说，我都觉得我自己很怪，老师和家长也说我华而不实，同学们说我装，我觉得没有人理解我，所以我觉得很痛苦。杨老师，我觉得你是可以懂我的，因为我当时听你讲到你那些美国、加拿大的萨提亚心理学的老师。有一个叫玛利亚的老太太，96岁了，还远赴重洋来到中国讲课，说想让6000万中国家庭更幸福，并且老太太坐20多小时的飞机，坚持坐经济舱，因为她想把钱用在完成帮助人成长的使命上。讲到这里的时候，我发现杨老师流泪了，所以我觉得杨老师也是有境界、有使命感的人，并且杨老师也一直在践行自己的使命，终身服务于教育。"

感恩诚可以这么懂我、欣赏我，我也被诚的这些话激励了，我说："谢谢你懂我，理解我。有些人来到这个世界上就是带着使命来的，可能我们俩都是这样的人。那中考前你想为同学、为学校做些什么有使命感的事呢？"孩子说："这段时间重高的保送生已经提前去重高学习了，班里学习最好的都走了，同学们都很懒散，老师也很焦虑，很失望。我愿意竭尽全力学习，用自己的状态带动我们班的同学，让他们最后不要放弃自己，哪怕只有一个同学受我影响变勤奋了，更积极了，我就觉得我是有价值的。我以后要成为可以影响世界的人，所以我当时就说我来阳明的原因之一是为了学习演讲，我要用一生来知行合一，我要演讲我的想法来影响全人类！"我仰起头看着诚，非常认真地告诉他："我为我可以有机会陪伴这么高境界的孩子而无比感恩和自豪，这一刻我特别希望可以留下伟人的照片。"于是，我邀请诚微笑留影，以备以后载入史册。

孩子说："原来我以为像我这样的人真的太怪了，这个世界上可能另外没有了，那些千古名人都已经去世了。杨老师，今天我好高兴，原来真的有人可以懂我。我一定要用行为让他们看到我的境界。"

中考前的孩子，一个个比平时更可爱了。阳明的中考心语是："竭尽全力奔跑，竭尽全力感恩。"竭尽全力奔跑为我们打下最坚实的基础，竭尽全力感恩为我们带来阳光的状态和美妙的幸运。

王阳明说:"小赢靠智,大赢靠德。"让我们一起陪伴孩子们大赢在德!

76 我的中考只有激动没有害怕

阳明第22期演讲班的毕业礼上,宸曦在演讲着他的中考故事:

七年级的时候,我是一个成绩不太稳定的学生,有时候会考到年级300多名,爸爸妈妈为我的成绩非常焦虑。那时候,如果我考差了,回去迎接我的是男女混合双打,惨不忍睹。如果我难得考好了,爸妈就会说,班里比你考得好的大有人在,这点分数没有什么好骄傲的,多多向别人学习。我觉得我的日子暗无天日,觉得自己没有什么希望了。

但是老天没有放弃我,经妈妈的朋友介绍我来到了阳明,一个重新让我找回自信的地方。最初来的时候,我以为是一个普通的辅导机构,我不喜欢补课,所以对补课比较排斥。可是来到这里,感受着这里的氛围,我觉得很亲切,老师们都带着欣赏的眼神看我们,上课的时候会不经意地轻轻哼歌,同学们都很好学,两小时的课都几乎不站起来,一直在专注地学习,这里的学习氛围很浓,我也深深地被影响了。我的名次也渐渐地提升到年级前100名了,我发现我比我以为的要好多了。

特别神奇的是我的妈妈。从小妈妈就非常严厉,也很喜欢讲道理,一讲就是一大串,讲的都是一些我听过几百遍的道理。可是她好像每次都忘掉她已经讲过无数遍,每次讲的时候都非常有激情,连骂带教训,我心里已经烦得不能忍了,可是还要假装在听的样子。所以我尽量让自己少碰到妈妈,在学校多打一会儿篮球,回家吃完晚饭就马上回自己房间假装做作业,等妈妈开始忙了就玩会儿游戏,能躲过一天都是好的。

妈妈自从来阳明家长沙龙学习后，眼神都变温柔了。中考前，我请假回家复习，制订了复习计划，我要刷60份中考卷，每天都复习到深夜。妈妈每天给我做夜宵，还告诉我："我有这么勤奋聪明的儿子知足了，考多少分对妈妈来说真的不重要，你一定要爱护身体，妈妈只要你身体好，开心就够了。"听着妈妈这样说，我为有这样的妈妈而自豪，学习上也觉得只有动力没有压力了。

我也相信其实妈妈一直都是这样爱我的，只是原来的妈妈不会表达，把我搞得很烦。现在我非常喜欢妈妈在身边陪我，她会安静地在边上看书。妈妈白手起家开了一个小店，她的梦想是把她的小店开成海宁第一，她的梦想也激励着我的梦想。我的梦想是开一个全国顶尖的投资公司，可以为那些需要帮助的人投资创业，帮助他们实现梦想。所以我想考上哈佛大学商学院，学到一流的经商经验。想到这些，我有巨大的动力和精力投入中考复习，觉得自己特别有希望。

妈妈自己在家长沙龙学习成长后，也影响到了爸爸。爸爸原来比较少在家里，喜欢下班后和朋友出去玩。现在在妈妈的邀请下，爸爸也会抽时间在家里陪我们了。特别是和妈妈一起参加了阳明的九年级家长报告会后，在中考前的几天，每天都接送我上学，还因为怕自己睡得太沉，听不到闹钟，每天都睡在客厅的沙发上，这样我起来他就会被吵醒了，然后就帮我做早饭，送我去上学。爸爸依然不太说话，可是他说了一句特别关键的话："儿子，中考完爸爸请你吃大餐。"这句话一直回响在我的耳边，碰到难题的时候，我就想起爸爸这句话，感觉特别美好，有力量，思路就来了，题目就解出来了。我特别感谢我爸爸的是他没有说我考得好才请我吃大餐，他只要我考完就可以了，感觉到爸爸的爱没有功利，只有纯粹的父爱。

我也特别感谢演讲班。记得那是第16期的时候，到了选团长环节，我上来推荐了两个副团，杨老师好像看到了我心里的想法，问我："其实你心里还特别想推荐一个人，就是你自己，是吗？"我有点难为情地说："是的，可是我怕万一推荐自己，一个人都不选我怎么办呢？"杨老师说："我们第15期有一个团员叫徐迅，他上来竞选的时候说：我上来竞选团长，可是我心里很害怕，但我愿意带着害怕前行,我觉得可以挑战自己害怕勇敢前行的人是值得竞选团长的,结果他选上了。"

我听后,心里默默在想,我不比徐迅差,他可以,为什么我不可以,这时候有一股暖流直冲上我的心头,我双眼发光,坚定地说:"我推荐我自己,只有自己给自己机会的人,别人才会给你机会。如果我没有试过,我成功的机会是零,而我试了,至少我会有一票选我,那就是我自己!"那一次,我真的选上了,我想我赢在我的勇气和真诚。那次选举也让我留下了面对难题知难而上的美好体验,让我越来越自信,这对我的中考也特别有帮助。

中考是我人生中的第一次挑战,在阳明的中考墙上写着:"竭尽全力奔跑,竭尽全力感恩",我这么做了,即使中考没有取得理想的成绩,我的人生依然有机会可以成功!

怡然姐姐在高考前曾经说过:"如果我的前面有一堵墙,我推墙一次,墙没有倒,我推十次,墙还是没有倒,我推一百次,墙依然没有倒,我推一千次,墙可能终究没有倒,可是我一定会因为这一千次推墙,而变得更强壮,更勇敢,更坚韧。"这也是我想给自己的中考定位。所以我会更在意我用怎样的态度参加中考,我会在中考过后,认真内省通过这次中考我学到了什么。

中考当天,我从宏达的校车上下来,我看到了一排穿着大红色送考服的人,那是我们的父母,我最敬爱的阳明的老师们,七八年级的我的好朋友们。我飞奔向我父母的怀抱,和他们紧紧拥抱,我收到浓浓的爱和祝福;我投入送考老师们张开的双臂,收到深深的相信和强大的力量。

我戴着老师和妈妈亲手做的幸运手链,迈着轻快自信的步伐走向考场,我知道我的中考有太多人的祝福,我的中考只有激动没有害怕!

中考成绩出来的时候,我心情激动也平静,702分,超过重高分数线37分,应该很惊喜,可是我更多的是平静,因为我知道我的分数中有太多人的祝福,此刻我唯有感恩。

感恩我的父母用他们的爱和成长来陪伴我中考,感恩我的老师们用他们的梦想和目标来引领我中考,感恩小伙伴们用信念和勤奋激励着我,我的中考是幸福的!

听着宸曦的演讲，回忆着一年前第一次见到他时那张青涩的脸，感受着做老师的独特的喜悦。看着宸曦中考后专门送来的杯子，白白的，像花瓶一样的形状，上面印着一只胖胖的开心的兔子，头上还顶着一只可爱的小兔兔，我明白孩子的心意。让我用心谢谢你和妈妈，你们让我对中考又多了一份领悟。

未来的路，让我们一起带着这份幸福的体验继续相伴前行。

如果我的妈妈也有梦想

在刚刚结束的演讲夏令营上，我们问了同学们一个问题：你们有梦想吗？全团22个同学，有五六个瞬间就举手了，还有一些考虑了一下陆续也举手了，当22个同学都举起了他们的手时，我心里暗暗为他们高兴，有梦想的孩子他们的暑假会多一份充实和确定，少一份无聊和慵懒；他们的人生会多一份希望和色彩，少一份迷茫和庸碌。

有一个叫恩的女生，她说她想成为心理学家，因为她听到和看到很多年轻或不年轻的生命因为一点小小的波折而选择放弃他们生存的权利，她觉得很痛心，如果他们在那个心痛欲裂的时刻，有一个心理学家倾听他们内心的声音，给予他们心灵的安抚，或许他们就可以重拾活下去的信心和勇气，让生命不要人为地过早凋零，给家人和好友带来无尽的伤痛。

恩说她的妈妈也学过心理学，但终究心理学没有成为妈妈的职业。妈妈有时候也会因为工作压力太大而整夜整夜地失眠，如果自己成为心理学家就可以先帮到妈妈，让妈妈更轻松快乐。妈妈开心了，女儿就会压力小一点，可以不只是报喜不报忧了。如果可以把自己的软弱和伤心告诉妈妈，妈妈和女儿的关系就能更亲密了，这也是她这些年来特别盼望的母女关系。她说从小到大，当她不开心的时候，她唯一的方法就是唱歌。说着，恩清亮的眼睛瞬间涌上了伤心的泪水。但恩把这些过往转化为生命的资源,她愿意成为心理学家,让他人因为自己的帮助而活得更开心。我为这个可爱善良的孩子默默祝福,愿她的梦想如花般绽放。

还有一个女孩晨,她才小学五年级,她的梦想也是成为一名心理医生。她说她原来想成为一名医生,可以治病救人,可是有一次看到电视里一个手术直播,那个血肉模糊的场景让她觉得非常恶心害怕,于是她觉得自己做不了医生了,非常沮丧。又有一次,她在电视里看到心理医生,也是医生,也可以救人,可是不需要去手术室开刀,所以她决定要做心理医生。晨的梦想的演变犹如一条蜿蜒的小路,好像还在往远处延伸……

一个七年级男生说他妈妈喜欢喝咖啡,而他自己喜欢宠物,所以他想以后开一个宠物咖啡屋,可以兼顾自己和妈妈的梦想。可以感受到这个小男生很爱他的妈妈,所以他的梦想里有妈妈的梦想。

一个九年级女生说,妈妈是开服装店的,自己也从小就喜欢漂亮的衣服,对色彩特别敏感,所以她的梦想是做一名服装设计师,开一个工作室,根据客户的身材、气质、喜好来设计衣服,成为他们的私人服装设计师。但是她说妈妈不支持她的梦想,妈妈说设计服装是没有出息的。提到这点她很沮丧,她特别期待自己的梦想可以得到妈妈的认可和支持。她在演讲班的搭档的梦想刚好和她的梦想匹配。搭档的梦想是成为一名服装销售,因为从小就性格开朗,人缘好,所以觉得自己适合做销售。设计师和服装销售一拍即合,她们彼此支持着对方的梦想,期待她们在未来的人生路上也可以用自己的特长和梦想彼此成全。

有一个被同学们评价为高冷的男生说他的梦想是成为游戏主播,他说他不太喜欢和太多人交往,成为游戏主播可以让和他一样不太喜欢和别人交往的人在游戏中找到交往的乐趣,又可以避免和真人交往产生冲突。看来这个高冷哥心里也有温暖,他的梦想里也有暖到他人的愿望。

有一个即将要去上海上国际高中的男生,他说不知道他的梦想能不能算是梦想,他的父母可能不会支持他的梦想。我们很好奇,让他说来听听。他说他的梦想是游遍世界各地,边旅游边工作,游到哪里就在哪里工作,用打工的工资作为旅游的费用。我问他如果父母反对,他会改变他的梦想吗?他说不会,可以暂时不说，等他自己工作了就自由了，不会给父母增加经济负担的。我想如果儿子执著于他的梦想，或许父母也会支持他的梦想，毕竟每个父母都希望自己的孩子可以快乐，可以喜欢自己的生活。

还有同学的梦想是在葡萄牙成为他现在就读的学校的一名教师，把阳明的文化传播到葡萄牙去。有同学要成为一名生物学家，因为从小喜欢昆虫。有一个有些羞涩的男生说他以后要回阳明来做老师，因为阳明的老师平时白天可以看看书，备备课，晚上陪孩子们自修，双休日可以迎接各个不同性格的同学来上课，并且可以根据学生的个性特点设计课堂，这样的生活安宁有趣有意义。

当孩子在说着他们的梦想时，我想起我们小时候的梦想，我们的梦想可不像他们这么具体。我们的梦想几乎都是科学家、解放军、医生、教师。最近我参加了我们初中同学会，庆祝我们毕业30年，几乎没有人还记得自己当年的梦想。

我不由得想要感慨，我们的梦想去哪儿了？

孩子们说完梦想，我问孩子们，你们关心过父母的梦想吗？只有两个孩子弱弱地举手，一个说："我问我妈妈她的梦想是什么？妈妈没有回答我，然后就去卫生间洗澡了，后来她好像也忘了回答了。"还有一个说："我妈妈好像是有梦想的，我觉得应该有，可是我忘了是什么了。"感受到孩子们有些失望。

我问孩子们："你们希望你们的父母有梦想吗？如果他们有梦想，你们的生活会有些什么不同呢？"22个孩子每个都高高地举起了手。他们说，如果父母有梦想，父母就会有自己的追求，会活得更开心，不会把所有的精力和希望寄托在孩子身上，孩子就不会有特别大的压力，而且因为父母也在追求梦想，家里的气场会积极向上，孩子在碰到困难的时候就更有力量迎难而上。父母和孩子也会更有共同话题。以后孩子们去外地读书了，他们对父母就会比较放心，因为父母的生活有追求就不太会因为孩子不在身边而空虚。

听着孩子们真诚热切的声音，我突然有一个强烈的梦想：在陪伴孩子一路成长的时候，父母老师可以重新找寻我们的梦想，追寻我们生命的独特的价值，让我们的人生重新被梦想照亮。

让我们和孩子们一起，脚踏实地，仰望星空！孩子的梦想和父母的梦想一起汇成家庭的梦想，让家庭因为梦想而生机勃发！让我们可爱的国家因为家庭梦而成就中国梦！

78 我想要爱思考

恺是那天下午三点的科学课，他来早了，在客厅等上课。刚好我这时候也空着，在心语室喝茶静观。新来的学生，我一般都喜欢抽空找他们聊天，孩子们刚来到这里，对这里的老师和环境还不太熟悉。我比较喜欢问孩子们一些可以让他们更好地了解自己的问题，这些问题都是开放式的，没有标准答案，所以孩子们回答也相对比较轻松。

通过对话，孩子们会觉得被重视，被关心，也发现自己内心原来有这么美好的素养，于是他们便容易在这个新的环境更主动地生根、融合，生根后就可以向上直立生长了。看到孩子的腰越来越挺直，小脸开始泛着红晕，眼睛也越来越发光，对我来说，这真是莫大的享受呢！

恺妈妈这周刚参加了家长沙龙，我们在沙龙上练习了真诚地跟儿子说"妈妈理解你"，并且布置恺妈妈要回家完成作业，就是要把沙龙上练习的话回家对儿子说。我问恺："妈妈从沙龙回来有什么变化吗？"恺说："妈妈说要互相理解。以前妈妈经常乱说一通，说'你要我理解你，首先你要理解我'，听到这些话，我的心情烦躁，不想理她，觉得妈妈太严格，太凶，就和妈妈吵架了。"孩子说得很真诚，听起来就像听到母子在对话。我们练习的话是"妈妈理解你"，而回家这句话就变成了"我们要相互理解"，我可以感受到妈妈想要儿子理解的心也是非常迫切的。我想再了解一下妈妈改变后，孩子的反应是什么，所以我又问："妈妈说要相互理解，你的心情怎么样呢？"恺说："我很开心，也觉得有点怪，她平时不是这样说话的，为什么这样说话了呢？估计她在家长沙龙被教育了一下，但我觉得她应该会很快变回去的。"看来孩子对妈妈的变化也不是特别有信心，同时也可以读到孩子对于妈妈的理解满怀期待。

我对于妈妈改变后孩子会有怎样的变化很好奇，所以我又问他："如果妈妈稳定地改变，你会有些什么不一样呢？"恺说："我和妈妈的关系就会变好，会相互理解，她让我做作业我就会去做了。"我对这个孩子越来越有兴趣，记得刚见面那天，他缩在沙发一边很少说话，很羞涩。可是今天他回答问题思路很清晰，声音很响亮，和那天在爸爸妈妈身边完全不一样。

我问他："你觉得你自己是一个怎样的人呢？"他头有点低下去，说："我是一个爱玩的人，不自信，太会玩不好。"我问："你爱思考吗？"他说："不爱。"我问："家里有人爱思考吗？"他说："爸爸工作时爱思考。"我问："爱思考会给爸爸带来什么？"恺说："爱思考带来工作顺利，遇到困难就不容易紧张。"我问："你猜杨老师为什么问你这么多问题？"恺说："为了了解我，也让我了解自己。"我再次被这个被父母评价为成绩不好，不爱学习的孩子的思考力惊呆。我对他回答问题更有信心了，就继续提问："如果你爱思考，会带来什么呢？"恺说："成绩会好一点，和同学说话就不太会有矛盾，想清楚会不会伤到别人再说话。"

我觉得很奇怪，是什么原因让这么有思考力的孩子不爱思考了呢？我问他："妈妈爱思考吗？"恺说："有点冲动，会一点思考，总体不太思考。"我问："如果妈妈爱思考，你会有什么不一样呢？"恺说："妈妈思考会带动我也多思考，做事情前思考清楚，会养成爱思考的习惯。"我问："你现在爱思考的分数有几分？你想要有几分呢？"恺说："我现在只有3分，我想要10分。希望爸爸妈妈多理解、帮助我，阻止我贪玩，多让我学习，让我碰到困难的时候，自己查资料解决问题。我特别希望自己可以做选择。"我听到了一些委屈，我问："你现在可以自己做选择吗？"他说："大部分做选择的时候，是由爸爸妈妈决定的，我从小就希望可以自己做选择。"我问："你自己做选择感觉会有什么不一样呢？"恺说："会比较累，有压力，怕选错，但可以尊重自己的意见，比较开心。做选择的时候需要独立思考，还会提高自己的思考能力。"

我想再了解一下孩子的学习兴趣。我问："你有没有比较喜欢和擅长的科目呢？"恺说："科学、体育、美术，科学是因为有实验比较有趣，体育、美术也是比较有趣。我不喜欢英语和音乐。"我问："在英语课上，如果把你自己比成一个动物，那会是什么呢？"他觉得这个问题比较有趣，就开始思考了，一会儿，他说："像老鼠，从不举手，老师让我说的时候，我也不说，并且偷偷摸摸玩。"他想了一会，又开始自己说起来："音乐课上，我是一头熊，乱唱一通，还和旁边同学打闹。"我和他都觉得这样比成动物特别好玩，把我们自己逗乐了。

我想探索一下他怎么看自己的英语学习，就问他："你不喜欢英语是因为什么呢？"他说："因为听不懂，小学一年级的时候，不懂，偷偷玩，后来干脆不听了。"我问他："那老师怎么做你可能就愿意听了呢？"他说："老师讲一遍英语，再讲一下中文，我听得懂了，我就愿意学了。"

我觉得我问了孩子好多问题，他每个都很真诚地作答，这次交流我们俩都觉得很开心，很有收获，我和孩子的心瞬间就走近了，感觉到我们的关系很亲密了。最后，我们相互给了评语。我对恺的评语是："灵活，思考能力强，真诚，活泼。"恺对我的评语是："和蔼，亲切，爱笑，有趣。"恺自评今天的爱思考分是7分，平时是2分，我给恺今天的爱思考分是9分。恺说今天他积极思考是因为今天他的开心分是9分，开心了，思维就很活跃了。平时他的开心分是6分，爸爸在的时候是5分，因为爸爸太严肃了，不太跟他们讲话。

每个妈妈都希望自己的孩子是个爱思考的孩子，如果你觉得你的孩子不太爱思考，不妨考虑一下造成孩子不爱思考的原因是什么呢？妈妈自己爱思考吗？妈妈在过往的岁月里给了孩子足够的思考机会吗？孩子有机会为自己做选择吗？孩子在身边的时候妈妈欢喜吗？孩子有玩伴吗？妈妈是否经常思考如何才能让孩子爱上思考呢？

我特别想问妈妈们的是：其实你的孩子自己想要爱思考的，你曾经听到过这句话吗？你愿意从今天开始陪伴他走上爱思考的路吗？

让我们一起去聆听孩子内心的呼喊："我想要成为爱思考的人！爸爸妈妈请你们帮帮我！"

79 妈妈只读懂我的表面

八年级男生禛经朋友介绍来到阳明，禛妈妈觉得孩子到青春期了，沟通非常困难，让妈妈觉得很无力，想改善一下和孩子之间的关系。第一天见他们母子的时候，感觉到妈妈非常着急，在妈妈说了一堆问题后，我转身问儿子怎么看妈妈提出的这些问题，儿子慢吞吞地说："我觉得没有什么不好啊。"对于妈妈的问话，他的回答基本上是"还好啊""都可以啊"，妈妈的眼神中充满了无奈。

我对禛很好奇，是什么让他形成了用"都可以"回答几乎所有问话的模式呢？我期待有机会可以和禛单独交流来探索一下其中的奥秘。一个星期后，我和禛约了一小时的一对一沟通，我心中充满好奇。和禛一起在心语室坐下来，我自己倒了一壶茶，给禛泡了一杯已经毕业的学生从海南带回来的奶咖，在落地灯温暖的灯光下，我们慢慢地开始了话题。我问他："你现在心情怎样呢？"他说："还好啊。"觉得又进入了和他妈妈交流的相似模式。我说："听到你这样似曾相识的回答我心里比较好奇，你这样模糊地回答，妈妈会懂你吗？"禛考虑了一下，嘴角微微上扬，表情有些奇特，这次的回答特别清晰："妈妈懂我也不懂我，她懂我的表面，不懂我的内在。"

这句话进一步激发了我的好奇心，我用和他同样的句式说："我懂也不懂你说的话，字面的意思我懂了，内在的含义我不太明白，你可以给我举例吗？"他被逗乐了，说："好，那我就给你举个例子吧。在开学前的时候，妈妈问我要不要买笔，我说都可以啊，这个其实只是我表面的意思，其实我内在还有三层想法：第一层是买但是少买一些，这样既让我有新笔可以用，并且也不太浪费；第二层是尽量多买些，因为我比较容易丢笔，多买点就不会没有笔用了；第三层是不买，因为我想要让自己养成管好自己学习用品的好习惯。"听了这么新鲜精辟的分析,我饶有兴趣继续问他:"那你最有可能是怎么做呢?"他说:"我通常会按内在第一层做,因为另外的做法比较纠结,都可能会后悔,而第一种不太会纠结和后悔。"我很欣赏他全面的思考方式,但我还是有疑问:"那是什么原因让你说'都可以啊',而不是买但是少买点呢?"他说:"因为如果我这样说,妈妈就会问为什么,我就不知道要怎么回答,妈妈问我为什么的时候,我总是很烦躁,所以说都可以啊,这样妈妈就不会问我为什么了,而在这样的情况下,妈妈一般还是会带我去买的,那我就可以买但是少买点了。"

听起来儿子对妈妈的研究还是比较透彻的,所以我想起第一次他们来的时候,妈妈很焦虑而儿子很淡定。我问禛:"你觉得妈妈对于你的内在思想有兴趣了解吗?"禛说:"她可能不知道我有这么多想法吧,我也不知道怎么表达,我总是说不清楚。"我问他:"那你觉得今天你讲清楚了吗?"他摸了摸头,好像很惊讶,说:"今天讲得很清楚啊。"我问:"那今天和以前有什么不一样呢?"他说:"妈妈平时问为什么的时候,好像不是问为什么,更像是质问,对我的选择不满意,所以我就很烦躁,就说不出话来了,今天我觉得老师听得很耐心,我就能慢慢地理出头绪来了。"

后来征得孩子同意,我把孩子的表面一层,内在三层意思告诉禛妈妈时,她有点不相信这是她儿子的想法,她一直以为儿子活得很随性。听到这些分析,妈妈开始觉察到需要真诚耐心地听听儿子的多层意思,遇见儿子的内在想法,发掘一座地下宝库,让妈妈和儿子的内心可以相通。

三个星期后的一天,我再次和禛约了一小时的一对一沟通。在禛来之前,一个家长正在和我聊她孩子的早恋问题,所以我就顺势问禛他对于中学生班级恋情怎么看?他说:"我们班有一个男生谈恋爱,他爸爸被老师叫到了办公室。"这次孩子比上次更热情主动些,我再问他:"你怎么看这件事呢?"他说:"我觉得这个男生恋爱可能是三种情况:一是好玩;二是填补心里空虚;三是炫耀。我分析最有可能是第三种情况,因为他平时成绩不好,所以想借这个事炫耀一下,不过其实那个女生长得也不美,只有那个男生觉得她是美的,所以也炫耀不了。"听他这样条理清晰的分析,我觉得和他聊天非常享受。

我继续问:"你觉得妈妈和你的关系有些变化吗?"他说:"有的,我是要再举个例子吗?"我不得不表扬他:"懂我,高情商!"他得意地笑笑说:"比方说冰淇淋和保龄球吧,我和妈妈的关系经历了三个层次:第一个层次是妈妈带我直接去打保龄球,大家都没有什么话说。她可能内心想问我想不想吃冰淇淋,但她没有问;我可能内心也想吃冰淇淋,但我也没有说,主要原因是我们都不太想和对方说话。第二个层次是我会跟妈妈说我想先吃冰淇淋再打保龄球,因为我觉得妈妈比原来要温暖了,可能她不会直接拒绝我,让我难堪,所以我愿意向妈妈表达需求。第三个层次是妈妈会主动问我要不要先吃冰淇淋,再打保龄球。妈妈会主动关心我的需求了,不再只是让我做她觉得我应该做的事,妈妈变温柔了,我也会主动告诉妈妈一些内心的想法了。"

孩子的表达已经精准得超过我的预期,我想禛只是代表很多青春期的孩子说出了他们内心最真实的感受。他们好期待妈妈意识到他们已经长大,他们内心有想要发声的强烈愿望,当他们并不能一下子把丰富复杂的思考呈现为精准的语言时,他们想要的是妈妈的温柔等待,温暖鼓励的眼神,他们就会尝试着把有些凌乱的想法告诉妈妈,而不只是用"都可以"来敷衍了事。

如果得到妈妈的接纳和认可,孩子们的表达就会渐渐顺畅,从孩童时代的感性直观的语言渐渐演变成青春期的理性而富有条理的成熟语言模式。当孩子们自己整理出这些思考型语言时,他们也会很感慨于自己的成长,而妈妈更会惊讶于自己十多年的陪伴后,突然开出的奇异美丽的花朵,赞叹生命的神奇和美好。

读到这里,可能你会想,我的孩子也能说出这么有深度、有思想的话吗?我怎么从来都没有听到过呢?我只想悄悄告诉你,孩子智慧的花朵会开在妈妈温柔的眼神里……

80 听听孩子心中的尊重

在演讲班,我们让孩子们分享了他们对尊重的解读,下面是孩子们的分享实录:

尊重是关心。有一次跑800米,我太累了,有同学看到我跑不动了,就走到我身边关心地问我能不能坚持,还在边上陪我,跑完后还把身上的外套披在我身上,尽管有点热,但我还是特别感动,觉得我被这位同学尊重了,很开心。

尊重是不要突破别人的底线。在学校里,我经常被同学取笑,用很伤我自尊的话来侮辱我,我觉得被羞辱,很难过,所以我想要被尊重,想同学和老师可以不要超越我自尊的底线。

尊重是理解。有一次上体育课,我去了一下厕所,回来就迟到了,被老师骂了,很伤心,当时有同学看出来了,说理解我,我马上就心情恢复了。尊重让我觉得像吃了消炎药一样,可以疗愈伤心的病痛。

尊重是一个小游戏。我在班里不太说话,成绩也不太好,所以下课的时候我经常只是一个人待在座位上很孤独,有一个同学看到我有点可怜,就过来跟我玩小游戏,我感觉到被他重视了,觉得自己有价值,被尊重的感觉就是被重视。

尊重是不爆粗口。我觉得有个别老师在很生气的时候爆粗口,很不尊重人,我有时候自己也爆粗口,不尊重别人,我觉得作为文明人首先是要用语文明,我感觉到阳明的老师和同学都很有礼貌,用词很文雅,我也要做到不爆粗口,尊重人。

尊重是平等。我们活动课的时候去打篮球,隔壁班的班主任对成绩不好的学生说,他们是没有资格打篮球的,而我们班主任对同学是公平的,我们班成绩差的没有被抓回去。所以我觉得尊重是平等。当我们觉得人格被尊重,我们就很喜欢我们班主任，更愿意认真学习，让老师为我们班自豪。

尊重是信仰。尊重是相信如果我想要别人尊重我，我首先要尊重别人，如果我先尊重人，我就更有可能被尊重。

尊重是鼓励。在我的科学、英语辅导课上，老师看到我题目做得好，就很大声地表扬我，让我觉得自己还是有救的，所以我这两门课成绩也越来越好了。

尊重是互相理解。我们老师让我把发型改得更符合学生规范，老师说她其实也很喜欢我的发型，但是学校有规定，所以我们只好委屈一下了。我觉得老师很理解我的心情，我也愿意理解老师的难处，尽管剪头发我还是很难过，但我觉得我和老师相互理解还是很开心的。

尊重是替我着想。原来我妈妈答应来接我总是要迟到几分钟甚至几十分钟，我经常等得很焦虑，会和妈妈吵架。我和妈妈交流后，妈妈改正了，现在基本上可以准时到了，所以我觉得妈妈替我着想了，我也更愿意尊重妈妈了。

尊重是自我尊重。我有时候在游戏中、在考试中会面临失败，但我来阳明后，我愿意看自己能不能从失败中学到。尽管结果不好，但我会评估是不是尽力了，我做得好的是什么。就像怡然姐姐说的那样，即使我的中考高考都失败了，我的人生依然可以成功。所以尊重首先是尊重自己，自己有力量有尊严了，就可以尊重他人了。

尊重是体谅。有一次在上语文课的时候，我生病了，语文老师感觉到我可能生病了，就轻轻地摸了一下我的额头，说有点发烧，你可以靠着桌子边休息边听课，我觉得老师特别体谅我，后来语文我也学得特别认真，语文成绩也越来越好了。

尊重是适当纵容。我们上语文课的时候，因为老师很年轻，同学们都不太听话，有一些同学睡着了，还有些同学在说话，老师说："在吵的同学请你们小点声，不要吵醒了睡着的同学。"觉得老师非常可爱、宽容，说话的停下来了，醒着的同学就听得更专心了，睡的同学也起来听课了。

尊重是高情商。在我的辅导课上，老师自己去加水的时候，都会帮我也倒一杯，我觉得这个老师情商很高，了解到我的需求，我觉得被尊重了，听课就更高效了。

尊重是掌声。我来阳明前，是一个很不自信、很内向的人，但是在演讲班，每次讲完都有掌声。随着这一次次的掌声，我开始觉得自己也是有能力的，开始自信了。这些掌声就是我一直内心深深渴望的尊重，是不管我表现好和不好都会被接纳的幸福。

尊重是鼓励，刚才我们演讲的时候，郑璐姐姐邀请我一起上去演讲，我觉得我被鼓励了，心里觉得很有力量。

听到演讲班孩子们对尊重的解读，我欣赏他们对尊重都有独特的见解，当他们体验到尊重，他们就更有可能会付出尊重给同伴、给老师、给家人。

给孩子们上演讲班，和他们一起经历、体验、成长，对我来说是莫大的享受，孩子们就像一架钢琴的琴键，演讲班演奏着一曲曲悠扬美丽的生命乐章，感恩有机会陪伴孩子们一起跌宕，穿越，蜕变……

写到这里，我开始有点惊讶，孩子们心中的尊重基本上是来自同学，来自老师，他们对于家庭中的尊重又是怎么看的呢？你愿意听听你的孩子想在家里得到怎样的尊重吗？你又想得到孩子怎样的尊重呢？